Leseexemplar

GEORG STEFAN TROLLER

Ihr Unvergeßlichen

22 starke Begegnungen

ARTEMIS & WINKLER

Lechaim – auf das Leben
und alle Lieben!

Die Deutsche Bibliothek verzeichnet diese Publikation
in der Deutschen Nationalbibliographie; detaillierte bibliographische
Daten sind im Internet unter http://dnb.ddb.de abrufbar.

© 2006 Patmos Verlag GmbH & Co. KG
Artemis & Winkler Verlag, Düsseldorf
© für alle Übersetzungen (Chansons, Zitate) Georg Stefan Troller
Alle Rechte vorbehalten.
Druck und Bindung: fgb · freiburger graphische betriebe
ISBN 3-538-07216-7
www.patmos.de

INHALT

VORBEMERKUNG

Dieses Buch ist eine Danksagung, mein Dank an die Unvergeßlichen. Warum gerade sie, und nicht die vielen anderen, mit denen man zu dieser oder jener Zeit als Reporter, Filmemacher oder auch als ganz normaler Mensch zusammenkam und die einen mit ihrer Person beschenkten? Immer habe ich die Auskunft verweigert, welche von diesen Hunderten, oder sind es einige tausend Menschen, mir persönlich die wichtigsten gewesen wären. Das hieße ja, alle übrigen in den zweiten Rang zu verweisen. Habe ich also hier vor allem diejenigen ausgewählt, die mir am meisten Spaß machten? Meine Phantasie anregten, oder auch nur meine Spottlust provozierten? Vielleicht auch das. Aber lassen Sie mich doch noch etwas weiter ausholen.

Denn da war ja einmal diese Emigration, in die man mit noch nicht siebzehn hineinbefördert wurde. Und die, wer weiß, vielleicht bis heute andauert. Was ist ein Emigrant, so lautete damals der unter uns kursierende Witz: Ein Emigrant ist erschütternd, zehn Emigranten sind langweilig, hundert sind selber dran schuld! Ja, so war das eben. Man fühlt sich schuldig, auch wenn man gar nichts verbrochen hat. Etwa so, wie ein Kind sich verantwortlich macht für die Scheidung seiner Eltern. Denn da war ja die Wegnahme der Heimat, der Umwelt, der Sprache, des Berufs, der Freunde, oft genug der Familie. Also Einbuße von Gefühlen, und die ist immer gleichbedeutend mit Schuld. Aber worauf läuft das alles hinaus, wenn nicht letztlich auf Selbstentfremdung, den Verlust der Identität! Und dann kam eben Krieg und Nachkrieg, und man war immer noch nichts, und nun schon fast dreißig.

So kam ich unter die Deutschen. Ich war noch nie in Deutschland gewesen (außer kurzfristig als Soldat), die Familie stammte ja aus Mähren und aus Wien. Deutschland, dieses kürzlich noch verbrecherische Land, begierig sich zu wandeln, nahm mich auf, zumindest als seinen ausländischen Sohn. Ich wurde Teil dieser Wandlung. In der Hand den Bleistift, dann das Mikrofon, schließlich die Kamera. Mein deutscher Wortschatz war geschrumpft, meine Psyche total vermanscht und verunsichert. Und dann geschah etwas, womit ich nie gerechnet hatte. Im Erforschen und Beschreiben fremder Menschen konnte ich zu mir selbst gelangen. Indem ich ihren Problemen und Paradoxien nachspürte, kam ich meinen eigenen auf die Schliche. Und je mehr ich mich in andere einfühlen durfte, desto mehr Gefühle entdeckte ich in mir selber. Eine Zeitlang, eine schöne Zeit lang, hatte ich die Chance, mir die Menschen auszusuchen, mit denen ich mich befassen wollte, berühmte oder unbekannte. Anfangs reichlich ahnungslos, später immer absichtsvoller wählte ich sie mir danach aus, ob ich ihre Fragestellung zu meiner machen konnte, und damit auch ihre Lösungen. Wie wurden sie mit ihren Behinderungen oder Verzweiflungen fertig? Wie kamen sie hinweg über das Unerträgliche, überwanden es oder lernten zumindest, sich damit abzufinden und dennoch weiterzumachen? Wie schafften die das, so selbstverständlich zu sich zu stehen, auch wenn der eine einen Buckel herumtrug und der andere seine Alpträume aus dem KZ?

Und schließlich das eine Wort, das in diesen Texten so häufig vorkommen wird, daß es Ihnen schon auffallen müßte: das Wort »Wandlung«. Ja, das trieb mich um, glaube ich. Zusammen mit den befragten Personen, aus denen ich es herauszukitzeln suchte:

die Umgestaltung als Lebensrettung. Das Begreifen als Neuanfang. Ja sogar das Maskenspiel, das letztlich zur Verwandlung führt. Also daß man mit Glück etwas so lange beanspruchen und vorspiegeln kann, bis man es tatsächlich wird. Wobei dieses Es dann vielleicht das tragfähigere ist, jedenfalls das aufregendere.

Und zu meiner Überraschung: Diese bundesdeutschen Glattmenschen und Kaufnarren – aber die Filme liefen ja auch in der damaligen DDR und anderen Ländern – stiegen auf meine Personen ein! Mußten sich wohl auch mit ihnen identifizieren, sonst wäre das längst im Aus gelandet. Wir haben eben alle unsere Hang-ups, unsere Schwächen, Laster und Gebrechen. Für die wir Gegenstücke suchen, Spiegelungen, in anderen Leuten, um uns nicht mehr so allein damit zu fühlen. Und wie bringt man diese Leute dazu, sich vor aller Öffentlichkeit auszuleben, sich zu stellen? Läßt man die puren Exhibitionisten aus – letztlich uninteressant –, so hat es wohl viel mit dem Fragenden selber zu tun, seinem Verständnis, seiner Autorität. Und der Suggestion, daß man sich ebenfalls dieser Schwächen für fähig hält, für sie anfällig ist. Aber darüber will ich mich hier nicht weiter verbreiten, denn hat man sich nicht auch manches Mal reichlich blamiert, und keineswegs in schlechtester Gesellschaft? Bis man etwa lernte, wie »weit man zu weit gehen« darf. Oder auch, daß dein Gegenüber ja nichts sehnlicher herbeiwünscht, als daß endlich einmal sein richtiges Bild hervortritt, mit den richtigen Fragen … also denen, die man sich zu nächtlicher Stunde selber stellt. Gute Befragungen – ich rede nicht bloß vom Interview, der ganze Film muß ja auf solche Erkundigung hinauslaufen – haben etwas von Psychoanalyse, oder gar vom Beichtstuhl. Jedenfalls etwas, wovon der Befragte sich eigene Erkenntnisse verspricht, auch Trost, wenn nicht gar Vergebung.

Einiges wenige aus diesen Texten geht schon auf frühere

Publikationen zurück. Meist in entschärfter, zahnloserer Form, wie es eben dem Zeitgeist entsprach. Hier ist zum ersten Mal sozusagen der »director's cut«. Und der Schlüssel des Ganzen, für mich wenigstens: daß ich diese Menschen, so eigenständig sie sind, irgendwie als meine Figuren auffaßte, nicht anders als jeder Romanautor oder Dramatiker die seinen. Darf man das? An Ihnen, es zu entscheiden.

Jedenfalls bin ich ihnen allen verpflichtet, diesen meinen Unvergeßlichen. Von keinem ging ich unberührt fort, ohne innere Bereicherung. Und fast immer als ein Freund, der hoch und heilig versprach, sich ehestens wieder zu melden. Warum es häufig nicht dazu kommt, steht auf einem anderen Blatt. Später fällt einem dann auf, daß man immer wieder, in Gesprächen, in Gedanken, sich auf diese Personen zu beziehen pflegt. Sie sind irgendwie dein Eigentum geworden – »wir alle sind Menschenfresser«, nannte ich einmal diesen psychologischen Vorgang. Obwohl viele von ihnen dich vielleicht längst vergessen haben. Du sie aber mitnichten – und hier sind sie!

MUHAMMAD ALI

»Dreams move this man«, Träume bewegen diesen Mann, proklamiert halb herablassend die amerikanische Sportillustrierte, die ich auf der Bahnfahrt zu Alis Trainingscamp in Pennsylvania lese. Und das wird es ja wohl gewesen sein. Denn viele Chancen werden dem Ex-Champ, trotz seiner Träume, da nicht mehr eingeräumt, den ihm seinerzeit von Staats wegen aberkannten Weltmeistertitel zurückzuerobern.

Kurz darauf aber hat er's geschafft, zur Bewunderung aller. Und zwei Jahrzehnte später werden es nicht weniger als dreieinhalb Milliarden Fernsehzuschauer sein, die Ali erschüttert dabei beobachten, wie er, ankämpfend gegen seine Parkinsonsche Krankheit, sich verzweifelt damit abquält, das Olympische Feuer in Atlanta zu entzünden. Dreieinhalb Milliarden! Die Hälfte der Erdbevölkerung! Und wahrscheinlich doppelt soviel – da hier auch die nichtchristliche Menschheit sich einbezogen fühlte – wie beim Tod von Papst Johannes Paul II. Wäre Ali Katholik, man forderte womöglich schon zu seinen Lebzeiten – »santo subito!« – die Heiligsprechung. Wie schaffte das ein bloßer Boxer? Nun ja, dreams move this man ... was gibt es auf Erden, das direkter den Weg zu uns findet? An jenem Abend soll Ali, laut seiner vierten Frau Lonnie, lange nicht zu Bett gegangen sein. Sondern saß einsam und schweigend in seinem Wohnzimmer, in den Händen die erloschene olympische Fackel, die er unentwegt betrachtete, als wäre er gerade zum vierten Mal Weltmeister geworden.

Einige Jahre darauf – die Ereignisse überstürzen sich nicht gerade in diesem Spätleben – bringt ein deutscher Verlag einen gigantischen Bildband über Ali heraus, ein halber Meter mal ein halber Meter. 30 Kilo schwer. Preis 3000 Euro. Über wen sonst wäre dergleichen heute noch möglich, außer der Monroe vielleicht (dreams moved this woman)? Und dann gibt es im Jahr 2005 sogar noch eine Otto-Hahn-Friedensmedaille für Alis lebenslangen Kampf gegen den Rassismus, frühere Preisträger Michail Gorbatschow und Simon Wiesenthal. Und einige weitere Ehrungen, wobei ich ihm einmal auch noch die Hand schütteln darf und an einen gemeinsamen Film erinnern. Er aber wußte von nichts mehr, murmelte nur Entschuldigendes, höflich bis zuletzt. Schleifende Stimme, schleppende Bewegungen, die Hände, die einst wie züngelnde Schlangen diese blitzartigen Schlagkombinationen austeilten, nunmehr fahrig und zittrig. Das leicht aufgedunsene Gesicht maskenhaft, entstellt durch einen ganz inkongruenten Schnurrbart, wie eine karikierte Mona Lisa. Dies der Mann, den einst Norman Mailer den Picasso, sein Trainer Dundee gar den Michelangelo des Boxens genannt hatte? Sind es die 3000 Kopftreffer, die er lebenslang eingesteckt haben muß … oder doch die Krankheit, für die er nichts kann? Nur die Augen wirken lebendig hinter der Maske. Eindruck eines Gefangenen, nein eines Tieres, das die Welt zwischen unbegreiflichen Gitterstäben wahrnimmt, jedoch nicht mehr zu ihr durchzubrechen vermag. Ein Bild, auch wieder an den sterbenden Papst erinnernd, wie er am Vatikanfenster frustriert und wütend gegen sein Lesepult trommelt, aber den Segensspruch nicht herausbringt.

Zurück zu dem Zug, der uns zu Alis Trainingslager bringen soll, Dezember 1973, vor dem entscheidenden Kampf gegen Joe Frazier. Kann er es überhaupt mit »Smokin' Joe« noch aufnehmen? Hatten nicht die fast vier Jahre, in denen man ihm zwischen 1967 und 1971 wegen Wehrdienstverweigerung (»ich habe nichts gegen den Vietkong, ich kämpfe nicht gegen Farbige«) den Weltmeistertitel nahm, ihre Spuren hinterlassen? Schwerfälliger seien seine Reflexe geworden, fleischiger die Gürtellinie, und der berühmte flirrende Tanzschritt (»shuffle«) der weißbeschuhten Füße sei Historie. Und tatsächlich hatte ihn ja schon 1971 Frazier nach Punkten verprügelt, zwei Jahre danach Ken Norton ihm sogar die Kinnlade ausgerenkt, so daß sie später mit Draht geflickt werden mußte. Ende des »schönen Gesichtes«. Aber auch Ende der lebenspendenden Illusion, dem Mythos von der eigenen Unverletzlichkeit, Unverwundbarkeit, von der jeder Kämpfer durchdrungen sein muß, will er seinen ganzen Mut beisammen haben. Und ebenso jeder Soldat – siehe die zahlreichen Kriegsbriefe mit dem Satz: »Es kann dir nichts geschehen!« Was nachher kommt, nach der Verwundung, insofern man noch lebt und in den Kampf zurückmuß, ist dann das eigentliche Heldentum. Ali hatte es, gewann noch einmal die Revanche gegen Norton. Und bereitet sich nun auf den entscheidenden Schlagabtausch mit Frazier vor, als wir sein Trainingslager in den Bergen von Pennsylvanien ansteuern.

»Deer lake«, der Hochwildsee, liegt versteckt in einer Wildnis von Nadelbäumen, eine Autostunde vom nächsten Kaff entfernt. Hölzerne Blockhütten im Karree, woran erinnern sie einen bloß? Natürlich an die Forts der Wildwestfilme. Nur die zentrale Flaggenstange fürs Sternenbanner fehlt hier, vielleicht ein gewollter Affront bei diesem Kriegsgegner. Nach längerem erfolglosen Warten melden wir uns vor dem einzigen Haus, aus dem Lärm herausdringt. Es ist die Küche, die voller mißtrauischer Schwarzer steckt: sein Clan, sein Troß, sein ergebener Hofstaat, den wir bald näher kennenlernen werden. An die zwanzig Leute, zu manchen Zeiten sollen es bis zu 70 gewesen sein. Von ihm bezahlt, benutzt, geduldet, beschimpft, selten gelobt. »Whaddaya want?« Uns zu Alis Hütte zu geleiten drängt sich keiner: »Ihr Typen könnt ja selber anklopfen.« Wir tun es zaghaft. Keine Antwort. Stecken den Kopf durch die knarrende Brettertür. Ali sitzt mutterseelenallein an einem Holztisch unter kahlen Neonröhren, sinnierend. Erhebt sich, stapft grußlos an uns vorüber zur Küche, erscheint wieder mit einem Stuhl. Einem einzigen. (Wir sind zu fünft.) Ahnungsvoll zitieren wir die getroffene Verabredung. Es wird deutlich, daß Ali nichts von Verabredungen hält. Dieser Kopf faßt immer nur einen einzigen Gedanken, aber der erfüllt ihn ganz. Vielleicht ist das Genie? Im Moment kreist sein Denken ausschließlich um das bevorstehende Comeback. Erst Frazier der Bulle, danach der Koloß Foreman. Beide Male muß er siegen, um wieder Ali zu werden. Ohne Weltmeistertitel kein Ali, darum drehen sich die Gestirne. Jetzt versinkt der Champ wieder in einem Stoß beschriebener Karteikarten, in denen er herumwühlt: Beethoven beim Komponieren der Neunten. Auf einmal, wir stehen tatenlos verlegen herum, beginnt mit mächtigem Einsatz einer dieser berühmten Monologe ... den Anglisten, der man ja einmal gewesen ist, an Marlowes oder Shakespeares selbstverkündende Tiraden gemahnend:

»Was ist Boxen? Boxen ist, wenn viele weiße Männer zuschauen, wie sich zwei Schwarze verprügeln. Aber da ist ein Unterschied. Frazier steht für die Weißen, für ihre Moneten, ihre Autos. Ali steht für Gott, für Allah. Und für zwanzig Millionen Schwarze, denen er vorleben muß, wie man ohne die Weißen auskommt, jawohl, ohne ›mighty whitey‹. Wissen Sie was? Die meisten Schwarzen predigen schwarz, aber sie schlafen weiß. Ich, ich rauche nicht, ich trinke nicht, ich schlafe mit keiner weißen

Frau. Es wäre gegen meine Würde. Wer sonst soll den Kampf gewinnen, wenn nicht ich? Verstehen Sie das, oder ist das schon zu tief für Sie?« Dazwischen immer diese lauernden Blicke aus den Augenwinkeln, ob die Suada auch richtig ankommt. Aber dazu hat er ja auch seinen Hofnarren und Medizinmann Bundini Brown, der sich jetzt neben Ali plaziert hat und jeden Kernspruch mit einem kräftigen »Right, man!« oder »Amen, brother!« oder »Du bist der Segen des Weltalls!« begleitet, als wäre man in der Kirche. Von diesem getreuen Stimmungsmacher und Egosalber stammt ja auch die berühmte Aufforderung »Schwebe wie ein Schmetterling, stich wie eine Biene!«, das Motto seiner Ringtechnik.

Ali nun in gesteigertem Verkündigungston: »Ich bin der Vordenker meines Volkes. Meinem Volk hat man das Gehirn gewaschen, bis sie alles weiß sahen. Christus ist für sie ein Weißer. Die Engel im Himmel sind weiß. Miss America … nie eine Schwarze. Was ist da los? Tarzan, der König von Afrika, schwingt sich durch den Urwald in einer Windel, ein Weißer beherrscht Afrika! Der Präsident sitzt im Weißen Haus, du gehst ins Paradies wie ein weißes Lämmchen, dort spazierst du auf der Milchstraße. Sie verstehen mich? Ja, das sind eben Gedanken, das ist schweres Zeug. Bravo, Ali. Aber wenn mich jemand verleumdet, macht er mich schwarz, nicht wahr? Ich sehe schwarz, die Bösen im Western tragen schwarze Hüte, die Farbe des Übels. Kapiert?« Jetzt schnell eine Frage, irgendeine Frage, bevor er zu neuem Endlos-Monolog ansetzt:

»Ali, allgemeine Verachtung wird ja verinnerlicht. Haben Sie sich je selbst damit identifiziert? Mit diesen Vorurteilen?«

»Yeah, man. Jeder Nigger wollte damals weiß sein. Mein Vater kann's Ihnen bestätigen.«

Der Vater, eben dazugestoßen: »Right, man, right.«

»Dagegen stinke ich an seit zwanzig Jahren.«

Ich: »Sie haben einen Ruf als Großmaul. Aber eigentlich haben Sie sich doch immer dümmer gestellt, als Sie sind. Warum?«

»Berauschung. Manche berauschen sich an Rauschgift, andere an Alkohol, Reichtum, Ruhm, manche an Fähigkeit und Größe.«

»Und Sie?«

»Ich an Fähigkeit und Größe.«

»Die Sie aber immer spielend schaffen wollten.«

»Spielend, redend, Possen reißend. Aber nicht verspielt. Stil, Grazie, Tempo, Farbigkeit, das bin ich. Aber das alles ist ohnehin bald vergessen. Weltmeister Joe Louis – kein Mensch redet mehr von ihm. Ich, ich will etwas machen, das in die Geschichte eingeht. Ich will der eine Schwarze sein, der in Ihrem weißen Fernsehen, Ihren Zeitungen, Satelliten groß wurde und nicht ausverkauft hat.«

»Fühlen Sie sich überhaupt noch als Amerikaner?«

»Ich fühle mich als Schwarzer. Nein, als schwarzer Muslim, sonst nichts. Sehen Sie, die Deutschen haben Deutschland, die Engländer haben England, die Juden – äh – Judenland, aber wo liegt Niggerland, wo? Können Sie das überhaupt begreifen? Nicht jeder versteht es. Große Universitäten haben mich eingeladen, dort zu sprechen. Vielleicht werde ich Professor in Oxford, das liegt in England.«

Kunstpause. Was er sagt, hat Hand und Fuß, wenn auch nicht immer Kopf. Ein Erklärer. Ein Orakel. Ali ist Ali, und Ali ist sein Prophet. Und wie jeder Prophet spricht er auch schon mal von sich in der dritten Person.

»Ja, auch Ali hat früher versucht, seine Haut aufzuhellen, seine Haare zu glätten. Sogar eine blonde Strähne ließ er sich färben!

Damals, als er noch Clay genannt wurde. Clay, der Lehm. Heute habe ich Flügel. Der Mann ohne Phantasie hat keine Flügel, er kann nicht fliegen. Aber mich hat Allah mit Mutterwitz gesegnet. Nur die Poeten können fliegen.« (Schlägt mit der Faust auf seinen Kartenstoß:) »Wissen Sie, was das ist? Meine kommende Vorlesung: Die Berauschung des Lebens. Man berauscht sich am Wein des Lebens, danach will man immer mehr. Ich, ich kann das jetzt aufgeben. Ich muß nicht mehr meine Show abziehen, mich in die Brust werfen, den Clown spielen. Jedes Alter hat seine Berauschung. Meine ist jetzt die Religion. Ich kämpfe für Allah, den Gott der Farbigen. Verstehen Sie das? Schweres Zeug, sehr schwer. Aber nicht so schwer wie meine kommende Lektion: Der innere Mensch!« (Klopft sich an die Brust:) »Ich habe anderes zu denken als Boxen. Boxen ist nur ein Job wie jeder andere. Gras wächst. Vögel fliegen. Wellen brechen sich am Strand. Ich schlage Leute zusammen.«

Dazu Vater Clay hoffnungsfroh: »Amen!«

Ali lehnt sich zurück, bemerkt mit vorgetäuschter Überraschung, daß wir inzwischen Licht und Kamera aufgebaut und eilig mit dem Drehen begonnen haben. Spielt den Empörten: »Was ist das? Fernsehen? Ich brauche kein Fernsehen mehr. Diese Zeit ist vorbei.« (Erhebt sich, geht zur Tür, kehrt wieder um:) »Ihr seid aus Europa? Kluge Leute. Ich habe eine Preisfrage für euch: Ein Schwarzer, ein Mexikaner, ein Puertorikaner auf dem Rücksitz eines Autos. Wer chauffiert? Na?« (Dann triumphierend:) »Polizei!« Dazu Bundini, der den Witz bestimmt schon zehntausendmal gehört hat, mit sykophantischem Gelächter: »Right on, brother.«

Ali ab, wir wechseln die Filmrollen. Was ist es, das diesen Mann bei aller Beschränktheit so anziehend macht? Erstens natürlich die fast übermenschliche Kraft, die solchen Giganten wie Norton oder Frazier die Stirn bieten kann. Dann im Widerspruch dazu das Ästhetische, Wohlproportionierte in Gesicht und Körperbau. Der animalische Charme. Das Männliche (obwohl ja seine zweite Frau Belinda, die er nach vier Kindern verließ, danach behaupten wird, er sei ein lausiger Liebhaber gewesen). Aber da spürt man noch viel Verlockenderes: diese seltene Gabe, sich als Somnambuler zu fühlen, im Einklang mit irgendeiner höheren Ordnung. Ist es nicht das, was jene Auserwählten besitzen, denen die Welt hinterherläuft, die Charismatiker? Und dazu noch die Fähigkeit, uns zum Träumen zu bringen. Zu Träumen von einer besseren, toleranteren Menschheit zum Beispiel. Und daß der einzelne dazu beitragen kann, auch wenn er die falsche Hautfarbe hat und keinerlei Bildung. Schließlich, daß man nicht aufgeben muß. Daß man Niederlagen wegstecken kann, und trotz allem wieder nach oben kommt. Der allgemeinen Meinung trotzen, die dich als Vaterlandsverräter verteufelt. Und den Behörden, die dir wohlverdiente Titel absprechen. Und den Schwarzmalern, die dich zum Has-been erklären. Ja, Trotz, das ist es, gut zu lernen. Trotz, Eigensinn als Ausgangspunkt der ganzen Angeberei, Unverschämtheit, Großmäuligkeit, Prahlhanselei, die man dir anlastet. Trotzig, störrisch die Weißen provozieren. Die Regierung herausfordern. Die Bürgerrechtsbewegung radikalisieren. Aber auch den Schwachen dienen: »Hilfe für andere ist die Miete, die ich für meinen Platz im Himmel zahle.« Gekonnte Sätze, geklopfte Sprüche, aber dahinter steht etwas. 1975, nach dem K.-o.-Sieg über Foreman, der ihm zum zweiten Mal den Weltmeistertitel bringt, verschenkt Ali die Hälfte seiner Börse an die Dürreopfer des Sahel. Träume bewegen diesen Mann. Was wäre nicht alles aus ihm geworden, hätte er nicht das Lernen aufgegeben, um sich dem Boxsport in die Arme zu werfen? Mindestens ein Schullehrer! Vielleicht gar ein Literat??

18

Am nächsten Morgen Frühstück in Alis geräumiger Küche. Dort um die Kaffeemaschine versammelt seine Vasallen, Satrapen und Parasiten, mit Ausnahme des kurzfristig in Ungnade gefallenen Bundini (der vielleicht gestern nicht genügend gelacht hat). Jeder für etwas anderes angeheuert, aber letztlich alle für das wichtigste zuständig: das »psyching«. Also die Suggestion, das Einträufeln von Siegeszuversicht und fragelosem Dünkel, ohne die es hier keinen Weltmeistertitel gibt. Da ist jetzt wieder der Vater des Champ, Cash Clay senior, der die T-Shirt-Konzession innehat. Bruder Rahaman, vormals Rudolph Valentino Clay, ein Schlägertyp. Dann Alis Manager Herbert Muhammad, und sein »Generalmanager« und Mädchen für alles, Gene Kilroy. Die gemütliche Mutter, Odessa. Eine kochende Tante Loretta. Dazu diverse Leute, deren Stellung nicht klar wird und die solche Namen führen wie Wali Muhammad Youngblood, angeblich Verbindungsmann zu den Schwarzen Muslims. Sowie noch alle möglichen anderen »manager«, »timer«, »handler« und »corner men«. Auch ein weißer Nerzzüchter namens Pollock, der Ali sein Camp hingesetzt haben will und der uns nun in Freie zieht, um sich auszuweinen: »Und was glauben Sie? Gestern wußte er nicht einmal mehr meinen Namen. Punch-drunk von den vielen eingesteckten Schlägen? Ich glaube es nicht. Ali kennt keine Menschen. Nur Handlanger. Das einzige herzliche Gefühl, das ich je bei ihm ausmachen konnte, ist seine Liebe zu Kindern. Vom Instinkt her ein Phänomen: dieser unersättliche Drang nach kompletter Freiheit von allen Zwängen! In seiner eigenen Welt zu leben! Und, seien wir doch ehrlich: Was ist es letztlich, das ihn so anziehend macht? Wie bei den meisten Großen: die latente Bisexualität. Ein Mann der Magie – aber ein seelischer und emotionaler Krüppel. Ich darf es sagen, weil ich Millionen in ihn investiert habe: Ali ist im Grunde ein Verlorener.«

Anschließend Waldlauf mit dem Champ – nach der gestrigen metaphysischen Professorenstimmung jetzt ganz sein physisches Selbst. Angetörnt von seiner guten Form. Imponiergehabe, Protzentum im Alleinvertrieb, aber mit Humor. Fordert uns auf, mit der Kamera wild herumzufuchteln, er würde dagegen schattenboxen, aber sie immer haargenau verfehlen. Phantastischer Dreh. Diese Reaktionsfähigkeit eines Sekundenbruchteils. Ich spreche ihn darauf an, aber er stellt sich taub. Instinkt ist nur wirkungsvoll im Unbewußten. (Oder dann erst wieder im Überbewußten, siehe Kleists Marionettentheater?)

Danach Sparring im Ring. Ali klopft stolz gegen die Blockhauswand: »All wood, see!«, als hätten wir es für Plastikfolie gehalten. Zum ersten Mal zeigt sich uns dieser glatte, unbehaarte Körper mit den für ein Schwergewicht erstaunlich graziösen Hüften und nur in Aktion sichtbaren, sonst unter der Samthaut verschwindenden Muskeln. Dies sowie der kleine Kopf (nur etwa ein Neuntel der Körperlänge) ergeben eher die Proportionen der klassischen griechischen Statue als die eines bulligen römischen Gladiators wie Frazier. Dieser Mann hat etwas Tänzerhaftes, ja fast Tänzerinnenhaftes, wenn er mit herabhängenden Armen durch den Ring voltigiert. Läßt sich dann vom Sparring-Partner minutenlang, die Hände auf den Seilen, in eine Ecke festnageln. Wobei sein Torso dermaßen gelenkig ausweicht, daß die meisten Schläge wirkungslos verpuffen. Wir drehen das in Zeitlupe. Ali hellwach, mit schräg lauernden Augen, Mund wie fragend geöffnet (was wohl zu seinem Kieferbruch durch Norton beigetragen hat). Jetzt ist auch Trainer Angelo Dundee erschienen, ein behäbiger, bebrillter Weißer, der sich – obwohl er hier ja die Hauptrolle spielt – gern im Hintergrund hält. Erklärt uns, daß er seinen Mann wegen langsamerer Fußarbeit aufs Einstecken von Schlägen vorbereite. Ohnehin sei Frazier ein »slug-

20

ger«, ein vierschrötiger Metzger, der nur eine Richtung kenne: vorwärts gegen die Kutteln des Gegners. Mit unabänderlichen 54 bis 58 Körperschlägen pro Runde: Caliban gegen Ariel. In diesem Raum, der von Emotionen überquillt, scheint uns Dundee der einzige Kaltblütige, daher auch von allen als Außenseiter behandelt. Jetzt fordert er eine weitere Trainingsrunde, aber Ali bricht mit verächtlicher Geste die Übung ab, verschwindet samt seinem Anhang. Dundee erzählt uns beim Einpacken verbissen von einem Kampf, bei dem er Ali, der verschwitzt von einer schweren Runde in seine Ecke zurückkehrte, wie üblich mit dem Schwamm Wasser ins Gesicht gespritzt habe. Worauf dieser aufschrie: »Ich bin blind, ich bin blind!« Und sich Dundee vor versammeltem Publikum den Schwamm selbst in die Augen quetschen mußte, um zu beweisen, daß keine Säure drin war.

Nachmittags wieder im Trainingsraum. Auftritt einer Riege ungemütlicher Herren in dezent inkongruenter Kluft: hochgeknöpfte schwarze Anzüge, gedeckte Krawatten zu weißen Hemden. Es sind die Schwarzen Muslims, denen Ali bis zur Hälfte seines Einkommens überantworten soll. »Hier haben Sie die einzigen Leute auf der Welt, vor denen Ali kalte Füße kriegt«, flüstert uns Pollock zu. Jedenfalls verspüren sie keinerlei Bedürfnis, von uns gefilmt zu werden. Unvorhergesehener Abbruch des Seilspringens, während der Champ sich mit ihnen, vielleicht zum Kassensturz, zurückzieht. Pollock drängt uns ins Freie: »Ihr übernachtet doch in der Gästehütte? Da würde ich aber, da ihr eine Dame dabeihabt, alle Türen fest verriegeln.« Worauf unsere Aufnahmeleiterin Kit mit erwartungsvollem Augenaufschlag: »Und was passiert, wenn nicht?« »Dann stehe ich für nichts ein. Natürlich herrscht im Camp Alkoholverbot. Zumindest so lange, bis der Champ im Bett liegt. Danach ist alles drin.« Zu Kits Leidwesen passiert jedoch diese Nacht überhaupt nichts.

Am nächsten Tag Aufputschsession. Ali, umringt von seinen Schranzen, betrachtet Filme seiner vergangenen Kämpfe und die seiner Rivalen. Der ganze Hofstaat in schäumender Rage. Aufbrüllend im Blutrausch, besiegt Ali den jeweiligen Gegner mit seiner fuchtelnden Rechten, während die Linke den einjährigen Sohn Ibn Muhammad seelenruhig an die Brust drückt. So wirkt auch jede von Alis Stimmungen echt und gespielt, ausgeklügelt und hemmungslos zugleich. Und man weiß nie genau, woran man bei ihm ist – wohl die Stärke aller Diktatoren. Neben dem Champ sitzt seine zweite Frau Belinda, feingeschnittene Schönheit mit Indianerblut. Daß die beiden während der ganzen Vorstellung auch nur einen Blick miteinander wechselten, wäre zuviel behauptet.

Dann Silvesterabend. Leider die Schnapsidee gehabt, daß wir mit Ali noch was Spezielles erleben wollen, also wie wär's mit dem nächtlichen Trubel am New Yorker Times Square? Trainer Dundee schlägt die Hände überm Kopf zusammen, was Ali gleich in der Idee bestärkt, seinen nagelneuen Kombiwagen – daneben besitzt er noch allerhand Rolls Royces, Lamborghinis und ähnliches Getier – mit uns auszuprobieren. Es wird schon dunkel, als wir uns samt Gerät in die Kiste hineinzwängen. Der Champ vorn am Steuer, wir dahinter. In einem Begleitwagen zusammengedrängt der Hofstaat. Gruselige Wettfahrt der beiden Fahrzeuge durch die einbrechende Nacht. Ali, der jetzt in einer Dreißigmeilenzone achtzig fährt: »Wir schaffen die!« Am Stadtrand haben wir sie glücklich abgeschüttelt.

Gegen elf Uhr nachts Einfahrt in New York. Die Sechste Avenue schwarz von Menschen. Ali singt, zuckelt, schlägt Trommelwirbel auf sein Steuerrad. Scheint sich irgendwie einzureden, daß alle diese Leute für ihn gekommen sind. Endlich eine Parklücke für sein Riesenvehikel. Zu Fuß zum Times Square, wo schon eine Leuchtschrift Alis kommenden Kampf verkündet. Der Platz proppenvoll, die Feiernden ebenso. Lauter Getto- bewohner in knalligen, freakigen, sogar fluoreszierenden Kostü- men. Nur erkennt im Finstern kein Mensch unsern Star. Ali immer saurer, will endlich seine Ovationen. Wir haben nur eine Akkuleuchte mit, Licht für acht Minuten maximal, trotzdem muß sie herhalten. Wir richten den Strahl auf ihn, dazu intoniere ich wild: »Hier ist der Champion, hier ist der Größte!« In einer Minute haben wir ein halbes Tausend Leute um uns, einen Wir- belsturm von überdrehten Harlekinen, die sich alle tanzend und wiegend auf Ali ergießen. Erst zupft und fingert man an ihm herum, dann fangen sie an, ihm die Kleider vom Leib zu reißen. Dazu anschwellendes Gebrüll. Herrgott, wo ist meine Lampe? Meine Lampe? Die Lampe ist ausgegangen, jemand hat mir das Kabel herausgefetzt. Auch die Kamera ist nicht mehr da, jeden- falls nicht da, wo sie sein sollte, sondern verschwunden mitsamt dem Kameramann. Alles ist weg. Zehn Millionen Dollar stehen auf dem Spiel im Madison Square Garden, und wir haben hier einen Aufruhr erster Güte angezettelt. Lieber Gott, laß Ali bloß nicht seine Fäuste einsetzen. Wenn jemandem hier was zustößt oder gar ihm selber, soviel Versicherung gibt es auf der Welt nicht, um uns abzudecken. Dabei sausen jetzt bereits Flaschen aus den Fenstern, zerschellen auf dem Pflaster, und da liegt auch schon ein Mann blutend im Hauseingang. Und Ali, wo ist Ali? Hut ab vor Ali, ist ein prima Gentleman, trotz allem. Ali bahnt sich seinen Weg zu dem Verletzten, der übrigens ein Weißer ist, hebt ihn hoch wie ein Wickelkind, damit zum Bus. Und jetzt nichts wie weg.

Ali hat dann vier Wochen später Frazier nach Punkten geschlagen. Ein Jahr danach auch Forman durch K. o. in der sie- benten Runde. Wodurch er sein Comeback vollendet und sich zum zweiten Mal den Weltmeisterschaftsgürtel holt. Es ist der berühmte »rumble in the jungle« von Kinshasa in Zaire, hingelockt durch Diktator Mobutu, der in seinem Hungerland zehn Millionen Dollar für den Kampf aufbringt. Als Promoter ein anderer Schurke, der vielleicht erfolgreichste schwarze Kapitalist Amerikas, Don King. Ein Mann, der auch schon mal wegen Totschlags einsaß. Später, im Jahr 1981, als er sich illegal zum Manager des Schwergewichts Larry Holmes aufgeschwungen hatte (Promoter dürfen nicht gleichzeitig Manager sein), drehten wir auch mit diesem zentnerschweren, zwei Meter großen Charmeur einen Film. Er, der einst einen Rivalen im Lottogeschäft abmurkste, will in der Zelle Shakespeare, Tolstoi, Sokrates gelesen haben. Sogar die Namen Kant und Hegel läßt Don genüßlich von seinen Lippen träufeln. Pure schwarze Nächstenliebe flutet ihm aus den Händen, behangen mit Goldringen so dick wie Autoreifen, mit denen er die ihn Umschwärmenden betätschelt. Dazu ein dröhnender Strom von Platitüden: »Ja, Mann, ja ... wie schon Platon zu Sokrates sagte ... Rache ist eine Leiche, und ich bin kein Sarg ...« Seine Werbebroschüre beginnt mit den Worten: »Donald King ist eine einzigartige, aufregende Persönlichkeit. Menschen, die ihn gut kennen, behaupten, er sei wahrhaftig ein Mann des Schicksals.«

Andere, die ihn gut kennen, so sein Erzrivale, der Promoter Bob Arum, behaupten allerdings das Gegenteil: »Ein Mann, der dir die Goldplomben von den Zähnen feilen würde.« Wir sind in Las Vegas zum Kampf Larry Holmes gegen den jungen Herausforderer Trevor Berbick, von dem nie jemand gehört hat. Holmes, ein früherer Sparring-Partner Alis, hat diesen im Vorjahr vernichtend geschlagen, der immerhin noch acht Millionen für seinen Kampf bekam. Jetzt hofft der inzwischen fast vierzigjährige Ali auf eine Revanche, aber erst ist Berbick dran. Für den

Dreh mit Holmes in Las Vegas hat uns Promoter King wie nichts 3000 Dollar abgeknöpft. Den jungen Wolf Trevor Berbick, schön wie eine schwarze Brunnenfigur, besuchen wir in seinem Hotelzimmer. Wir, das bin ich, begleitet von unserer unverwüstlichen Aufnahmeleiterin Kit. Diese stellt sich dar als ein entzückendes Persönchen mit Augenaufschlag, Stupsnase und rotblondem Wuschelkopf, welches aber die Fünfzig weit überschritten hat. Sagt Berbick, dieser blutjunge Adonis: »Ich mache die Sache für tausend Dollar. Aber nur, wenn diese Dame sie mir heute abend aufs Zimmer bringt.« Wir verabschieden uns. Draußen im Korridor Kit: »Brauchen wir diesen Typen wirklich?« Ich: »Sonst gibt's keine Spannung in unserm Film.« Kit seufzend: »Eigentlich habe ich versprochen, es nie mehr zu tun.« (Geht auf unsere Kosten ein schwarzes Nachthemdchen kaufen.)

Einige Tage später wird Trevor Berbick von Holmes schwer ausgepunktet. Konnte nur eine einzige Runde für sich verbuchen. Doch war der Herausforderer vielleicht nicht ganz so minderwertig, wie zwei der Ringrichter ihn notierten (von denen man munkelt, daß kein anderer als Don King sie nach Vegas geschleust hatte). Nach der siebenten Runde sackte er allerdings merklich ab, wie einer, der seit Nächten nicht mehr ausreichend geschlafen hat, was das Publikum enttäuschte. Man hätte dem Jüngeren doch mehr Standfestigkeit zugetraut. Beim Frühstück werfe ich dann einen fragenden Blick auf Kit, den diese mit einem ihrer Augenaufschläge voll beantwortet.

Ali, der ja auf eine Revanchepartie gegen Holmes gehofft hatte, kriegt nur den Verlierer: Noch im gleichen Jahr 1981 tritt er in Nassau auf den Bahamas gegen Berbick an und wird nach Punkten geschlagen. Eine von einer Handvoll Niederlagen in einer Laufbahn von 56 Siegen, die ihm an die 60 Millionen Dollar einbrachte. Ali nach dem Kampf, wie immer ohne Selbstmitleid: »Was ich tun wollte, konnte ich nicht mehr tun. Ich weiß, es ist das Ende, aber ich bin glücklich. Ich habe ein gutes Leben im Boxsport gehabt.«

Abschluß einer Boxerkarriere. Wahrscheinlich, trotz Dempsey, trotz Schmeling, trotz Joe Louis, der größten, die der Sport je gesehen hat. Von nun an trägt Ali seinen Kampf gegen den gefährlichsten aller Gegner aus: Morbus Parkinson. Noch immer soll er, wie seit Jahren, einen Großteil seiner Zeit am Schreibtisch verbringen, wenn auch unfähiger denn je, seine Gedanken in logische Form zu bringen. Häufig findet ihn seine vierte Frau, Sonia, dort auch eingeschlafen vor, denn seine geistige Spannweite ist jetzt gering. Trotzdem versucht er, durch verzwickte finanzielle Transaktionen, sich und seine Großfamilie von vier Frauen und neun Kindern über Wasser zu halten. Die Zeit der Luxuskutschen und der Dreißigzimmerpaläste voller Antiquitäten ist allerdings dahin. Gern führt er Kindern, auch irgendwelchen Schuljungen, die nur im Vorübergehen anklopfen, Zauberkunststücke vor: »Jetzt siehst du's – jetzt siehst du's nicht … ganz wie früher bei mir im Ring.« Aber bald ermüdet er wieder, läßt alles wegräumen, zieht sich in sein Schlafzimmer zurück. Zu einer ruhigen Nacht? Oder wovon träumt ein Ali? Seinen Grabspruch will er schon vor Jahren entworfen haben: »Wenn du jeden Menschen auf der Welt schlagen kannst, wirst du nie wieder Frieden finden.«

Dieser Typ, der scheinbar alles verrät, was man von ihm wissen will – und einiges, was nicht –, ist in Wirklichkeit von Geheimnissen umwittert. Da ist zum ersten seine magische Anziehungskraft auf Frauen, häufig, jedenfalls bis zuletzt, schöne, blonde und talentierte. Während er doch selber ein klapperdürres, engbrüstiges Männchen voller Komplexe und Hypochondrien zu sein scheint. Da ist die Geschichte mit der glamourösen Mia Farrow, die in elf seiner Filme auftritt und ihm schier ebenso viele kleine Küchlein bescherte, so daß er sie auch schon mal als »UNICEF-Vertreterin, leider unbezahlt« bezeichnete. Und deren Adoptivtochter Soon-Yi er dann ehelichte. Obschon sie seine Enkelin sein könnte und – was wohl beim Publikum am schwersten wog – die erste unansehnliche Frau ist, mit der man ihn je gesehen hat. Da sind natürlich die immer noch witzigen Filme, die ihm nach wie vor wie von selbst zuströmen. Aber was ist das alles gegenüber dem Wunder aller Wunder: daß es dieser Hexenmeister schafft, Jahr für Jahr einen neuen Spielfilm auszustoßen, der zwar im Schnitt zwanzig Millionen Dollar kostet, aber oft nur acht bis zehn davon wieder einspielt!

Brief an uns von der Anwaltfirma Loeb & Loeb am Santa Monica Boulevard, Los Angeles: »Gentlepersons!« (Dieses Unwort ist offenbar jetzt im Filmgeschäft die politisch-korrekte Anrede): »Wir bestätigen unsere Abmachung betreffs eines Dokumentarfilms von Herrn Troller. Mr. Allen verpflichtet sich zu einer Abfilmung seines Auftritts als Musiker in von ihm zu bestimmender Länge, maximal eine Stunde. Mr. Allen verpflichtet sich weiterhin zu einer Abfilmung in seinem Schneideraum in von ihm zu bestimmender Länge, maximal eine Stunde. Mr. Allen verpflichtet sich schließlich zu einer Abfilmung als Interviewpartner in von ihm zu bestimmender Länge, maximal eine Stunde. Herrn Troller ist es *nicht* gestattet, Mr. Allen in der Stadt aufzunehmen oder in jeder anderen Situation, die nicht den spezifischen, in diesem Absatz genannten Situationen entspricht. Mr. Allens Privatleben, insbesondere Frauen und Kinder betreffend, bleibt unerwähnt. Herr Troller ist weiterhin verpflichtet, uns nach Fertigstellung des Films eine Kassette zu unserer Überprüfung zukommen zu lassen. Dieser Vertrag ist unterzeichnet in vierfacher Ausführung an uns zurückzusenden.«

Die einzige angemessene Reaktion auf dergleichen Ansinnen wäre eigentlich die von Woodys langjährigem Produzenten Arthur Krim gewesen. Als nämlich der Künstler strikt darauf bestand, seinem nachmals berühmten Film *Der Stadtneurotiker* den Titel »Anhedonia« zu geben. Was zwar nicht einmal im Lexikon steht, aber offenbar (Woodys Psychoanalytiker mußte es ja wissen) soviel wie Unfähigkeit zur Freude bedeutet. Worauf Arthur Krim zum nächsten Fenster trat, es aufmachte und sich anschickte hinauszuspringen. Woody verzichtete auf den Titel, aber nicht auf seine Anhedonie, deren Ergebnis eben der angeführte Brief. Aber wie unter solch unzumutbaren Auflagen einen Dokumentarfilm drehen? Ach, es sollte ja alles noch viel schlimmer kommen.

Dabei ist diese Freudlosigkeit (Freud im Sinne von Spaß) ja keineswegs so wörtlich zu verstehen wie Woody sie ausgibt. Immerhin besitzt er nach eigener Aussage eine Kästchen-Mentalität. Das heißt, er kann in jeder Lage alles Lästige verdrängen und sich auf seine gekonnten Therapien zurückziehen. Nämlich einerseits die Beschäftigung mit seinen Lieblingen Groucho Marx, den New York Knicks (einem Basketball-Team), seiner Jazz-Klarinette und der vierten Symphonie von Mahler. Und andererseits die ungebrochene Fähigkeit, sein alljährliches Ei zu legen, demnach an die 40 Filme in ebensoviel Jahren. Unabgelenkt von den Dingen, die bei anderen Leuten das halbe Leben ausmachen, also z. B. Autofahren (was er nicht kann), Kleider erstehen (uninteressant) oder im Supermarkt einkaufen (was er wegen notorischer Agoraphobie noch nie zustande gebracht hat). Andererseits ist ja der schüchterne, linkische, leicht vertrottelte Verlierer, den er mit Vorliebe darstellt, eine reine Kunstfigur. Für den, der es noch nicht weiß: Woody stottert nie, gestikuliert grundsätzlich nicht, frequentiert nur die teuersten Lokale, verdiente schon als Gagwriter 100 Dollar pro gesprochener Minute, heute Hunderttausende pro Film. Und verkaufte eben sein Stadthaus in der 92. Straße Ost für 24,5 Millionen Dollar – um für sich, Soon-Yi und das adoptierte Baby Bechet eine noch größere Bleibe anzuschaffen. Einige seiner Filme spielten 40 Millionen Dollar und mehr ein, so *Der Stadtneurotiker* (Originaltitel: *Annie Hall*), *Manhattan*, *Hannah und ihre Schwestern*. Daß andere, wie das expressionistische Schauerdrama *Schatten und Nebel*, nur ein Zwanzigstel oder wie *September* gar nur ein Hundertstel davon einbrachten, brauchte ihn nicht grundsätzlich zu beunruhigen, da er nie selbst produziert.

Nein, Woody Allens Leben ist eine Erfolgsstory ... oder war es zumindest bis zu jenem fatalen Tag im Jahr 1992, an dem er dabei überrascht wurde, wie er, im gemeinsamen Landhaus mit Mia, seinen mit ihr gezeugten Sohn Satchel angeblich intim berührte. Eine Behauptung, der man um so weniger Glauben schenken mochte, als Woody bislang nie als pädophil in Erscheinung getreten war. Ja, im Gegensatz zu Michael Jackson, noch nicht einmal als besonders kinderliebend, eher das Gegenteil. (Kinder kommen grundsätzlich in seinen Filmen nicht vor.)

Danach Prozesse hin und wider, die in den frühen Neunzigern mächtig zur Auflagenstärke der Weltpresse beitrugen, sowie auch einige von Woodys besten Repliken provozierten. So spricht in *Schatten und Nebel* der Held Kleinman zu einer Straßendirne: »Ich habe nie im Leben für Geschlechtsverkehr bezahlt.« Worauf diese: »Meinst du?« Und in *Ehemänner und Ehefrauen* aus demselben Jahr heißt es: »Das ist das zweite Gesetz der Thermodynamik: Früher oder später wird alles zu Scheiße.« Jetzt ergießt sich eine Flut von Schmähbriefen über Woody: »Bastard! Schwein! Mistvieh!« Und dies, wie die *New York Post* hinzusetzt, »sind die positiven«. Im Frühjahr 1997 heiratet Woody dann Soon-Yi in Venedig. Aber noch Jahre später muß ein Dreh im Central Park abgebrochen werden, weil die Passanten Woody lauthals beschimpfen. Er hat vor allem sein weibliches Publikum eingebüßt. Welches die ausgepichte Mia Farrow – die sich immerhin einst den erfolgreichen verheirateten Dirigenten André Previn und danach den um 30 Jahre älteren Frank Sinatra geangelt hatte (worauf dieser: »Endlich eine Frau, die sich lohnt zu betrügen!«) – jetzt für eine Heilige hält, die ein perverser Woody durch den Schmutz zieht. Verstärkt durch ihre kurz darauf erschienenen Memoiren – gemutmaßter Vorschuß: drei Millionen –, in denen der erste Gatte kaum, dafür Woody zur Hälfte des Buches vorkommt, ein Hitler auf jüdisch.

Danach sieht es eine Zeitlang so aus, als wäre Woody rettungslos verloren. Um so mehr, als er schon in dem bös-brillanten Film *Stardust Memories* seine Fans vor den Kopf gestoßen hatte, weil er sie, die von seinen neuen, subtileren Beziehungskomödien nichts wissen wollten, als Schwachköpfe und Vampire persiflierte, die wie ein Mantra den immer gleichen Satz hervorspulen: »Sie wollen was für die Menschheit tun? Dann gehen Sie zurück zu Ihren früheren ulkigen Geschichten!« Der Film wird in New York nach einer Woche Laufzeit abgesetzt. Und Woodys Beliebtheit als Kinostar sinkt von Platz 4 auf Platz 23! Dabei steht er ja seit Jahren unverrückbar im Zenith seines komischen Genies. Etwa mit solchen Dialogen wie (im *Stadtneurotiker*): Analytiker fragt: »Wie oft schlafen Sie miteinander?« Dazu Woodys Figur Alvy: »Kaum je, höchstens dreimal die Woche.« Und Diane Keatons Figur Annie: »Unaufhörlich, mindestens dreimal die Woche!« Oder einige Jahre danach der tiefsinnige Pseudo-Dokumentarfilm *Zelig*, eine burleske Durchleuchtung unserer Mediengesellschaft, in der der Schein fast über das Sein den Sieg davonträgt. Zelig ist ein Chamäleon: In Spanien wird er zum Stierkämpfer, unter Dicken zum aufgeblasenen Ballon, unter Deutschen – wie sonst – zum Nazi. Und warum? Um geliebt zu werden natürlich, meint seine Psychologin Mia Farrow. Dabei ist es ja noch gar nicht ausgemacht, daß die Leute nur ihresgleichen lieben wollen (vielleicht eher das Gegenteil). Also wozu? Sich der Umwelt anzugleichen verleiht eben Sicherheit – ein Zelig ist der ideale Emigrant und Neueinwanderer. Sich in den andern einzufühlen bis zur Selbstaufgabe steigert das Bewußtsein der eigenen Überlegenheit – ein Zelig ist der ideale Porträtfilmer. Außerdem sind wir allesamt Zeligs: Wer verkehrt schon mit sämtlichen Menschen seiner Bekanntschaft auf die gleiche Tour? Muß nicht jeder Politiker ein Zelig sein, der auf Bestellung dem Volk nach dem Maul redet? Und ist letztlich nicht die Realität selber eine Art Zelig, die sich jedem von uns so darstellt, wie er sie sehen möchte, und kann? Hier sind wir schon auf der geistigen Höhe eines Molière, ohne daß die Mehrzahl der Zuschauer in dem Film etwas anderes sah als jüdischen Jux und Tollerei …

Café Carlyle – Madison Avenue, Ecke 77. Straße. Wo Woody jeden Montagabend den Gott gibt, seine Klarinette spielt, auch wenn er, wie schon geschehen, eine Oscar-Verleihung versäumen muß. Kleine Bühne, davor erbsengroße Tischlein, wie sie sich kein Wiener (außer vielleicht im Hawelka) gefallen lassen würde. Klavier, Kontrabaß, Banjo sind zuerst da – dieses ist der Bandleader. Allerhand Touristen, die auch mal dabeigewesen sein wollen. An unseren Tisch, der maximal für eine Person ausreicht, kommt John Doumanian, wahrscheinlich Gatte (oder Ex-Gatte) von Woodys langjähriger Freundin, Liebesberaterin und Produzentin Jean Doumanian, die er aber jetzt vor Gericht zerrt, weil sie ihn angeblich über acht Filme hinweg um sein Geld beschummelt hat – acht Filme, und das merkt er erst jetzt? Endlich Auftritt des erwarteten Virtuosen, der Rock'n'Roll, Elvis, die Beatles, ja sogar Bob Dylan zu hassen vorgibt (obschon doch seine Ziehtochter (!) nach ihm heißt): Woody im karierten Arbeiterhemd und der zerknautschten beigen Cordhose, die er schon in einem halben Dutzend Filme getragen haben muß. Mächtiger Applaus, von ihm hochmütig ignoriert. Setzt sich, schlägt seine Beine übereinander, ohne jeden Augenkontakt zum Publikum. Irgendwann beginnt man dann zu spielen, natürlich Dixieland. Laut Doumanian ist Woody über unsere Anwesenheit informiert, es sieht auch danach aus. Insofern als die Bühnenscheinwerfer genau so ausgerichtet sind, daß jeder einzelne Spieler sein Licht bekommt, außer ihm selber, der total im Dunkeln west. Tief gekrümmt und mit vorgebeugtem Kopf, so daß gerade seine Glatze sichtbar. Wütend klettere ich auf einen Stuhl und kippe den entsprechenden Scheinwerfer voll auf Woody, der, gegen das ungewohnte Lichtbündel angrimassierend, mich mit Basiliskenblick fixiert. Danach ist eigentlich unser Film gelaufen, wir wissen es bloß noch nicht. Finde die Musik langweilig, wahrscheinlich, weil ich nichts davon verstehe. Merke aber am fallweisen Kopfschütteln diverser Nachbarn, daß Woody auf seiner Klarinette vielleicht nicht immer die richtigen Töne zu fassen kriegt. Zuletzt verschwindet er ebenso unauffällig wie gekommen.

Wir holen ihn in der Vorhalle ein, wo sich einige Ausländer unbedingt mit ihm fotografieren lassen wollen. Ein Touristenritual, etwa wie das Einwerfen von Münzen in den römischen Trevi-Brunnen. Woodys zähneknirschendes Grinsen dabei gleicht dem von mumifizierten Totenschädeln aus dem Pleistozän. Ohnehin sieht er miserabel aus, ist es Mia, ist es Soon-Yi? Oder hat ihn einfach das Alter eingeholt? Vergebens bemühe ich mich, ihm klarzumachen, daß ich einer seiner größten Bewunderer bin. Mißt mich mit finsterem Mißtrauen. So als könnte er sich – was bestimmt nicht zutrifft – noch an unser erstes Treffen vor drei Jahrzehnten erinnern.

Es war im Beverly Hills Hotel, Nobelabsteige der Filmkünstler. Woody in Europa noch ziemlich unbekannt, ich will es aber doch mit einem Dokufilm über ihn versuchen. Leider habe ich am Vortag in einem dieser vollgespritzten Pornokinos am Hollywood Boulevard sein neuestes Filmwerk gesehen. Es ist eine Parodie der Aufklärungspostille *Was Sie schon immer über Sex wissen wollten, aber bisher nicht zu fragen wagten*. Darin einige witzige Szenen, etwa der mittelalterliche Hofnarr, der sich verzweifelt abarbeitet, mit seinem rostigen Schlüssel einen Keuschheitsgürtel aufzukriegen. Sonst aber allzuviel von dem, was man in Amerika schlicht College Humor nennt. Die Gags irgendwie unscharf, nicht, wie bei den Marx Brothers, bis in die letzte hirnverbrannte Konsequenz ausgemolken. Der beste Sketch spielt im Körperinnern während eines Sexaktes. Woody als kugelrundes Spermium wartet ungeduldig auf seinen Einsatz, während erst einmal die Fettucine des vorangegangenen Dinners mit Baggern wegzuschaffen sind. Endlich Ejakulation, wobei es Woody auf einem eiligst ausgerollten roten Läufer zum Ausgang schwemmt. Im Saal nicht mehr als ein Dutzend leicht enttäuschte Zuschauer, die wahrscheinlich eine Onaniervorlage erwartet haben. Immerhin sind ja von Woody solche Sätze bekannt wie: »Sex ist Onanie mit jemandem, den man mag.« Wüßte man übrigens nicht, daß Stimmenimitator Woody kein Deutsch versteht, so könnte man hier geradezu das Plagiat eines Ausspruchs von Karl Kraus vermuten: »Eine Frau ist hin und wieder ein ganz praktischer Ersatz fürs Masturbieren.«

Bin also schon ziemlich negativ vorprogrammiert, als ich in Woodys Hotelzimmer eintrete. Was dieser mit seinem wachen Instinkt für Negatives sofort herausschnüffelt. Mit anderen Worten, wir mißbilligen uns auf Anhieb. Jeder denkt sich: »There but for the grace of God go I.« Also in etwa: Nur Gottes Gnade bewahrt mich davor, so zu sein wie du! Ja, noch schlimmer: Jeder weiß auch, daß es der andere von ihm denkt. Schon empfinden wir uns als blutsverwandt, ausgerechnet diese zwei Typen, die für Verwandtschaft nie viel übrig hatten. (Siehe etwa Woodys Dauerpersiflage seiner spießigen Eltern, die er schon in einem seiner ersten Filme in Grouchomaske auftreten läßt.)

Jetzt überläßt mir der Jungfilmer eine schlaffe Hand und betrachtet danach angelegentlich seine Fußspitzen. Er stirbt bereits vor Langeweile, noch bevor ich den Mund auftue. Sehnsüchtiger Blick auf seine aufgeklappte Reiseschreibmaschine. Zweifellos bin ich ihm gerade zur Pointe eines Gags hereingeschneit, und jetzt ist der Gag weg. Von allen Dingen, auf die er keinen Wert legt, steht unser Wunsch, ihn zu drehen, obenan. Da ich ihn offenbar bloß als findigen Spaßmacher sehe und nicht als ernstzunehmenden »Auteur«. Jetzt Telefonklingeln im Nebenraum. Der Auteur verschwindet an den Apparat. Redet lange, sehr lange. Wie eben jeder Auteur, wenn er nicht von Kunst spricht, sondern von Money. Werde zuletzt unwiderstehlich zur Schreibmaschine hingezogen. Dort folgende Textstelle: »Woody als Selbstmörder. Hat sich Gift verschafft. Das Gift ist, wie alles heutzutage, in eine Panzerschicht von unzerreißbarem Plastik eingeschweißt. Woody fummelt, zerrt, beißt, nichts zu machen. Ergreift endlich das Küchenmesser. Schneidet daneben, ein Blutstropfen quillt aus seinem Zeigefinger. Woody erbleicht, rast zur Hausapotheke, verbindet sich. Atmet tief durch: Gerettet!« Rückkehr des Meisters ins Empfangszimmer, um nichts heiterer. Ich frage ihn, ob er seelisch durchhänge oder dies sein normaler Gefühlshaushalt sei? »Glauben Sie, es ist ein Vergnügen, lustig zu sein?« Nach seinem unerschöpflichen Humor befragt: »Jeder Witz ist ein Grabspruch über ein Gefühl« – angeblich von Nietzsche. »Wußten Sie, daß Groucho Marx in Hotelzimmern die Schränke vors Fenster schiebt, um der Versuchung zu widerstehen hinunterzuspringen?« Ich muß zugeben, daß es mir nicht bewußt war. Hingegen sei doch er selber im richtigen Leben ein sensationeller Aufsteiger? »Man lebt aber nicht im richtigen Leben, sondern in seiner Vorstellung. Und da bin ich der geborene Schlemihl.« Ob ihm nicht irgendwas auf der Welt Spaß mache? »Ja, Sex natürlich. Dann darüber schreiben.« (Neuerlicher Blick zur Schreibmaschine.) Und die fertigen Filme? »Einmal habe ich dem Produzenten angeboten, den nächsten Film gratis zu machen, wenn er mich nur den laufenden vernichten ließe.« Es war der sensationelle *Mach's noch einmal, Sam.* Ich erzähle bruchstückhaft von meinem gestrigen Kinobesuch. Woody: »Erstaunlich, so viele Zuschauer!« Verabschiede mich dann unter irgendeinem Vorwand. Dieser Typ hat uns nichts mehr zu bringen, das ist gewiß …

Jetzt, drei Jahrzehnte später, sitze ich im Schneideraum eines der großen Erneuerer des amerikanischen Kinos seiner Zeit (Scorsese, Coppola, Kubrick, Kazan, lauter Einwanderersöhne). Aber ist Woodys Zeit nicht schon wieder vorüber? Allerdings kann er sich immerhin ein Office an der sündhaft teuren Park Avenue leisten! Ausgerechnet dieser eingefleischte Groschenumdreher, der unter seinen Mitarbeitern als notorisch knauserig gilt. Der Grund ist aber anscheinend bloß, daß es von hier nur wenige Taximinuten bis zu seiner Wohnung sind. Zu Fuß New Yorker Straßenluft zu schnuppern kommt ihm schon längst nicht mehr in den Sinn. Wahrscheinlich aus purer Angst, gemeuchelt (oder gar um ein Autogramm angegangen) zu werden. Filmzitat: »So ist das in New York: Du gibst ihnen das Geld und wirst trotzdem erstochen.«

Dann im Schneideraum keineswegs anwesend die weltberühmte langjährige Cutterin Sandy Morse, wie er überhaupt fast dem ganzen Team aus Kostengründen den Laufpaß gegeben haben soll. Statt dessen drei hübsche Volontärinnen, von denen die eine stumm Filme umrollt, die andere stumm mit Fettstift Einstellungen numeriert, während die dritte stumm mit Woody am Schneidetisch hockt. Welcher überdies so geschickt in eine unzugängliche Ecke manövriert ist, daß uns nur ein einziger Blickwinkel bleibt, nämlich von hinten. Endlich ein Bild auf dem Monitor. Aber nicht etwa eine bewegte Einstellung seines neuen Films, der anonym unter »Frühlingsprojekt« läuft. Sondern irgendein nichtssagender Zwischentitel. Dazu endlose geflüsterte Diskussionen, wie groß oder klein oder dicht die Zeilenabstände zu sein hätten, wenn schon. Eine Viertelstunde vergeht mit nichts, bis sich Woody überraschend umwendet, um nach irgendeinem Papier zu langen. Endlich Aktion! In der Aufregung stoße ich an eine von unseren Lampen, die krachend umfällt und verlischt. Darob das erste und einzige Mal ein seliger Freude-

36

strahl in Woodys Angesicht. Tücke des Objekts, darauf versteht er sich!

Dann am Nachmittag Interview. Dazu gibt es einen eigenen Saal, der zur Gänze mit grünem Plüsch ausgelegt ist. Ansonsten nichts, woran sich die Kamera festmachen, wohin sie schweifen könnte. Kein Bild, kein Fenster, kein Durchblick auf benachbarte Räume. Nichts. Dementsprechend das Interview, das Woody mit einem pointierten Blick auf die Uhr einleitet. Sein Hauptanliegen tut er gleich in einem Vorspruch kund: Er will nicht mit seiner Kunstfigur in einen Topf geworfen werden! »Ist Woody ein Unglücksrabe? War Charlie Chaplin ein Tramp? Na also. Schießen Sie los.«

Ich zücke mein Papier. Habe allerhand Tiefsinniges vorbereitet (Schopenhauer, Freud), das ihn vielleicht anmacht. Und einiges Profund-Witzige aus seinem eigenen Repertoire notiert, um ihm meine Wertschätzung zu übermitteln. Also etwa: »Gibt es eine Trennung zwischen Leib und Seele – und wenn ja, was ist günstiger zu haben?« Oder: »Wißt ihr was, ich werde mich umbringen. Ja, genau, ich sollte nach Paris fliegen und vom Eiffelturm springen. Dann wäre ich tot. Wißt ihr was, wenn ich noch die Concorde kriege, könnte ich drei Stunden früher tot sein, das wäre perfekt. Oder wartet mal. Mit der Zeitverschiebung könnte ich noch sechs Stunden in New York am Leben sein, aber schon drei Stunden tot in Paris. Ich könnte noch was erledigen und schon tot sein.« Dazu Woody: »Irgend etwas stimmt da nicht mit dem Wortlaut, aber bitte.« Starrt mit abgewendetem Gesicht in eine vage Ferne, etwa wie eine Katze, just bevor sie zuschlägt. Bin überrascht, wie stark und männlich dieses Gesicht jetzt ist, nur komisch entstellt durch die altmodische Brille. Neuerlicher Blick auf die Uhr, so versteckt, daß ich es unbedingt bemerken muß.

Ich (verzweifelt in Notizen kramend): »Warum nennen Sie sich eigentlich Woody? Das soll doch was mit dem Baseballschläger zu tun haben, den Sie als Junge zu schwingen pflegten?«

Woody (verbohrt): »Nichts dergleichen. Es hat überhaupt mit nichts etwas zu tun. Bloß ein Name.«

Ich (beginne Nägel zu beißen): »Wenn nicht Filmemacher, was anderes hätten Sie mit Ihrem Leben anfangen wollen?«

Woody (gelangweilt): »Vielleicht Musiker. Oder Sportler. Es wäre nett, ein begabter Athlet zu sein.«

»Wären Sie gern ein sechs Fuß großer blonder Footballspieler?«

»Nicht im geringsten. Ihr Tiefgründler seid immer auf der falschen Spur. Ich bin nicht am Football interessiert. Nicht an sechs Fuß groß, nicht an blond. Was ich vielleicht sein möchte, wäre in jeder Größe und jeder Haarfarbe ein Baseballspieler.«

»Warum haben Sie das nie im Film gezeigt?«

Woody (zurückprallend): »Was hat Film mit Leben zu tun, meine Filme mit meinem Leben? Wie Sie sehen, bin ich ein ernsthafter Mensch und Schwerstarbeiter, nicht besonders amüsant. Und kein neurotischer Tölpel, dem dauernd was Lustiges passiert.«

»Warum nicht? Warum sind Sie nicht auch im Leben lustig?«

»Weil die ewigen Witzeerzähler mir dumm und langweilig und lümmelhaft vorkommen. Dumm und langweilig und lümmelhaft. Vor solchen Leuten läuft man davon.«

»Könnte Ihnen vielleicht Spaß machen.«

»Aber nicht lange. Ich kenne viele Komiker und Dialogschreiber. Und diejenigen, die sich immer in Aktion sehen, sind auch die, vor denen jeder ausreißt. Ich, ich bin ein professioneller Schauspieler, ein professioneller Komiker, ich spiele den Tolpatsch und Einfaltspinsel für Geld. Sonst nicht.«

Da ich hier nicht weiterkomme, überschlage ich – schlechtes Zeichen – diverse Seiten in meinem Fragenkatalog, was Woody mit Freuden registriert. Nun ins Verbotene: »Man sagt, je älter einer wird desto schwieriger, sich zu verlieben. Ist Ihnen aber anscheinend gelungen.«

»Stimmt. Aber Sätze, die mit ›man sagt‹ anfangen, sind ohnehin wertlos. Ich weiß nicht, ob es schwer ist, sich als älterer Mann zu verlieben. Es ist auch schwer mit achtzehn.«

»Aber Ihnen ist es jetzt gelungen.«

»Mir? Ja.«

»Bei großem Altersunterschied?«

»Ja, aber das ist eine weitere sinnlose Frage. Manchmal ist er groß, manchmal klein. Bleibt ohne Bedeutung. Bei mir funktioniert's. Viel Glück!«

»Fühlen Sie sich jünger als Sie sind?«

»Nein. Aber ich komme aus einer Familie mit guten Genen. Mein Vater ist 100, meine Mutter 94, und ich habe bestimmt noch zwanzig gute Jahre vor mir.«

»Mithilfe der vielen Tabletten, die Sie angeblich in der Tasche tragen? Ein Gegenmittel für jede zu erwartende Krankheit? So wie Sie ja auch einen Arzt für jeden Körperteil haben sollen. Und alle zwei Stunden Ihre Temperatur messen.«

»Ich bin jetzt seit zwei Stunden mit Ihnen zusammen, und haben Sie mich mit einem Thermometer gesehen? Na also. Ich bin kein Hypochonder. Aber ich bin ein Alarmist, das ist ein Unterschied. Ich glaube nicht dauernd, daß ich krank bin. Aber wenn mir etwas fehlt, halte ich es sofort für was Ernsthaftes. Man schneidet sich in den Finger, und es wird eine tödliche Blutvergiftung.«

»Und wie verhält sich das mit der Psychoanalyse? Half Sie Ihnen tatsächlich, über vierzig Jahre hinweg?«

»Da ich sie jetzt aufgegeben habe, kann ich mich ziemlich definitiv dazu äußern. Sie war ein Hilfsmittel, aber nicht in der Art, wie sie normalerweise funktioniert. Sondern nur durch das, was ich aus ihr gemacht habe.«

»Mit anderen Worten, die besten Gags Ihrer Filme?«

»Unter anderem.«

»Ihre wahre Psychoanalyse war eine Selbstanalyse, wie bei Freud? Und zwar mittels Ihrer Filme?«

»Das sagen Sie – nicht ich.«

»Wären Sie gerne Freud gewesen?«

»Nein, ich sah mich nie als Doktor, immer nur als Patient.«

Da in diesem Moment, vielleicht auf Knopfdruck, die Sekretärin in der Tür erscheint und einen wichtigen Besucher ansagt, eröffnet uns Woody, daß wir noch eine Frage freihaben. Höchstens zwei. Und die wären? Er neigt sich mit fingierter Gespanntheit vor.

»Ahmt für Sie die Kunst das Leben nach, oder das Leben die Kunst, oder wie ist das?«

»Das Leben ahmt eine schlechte Fernsehserie nach, das ist noch das beste, was man für es sagen kann. Würde das Leben die Kunst nachahmen, so wäre es reichlich interessanter. Leider ist es aber zu dumm, um das hinzukriegen.«

»Manche Ihrer Filme machen allein in Paris mehr Kasse als in ganz Amerika. Hier scheint man Sie gerade ein bißchen an der Westküste und ein bißchen mehr an der Ostküste zu kennen, aber dazwischen ist Niemandsland.«

»Das weiß ich nicht. Aber wer es in einem Medienberuf nicht in New York schafft, der hat es ohnehin nicht geschafft. Vielleicht kennt man mich nicht in Oklahoma. Aber in Brooklyn kennt mich jedes Kind … Reicht Ihnen das? Da ich Ihnen ja alles gebracht habe, was in unserem Vertrag steht. Und mehr.«

Worauf Woody endgültig mit dem Satz »see you later« verschwindet. Der ja nichts weiter bedeutet, als daß man den andern auf Lebenszeit zum Teufel wünscht.

Was uns betrifft, so verziehen wir uns nach Brooklyn. Etwa in die Gegend der J Avenue, wo ja das Geburtshaus, eine Art Mischmasch aus Gotik, Neu-England und viel rotem Fabrikziegel, noch heute zu finden ist. Davor Interviews mit Kindern.

Ein Kind: »Woody wer?«

Ein anderes: »Woody wer?«

Ein weiteres: »Woody Island? Oh, kenn ich gut, eine schöne Insel!«

Ein Junge: »Nein, aber ich kenne Jackie Chan. Kennen Sie Jackie Chan?«

Eine Frau: »Woody – sind das Sie?«

Junger Mann, aus der Synagoge kommend: »Ein Schauspieler?« (Klaubt winzigen Knirps aus dem Auto, präsentiert ihn der Kamera:) »*Das* ist ein Schauspieler!«

Ein Mann beim Gärtnern: »Als Künstler ist er groß. Seine Persönlichkeit kenne ich nicht.« »Sie halten nichts von ihm als Mensch?« »Gar nichts.«

Zwei Orthodoxe in schwarz (drängen Kamera indigniert beiseite): »Go aveh!«

Dann vor der Midwood High School, die Woody einst besuchte, als er noch Allen Stewart Konigsberg hieß. Pause im Hof. Wir versuchen eine Befragung durchs Gitter. Die Kinder aber viel zu beschäftigt am Handy, um uns überhaupt wahrzunehmen. Ein Lehrer droht mit der Polizei. Wobei einem unvermeidlich Woodys Satz einfällt: »Es gab da ein Sprichwort: Wer nichts kann, der unterrichtet, und wer nicht unterrichten kann, gibt Sport, und die, die das auch nicht konnten, waren todsicher Lehrer an unserer Schule.«

Daß Woody nachher kurzfristig ein College heimsuchte (»damit meine Mutter sich nicht die Pulsadern aufschlitzt«), ist bekannt. Weniger, daß er auch einen Filmlehrgang beglückte, aber kläglich dabei scheiterte. Lieber ging er ins Kino – »ein Ort für Feiglinge, die vor dem Leben kneifen«. Heute sieht er sich die Filme daheim an. Alles, bloß nicht auf die Straße, um dort hören zu müssen: »Wissen Sie, was ich liebe? Ihre ersten ulkigen Filme!« Woody, dieser New Yorker Platzhirsch mit Platzangst. Oder Angst überhaupt, sein Lebenselixier.

Inzwischen stößt er weiter Film auf Film heraus, mindestens einen pro Jahr. Kaum hat man *Melinda und Melinda* gesehen – diesen Geniestreich, bei dem die gleiche Schauspielerin eine Sache mal komisch, mal tragisch erlebt – schon gibt es in Cannes *Match Point*. Oder lag da gar noch etwas dazwischen? Er hat sämtliche Formen ausprobiert: Komödie, Tragödie, Farce, Musical, Slapstick, Scherz, Satire, Parodie, alle mit tieferer Bedeutung (die er gerne leugnet, weil schlecht fürs Geschäft). Unmöglich zu verstehen, wie es ihm gelingt, die jeweils aktuellen Stars für Episodenrollen anzuheuern, gar für eine mickrige Pauschale von 5000 Dollar (früher waren es wenigstens zehn). Darunter Hugh Grant, Sharon Stone, Leonardo DiCaprio, Demi Moore, Goldie Hawn, Madonna, John Malkovich, Anjelica Huston und wen nicht.

Ich glaube, daß Woody ein großer Moralist ist, nach der Devise: Liebe deinen Nächsten wie dich selbst ... nur was tun, wenn man sich selber nicht liebt? Jeder Film, zumindest jeder seiner großen Filme, ist für ihn eine Häutung, bei der er, meist unter Schmerzen, immer neue Schichten seines verwundbaren Ego offenlegen darf ... und was sonst ist ein Künstler? Möge er noch recht lange leiden, uns zum Vergnügen. Hätte Woody, anstatt seiner tausend guten Aperçus, ein einziges Motto, so könnte es vielleicht lauten: Um überleben zu können, muß man sich totlachen!

Noch einmal lauern wir ihm vor seinem Studio auf, in der Hoffnung auf eine mickrige Straßenaufnahme. Und da kommt er auch schon mit nervösen Schritten aus dem Haus getrippelt, vom betreßten Portier höflich salutiert. Bemerkt uns mißbilligend – die drei vertraglichen Stunden sind ja abgelaufen –, hebt den Arm, aber natürlich nicht zum Gruß, sondern mit der ewigen New Yorker Flehgebärde nach einem Taxi, und dann nichts wie heim. Ein Mann, so denkt man sich, im lebenslangen Clinch um die große Liebe und den großen New Yorker Film. Aber wo steht geschrieben, daß man auf Dauer beides haben kann?

Die größte, die einzige Nachfolgerin der Edith Piaf ist bei den Deutschen eine fast Unbekannte geblieben. Warum, habe ich nie ganz begriffen. Vielleicht, weil sie ihr ewiges Lebens- und Liebesleid, ihr »mal de vivre«, nicht wie aus dem Bauch heraus-zuschmettern verstand. Sondern alles schamhaft verschwiegen hintupfte, andeutend, ironisierend, persiflierend. Mit herzzer-reißendem Lächeln über das Unausdrückbare hinweggleitend, wie ihre flutenden Klavierglissandos.

Ihr Geburtsname war Monique Serf, was auf Französisch Leibeigener bedeutet. Und die triumphale Figur, die sie dann ganz bewußt aus sich herausmodellierte, diese »dunkle Dame«, diese »schwarze Tulpe«, war ihr Werk, ihre Kreation. Man hat Barbara lange für eine Art Ausländerin gehalten, eine Russin vielleicht, jedenfalls einen »garstigen slawischen Charakter«. In Wirklichkeit ist sie in einem billigen Stadtviertel des Pariser Nordens geboren, Batignolles. Hat sich aber lebenslang ge-weigert, über ihre Kindheit Auskunft zu geben: »Ich habe keine Vergangenheit.« Oder, wie es in einem ihrer Lieder heißt: »Denn von allen unsern Erinnerungen sind am verheerendsten die jun-gen, die der Kindheit, die dich zerreißen …« Darf man verraten, daß die Mutter Esther Brodsky hieß, der Vater von elsässischen Juden abstammte? Irgendwann im Jahr 1942 klopfte dann eine Nachbarin an die Haustür: »Ihr müßt verschwinden, man hat euch denunziert. Sie kommen euch holen!«

Die kleine Monique verbringt ihre Kindheit versteckt in

einem Bauernhof bei Grenoble: »Wir lebten wie die Vogelfreien.« Immerhin überstehen sie Krieg und deutsche Besatzung, können anschließend wieder in Paris Fuß fassen. Nur scheint da etwas auf alle Zeit dahin – ist es die Zuversicht, der Glaube an das Leben? Bald verläßt auch der Vater die Familie, die sich von nun an ohne ihn durchschlagen muß. Barbara in einem Interview: »Schon mit vier Jahren wußte ich, daß ich ausreißen will und Sängerin werden.« Es folgen, nach unterbrochener Gesangsausbildung, jahrelange Bemühungen, mit Chansons von Edith Piaf, Léo Ferré, der Gréco (»Ich bin wie ich bin«) in irgendeinem Pariser oder Brüssler Cabaret unterzukommen. In Belgien heiratet sie einen jungen Liedermacher, Claude Sluys, den sie bald auf irgendeinem Pariser Trottoir wieder stehen läßt (»Ich habe keine Gabe zur Zweisamkeit«). Immerhin war er es, der sie überredete, am Klavier sitzend zu singen, anstatt mit ihrer zwirnsdürren Figur breitbeinig vors Publikum zu treten. Und nachdem sie sich eine Zeitlang Barbara Brodi nannte, begnügt sie sich schließlich mit dem bloßen Vornamen.

Folgt ihre erste große – und wie meist unglückliche – Liebe zu einem Monsieur Hubert, der alsbald in Geschäften nach Afrika verschwindet. Daraus macht sie ihr erfolgreiches Chanson: »Dis, quand reviendras-tu?« Sag, wann kommst du wieder? »Zieht es dich nicht endlich zurück zu mir / mach ich aus uns mein schönstes Souvenir. / Ich gehör nicht zu jenen, die einsam vergrauen / ich hab nicht die Treue der Matrosenfrauen ...« Dazu ein Vierteljahrhundert später: »Als ich mich von Hubert trennte, war es, als nähme ich den Schleier.« Wobei man allerdings einen anderen Ausspruch danebensetzen muß: »Es gibt drei Berufe, die einander ähneln: Nonne, Hure ... und das, was ich mache.« Mit ihren bekennerischen Chansons, zu denen sie meistens selber den Text, immer die Musik schreibt (obwohl sie kaum Noten lesen kann), beginnt ihr Erfolg beim Publikum. Sie findet ihre Heimstätte in dem – noch existierenden – Cabaret »L'Écluse« am Quai des Grands-Augustins (bei der Place Saint-Michel). Eine ehemalige Matrosenkneipe mit fünfzig unbequemen Hockern, einer zwei Quadratmeter großen Bühne, rundum geschmackloses Schifferdekor. Barbara tritt erst um Mitternacht auf, eine schwarze Nachteule, eine »Chanteuse de minuit«. Ihre Gage: 35 Francs, gerade genug für ein Taxi nach Hause. Aber was ist es, das uns da sofort verzaubert, das sogar die Piaf, Maurice Chevalier und andere Chansonhoheiten hierherlockt? Diese fremdartige Frau mit ihrem wunderbar geschnittenen Vogelgesicht zwischen hohen Backenknochen, dieses übersinnlich-sinnliche Wesen in bodenlangem schwarzen Samt, schmerzlich übers Klavier gebeugt, führt hier offenbar intime Monologe. Selbstbefragungen zu ihrem eigenen Schicksal, ihren unentwirrbaren Gefühlen. Und alles mit dieser lyrischen, rieselnden, tröpfelnden Stimme, die in einer einzigen Note vom Himmel zur Erde herüberplätschert und wieder zurück. Und da sind auch ihre Gesten, direkt auf unsere Magengrube zielend: Handflächen langsam zur Decke heben, tragisch lächelnd die Augenlider schließen wie die Madonna, einen Fuß in hochhackigem Schuh ganz zufällig aus dem Kleid heraustreten lassen wie eine Nutte …

Irgendwann um diese Zeit meldet sich ein hingebungsvoller deutscher Jüngling aus Göttingen, der dort ein »Junges Theater« betreibt, lädt sie zu einem Chansonabend ein. Nach Deutschland? Sie lehnt rundweg ab und sagt am nächsten Tag zu. Und sofort verliebt sie sich in die alte Universitätsstadt, die begeisterte Studentenschar. Und schreibt noch am selben Abend eines ihrer schönsten Lieder, »Göttingen«. Das von nun an bei keinem ihrer Chansonabende fehlen wird, trotz Befremden des französischen Publikums: »Egal ob manche mich scheel ansehen / die andern werden mich schon verstehen / denn die Kinder, die sind überall die gleichen / in Paris und in Göttingen …«

Barbara singt jetzt in großen Music Halls wie dem Bobino und sogar – höchste Weihe – im Olympia. Zum ersten Mal nimmt sie anständiges Geld ein und wirft es umgehend wieder zum Fenster hinaus: für einen silbergrauen Mercedes (sie kann noch nicht einmal chauffieren). Für Samte, Spitzen, zahllose Paar Handschuhe. Zum Filmen bringen wir sie ins Couturehaus von Cardin, wo sie sich in Federboas hineinsteigert, zum Flohmarkt, wo sie unverwendbare Strohhüte erschachert. Bis sich endlich der Impresario Charley Marouani ihrer erbarmt und Ordnung in ihre zerrütteten Finanzen bringt.

Nun kommt sogar eine Einladung aus Hamburg, um dort ihre besten Chansons auf Deutsch aufzunehmen. Sie denkt an Göttingen und erklärt sich bereit. Auf das Plattencover druckt man den Anfang eines recht schwärmerischen Interviews, das ich eben mit ihr veranstaltet hatte. Nur leider: das deutsche Publikum bestand nicht nur aus Göttingern, und die Platte wurde ein Reinfall. Hier immerhin mein Text:

Ah, wer das könnte! Hereinstaksen auf die Bühne – hölzern, hager, hakennasig, im langen, schwarzen Schleppkleid, sich wie erschöpft am Piano niederlassen, das Publikum ignorieren, veratmen, lang, lange nichts tun, den Blick nach innen gerichtet, auf den Lippen dieses kleine entsagende Lächeln. Dann die Hand über die Tasten gleiten lassen, so als wolle man nur sich selber zuhören. Und jetzt irgendein kleines lalala summen, das wie von allein zu einer Melodie wird, zu einem Vers, einem Chanson: »Es regnet … es regnet ohne Laut« – ein Lied, das auf einmal da ist, greifbar wird, wie ein kleiner schwirrender Vogel, der sich niederläßt … wer das könnte! Sie aber kann es, denn sie ist Barbara!

Wenn sie die dunklen Augen aufschlägt, gibt es nur einen Anziehungspunkt in diesem Saal, und wenn sie die schweren Lider senkt unter zusammengezogenen Brauen, dann ist es, als wollte sie alles ausschließen, außer der Erinnerung. Denn die kleinen Liebeslieder, die sie da singt, sind alle wie von einst, längst Erlebtes und Vergebenes, das sie heraufholt aus dem untrüglichen Erinnern, das alle Frauen haben. Wer will Barbara besitzen, wer wagt es, sie zu besitzen? Kein Mann. Sie ist die Frau, die man aus der Ferne ersehnt wie den Mond – du bist für sie schon Erinnerung, während sie noch mit dir spricht. Und wenn du sie küßt, so wird sich morgen dein Kuß verwandeln in dieses Aufheben der bleichen Hand in den Lichtkegel über dem Klavier, in dieses wissende und wie nach innen gedrehte Lächeln auf dem geisterhaften Gesicht, und du bist zu einem Vers geworden wie: »Sag, wann kommst du wieder, sag, weißt du wenigstens wann?« … oder: »Wenn du der Mann bist, warum kamst du nicht eher, keiner kommt mehr nach dir, aber du kommst zu spät!« … oder: »Ich kann nicht sagen, ob ich dich liebe, ich weiß es nicht, ich weiß es nicht, ich habe es so oft gesagt, drum heute, wenn ich es sagen möchte, wage ich's nicht, wage ich's nicht.«

Aber natürlich kann man so nicht leben, und darum gibt es auch die ausgelassene Barbara, und die exzentrische Barbara, und grob ist sie obendrein, und maniert, und warum trägt sie sich immer, immer in schwarz, und möglichst mit Federn? Warum kommt sie zu jeder Verabredung eine Stunde zu spät, vergißt alles, widerspricht sich, lügt, ist boshaft, kokettiert, verlottert ihr Geld? Warum? Nun ja, sagen wir, damit es nicht zu langweilig wird auf Erden.

Von der Caféterrasse, wo ich sitze, kann man die Turmuhr der Kirche von Saint-Germain-des-Prés betrachten. Ich betrachte sie

48

jetzt seit zwei Stunden. Es ist fünf Uhr, und darüber. Ich sitze da, das Kinn in die Hände gestützt... Da plötzlich erscheint sie, erscheint wie eine Erscheinung: lang, hager, ganz in schwarz. Schreitet, gleitet, wie ein Mensch, der niemanden sieht, oder auch wie jemand, der sich von hundert Augen betrachtet weiß. Sieht durch alle hindurch, sieht durch mich hindurch. Wendet sich zum Gehen.

»Barbara!« Sie zuckt zusammen, aber blickt sich nicht um.

»Barbara!« Diesmal konnte sie es nicht überhören. Wendet sich mir zu. Ein zögerndes Lächeln des Erkennens.

»Sie? Was machen Sie hier?«

»Eigentlich waren wir für drei verabredet.«

»Und wie spät ist es jetzt?«

»Nach fünf.«

»Mein Gott, fünf Uhr? Und ich bin gerade erst aufgestanden. Haben Sie eine Ahnung, wo ich um fünf zu sein habe? Jetzt seien sie ein guter Junge und bestellen Sie mir ein Taxi. Aber schnell, schnell!«

»Barbara, ich warte seit geschlagenen −«

»Dieses Gesicht! Nein, dieses Gesicht!« (Sie hat sich in der Scheibe bemerkt.) »Geben Sie mir um Himmels willen einen Kamm. Sie haben keinen? Gut, auch das noch.« (Holt einen Kamm aus ihrer Handtasche. Murmelnd): »Eine Katastrophe.«

Reporter (hat sich gefaßt): »Was trinken Sie?«

Barbara: »Trinken? Wo ich nicht eine Sekunde...« (Läßt sich in einen Stuhl fallen.) »Was gibt es denn? Ich brauche jetzt unbedingt etwas Scharfes. Wenn Sie mich lieben, verschaffen Sie mir einen Wodka.«

Reporter: »Kommen Sie oft hierher?«

»Das erste Mal in meinem Leben.« (Schließt erschöpft die Augen.)

»Aber man erzählt doch, daß Sie früher, als Sie noch in der ›Écluse‹ sangen, Abend für Abend hier −«

Barbara (auffahrend): »Erinnern Sie mich nicht. Ich will nicht mehr an früher erinnert werden, hören Sie!«

»Gut, reden wir von der Zukunft.«

Barbara (mit starrem Blick): »Heute abend um halb elf beginnt mein Leben. Um Mitternacht ist es zu Ende, bis morgen um halb elf. Kennen Sie etwas, das so verzweifelt komisch wäre wie dies? Wenn heute abend ein einziger Ton nicht stimmt, so werde ich die Nacht nicht schlafen. Wenn bei dem Pianissimo von ›A mourir pour mourir‹ wieder einer von diesen Idioten zu glucksen beginnt, so spring ich ihm an die Kehle.« (Nach einem Augenblick, im gleichen Tonfall:) »Wie gefallen Ihnen meine neuen Schuhe?«

Reporter (entsetzt): »Noch immer schwarze Schnürstiefel zum Abendkleid!«

Barbara (lächelt befriedigt): »Sie sind ein Scheusal. Ich muß fort.«

Reporter (zieht energisch seinen Notizblock): »So geht das nicht weiter! Sie versprechen mir telefonisch ein Interview. Sie verabreden sich mit mir im lärmendsten Café von Paris. Sie kommen zwei Stunden zu spät, und … und …«

»Ach so. Sie waren das am Telefon? Warum sagen Sie das nicht gleich? Ich dachte, ich treffe Sie aus purem Zufall.«

Reporter (spitzt seinen Bleistift): »Geboren? Wann, wo?«

Barbara: »Sauertopf! Pedant! Ich werde Ihnen ein Erlebnis erzählen. Wissen Sie, wo ich heute morgen den Sonnenaufgang erlebt habe?«

Reporter (sarkastisch): »Ich dachte, Sie sind erst nachmittags aufgestanden.«

»Das war gestern. Heute morgen war ich um sieben am Pont

des Arts. Da gibt es einen Augenblick, wo man die Sonne über die Seine glitzern sieht, als wäre sie direkt aus dem Wasser aufgestiegen. In diesem Moment hält ein Taxi, und ein Liebespaar steigt aus. Es ist augenscheinlich, daß hier ein Mann seine Freundin heimbringt, und sie hat ihn gebeten, eine Minute anzuhalten. Sagt sie: Einmal möchte ich, daß wir uns bei Sonnenschein lieben. Dann wüßte ich, ob du mich wirklich magst.«

»Und daraus werden Sie jetzt ein Chanson machen?«

»Daraus werde ich jetzt ein Chanson machen, damit die Leute sagen, das paßt nicht zu Barbara, sie ist eine Nachteule, sie sollte lieber den Mond anheulen.«

»Kümmert Sie das, was die Leute sagen?«

»Was wollen Sie? Man schreibt für sich selber, aber man singt für ein Publikum. Und jeden Abend ist es anders, ich weiß nicht warum. Damals, in der Écluse, 40, 50 Leute, die meisten kannte ich, man hatte sie in der Hand. Die reagierten auf jedes Zucken der Mundwinkel. Heute, im Bobino und den andern Bahnhofshallen, da muß man schon den Kopf auf die Tasten fallen lassen, oder mit den Armen in der Luft herumfuchteln, bevor sie etwas mitkriegen. Da heißt es dann, die Barbara ist maniriert geworden. Aber man kann den Leuten nicht zumuten, daß sie sich 15 Chansons von jemand anhören, der am Klavier hockt wie eine Wachspuppe und etwas vor sich hinmurmelt.«

»Das sind Äußerlichkeiten. Ich will nicht von Ihren Chansons reden, sondern von der Frau, die sie macht.«

»Aber ich bin in meinen Chansons, sonst nirgends.«

»Entstehen Ihre Lieder aus persönlichen Stimmungen?«

Barbara (lacht ironisch): »Sie meinen, bin ich fidel, wenn mir etwas einfällt wie: ›Meine Liebesgeschichte bist du‹ – und trübsinnig, wenn ich etwas mache wie ›Einsamkeit‹? Sie Ignoramus! Das möchte Ihnen so passen!« (Höhnisch:) »Ich bin ein Profi, verstehen Sie, was das heißt? Ich bin ein eiskalter Fisch. Ich knoble wochenlang an so einem Ding, manchmal länger, jahrein, jahraus. Kein Mensch kann es mit mir aushalten, sie sind mir alle egal, Männlein wie Weiblein. Ich probe vor dem Spiegel, zwanzigmal, hundertmal, bis es sitzt. Das ist mein Leben.«

»Und wenn Sie's vortragen, dann weinen Sie manchmal. Ist das auch geprobt?«

»Mann, lassen Sie mich in Frieden. Wissen Sie, was ich wirklich möchte? Denen einen Clown hinlegen, als Nackedei auf die Bühne getanzt kommen, ein Rad schlagen. Ihr enerviert mich mit eurer ewigen Sehnsüchtelei! Haben Sie schon mal nachts in die Seine gep...? Na also, ich auch. Jeannot! Bringen Sie mir einen Whisky! Aber ohne Wasser. Und für diesen Herrn ein leeres Glas, er braucht ein Tränenkrüglein. Was schlecken Sie schon wieder an Ihrem Bleistift? Glauben Sie nur ja nicht, daß ich Ihnen ein Interview gebe. Ich habe das nie getan, und ich werde es auch nie tun. Von mir bekommen Sie nichts, nichts! Da können Sie schon ein Kreuz drüber machen. Zeigen Sie überhaupt her, was Sie da gekritzelt haben. Hören Sie mal, was heißt denn das? Da steht ja überhaupt nichts da als eine einzige Ziffer. Ich gewähre Ihnen hier ein stundenlanges Interview, und Sie machen sich nicht einmal Notizen? Und überhaupt, was soll das bedeuten, 36? Ach so, mein gewisses Alter, versteh schon. Das haben Sie aus irgendeiner Zeitung aufgepickt. Brauchen Sie mich also nicht mehr zu fragen, bravo. Dann wissen Sie ja sicher auch, daß ich schon mal verheiratet war, geschieden, kriege keine Kinder mehr. Mißerfolg auf der ganzen Linie. Ich singe also aus Verzweiflung, warum schreiben Sie das nicht? Sowas zieht immer. Und dann die sieben Jahre in der Écluse, man weiß nicht, soll man Abendessen gehen oder ein Taxi heimnehmen, zu beiden reicht die Gage nicht. Und auf einmal wird man von Paris ent-

52

deckt, wie Aschenbrödel vom Prinzen. Ist doch eine rührende Geschichte! Da haben Sie mich also auf dem Serviertablett. Aber ich werde Ihnen was flüstern: der Erfolg ist eine Katastrophe. Jeder Mensch, der etwas schreibt über dich, ob gut oder schlecht, der nimmt dir was weg. Der nimmt dir etwas weg von deiner Unschuld, ja. Und jeder Abend da oben ist ein Kampf nach zwei Seiten. Den Leuten, die Eintritt bezahlt haben, etwas für ihr Geld zu liefern ... und sich gleichzeitig rein zu bewahren. Denn wenn du das nicht tust, dann hast du ihnen morgen nichts mehr zu bieten, verstehn Sie. Da schreiben sie immer: Sensibel, sensibel, was ist die Barbara doch sensibel! Glauben Sie, der Georges spürt das nicht, unser guter alter Papa Brassens? Aber der hat die Kraft, der zieht sich dann auf zehn, elf Monate in seine Höhle zurück und sieht nur seine paar alten Freunde und macht sich wieder ganz. Aber ich kann das nicht. Ich brauche ein bißchen Welt jetzt, ich will auch mal Fetzen von Cardin tragen und mich sehen lassen und genießen.«

»Und Ihr russisches Auf und Ab ist auch nicht gerade dazu angetan −«

»Ach was, russisch, russisch. Ich bin eine polnische Jüdin. Ich bin aus dem großen Menschenreservoir, das es nicht mehr gibt, wo jeder wußte, was in dem andern vorgeht, den eigenen Leuten und den fremden. Man mußte es wissen, oder verrecken. Glauben Sie, ich spüre nicht, wann ich Ihnen weh tu? Aber das geht nicht, so kann man nicht leben.«

»Wie kann man überhaupt leben?«

»Weiß ich auch nicht. Von Tag zu Tag, glaube ich. Niemand kann einem das vormachen. Es gibt kein Exempel, wie man richtig lebt. Nur wie man richtig stirbt, das gibt es.«

»Kennen Sie ein Mittel gegen diese Angst?«

»Ja. Man muß in vielen Menschen leben. Wenn man sich

nicht einem Mann hingeben kann und einer Familie, muß man es andersherum versuchen. In allen meinen Liedern singt eine Frau, die gar nicht nur ich bin, sondern jemand anders, vielleicht eine Studentin oder eine kleine Arbeiterin, die auch so fühlt wie ich.«

»Darum kommen nach der Vorstellung so oft Leute zu Ihnen und sagen: Was Sie da gesungen haben, war ein Stück aus meinem Leben.«

»Ja, das ist dann sehr schön, sehr ergreifend. Aber man kommt sich hundert Jahre alt dabei vor. Außerdem sagen sie es nie bei meinen lustigen Chansons.«

»Oder bei Ihren intellektuellen.«

»Ja, auch bei denen nicht. Das wäre auch schwer. Wo finden Sie denn sowas bei mir? Wenn so ein Ding im Regen auf einen Mann wartet, der nicht kommt, oder sie läßt einen aufsitzen, oder sie himmelt ihn an, oder, oder sie sagt ihm, er ist zu spät in ihrem Leben erschienen, oder sie faucht ihm zu, daß er sie langweilt – was hat denn das mit Intellekt zu tun? Das ist dumm wie Kohl. Ich mag gescheite Frauen, aber keine intellektuellen.«

»Was heißt gescheit?«

»Für eine Frau: daß sie sich über ihre Gefühle lustig machen kann.«

»Wie ist das bei Ihnen?«

»Manchmal.«

»Und sonst?«

»Sonst nicht.«

»Barbara, es gibt bei Ihnen kein Lied, in dem es nicht um Liebe geht. Trotzdem hat man den Eindruck, daß Sie nicht recht an die Liebe glauben. Vielleicht ist es das, was man bei Ihnen für intellektuell hält.«

»Aber die Liebe ist doch ihr eigener Lohn! Wer liebt, der hat schon keinen Anspruch mehr auf was sonst. Am wenigsten auf Gegenliebe.«

»Es kommt aber vor.«

»Es kommt vor. Es kommt sogar vor, daß es dauert. Manche Leute gewinnen auch bei der National-Lotterie.«

»Barbara, ein letztes Wort: Sie haben 17 Jahre auf Ihre Stunde gewartet! Was, wenn sie jetzt schon zu Ende wäre?«

Barbara (lächelnd): »Dann würde ich mich mit dem langen schwarzen Senkel meines langen schwarzen Schnürstiefels ans nächste Fensterkreuz hängen.«

»Aber ...«

»Zahlen, bitte! Ich werde von einem Kollegen abgelöst.«

Es ist der Garçon, der mich etwas unsanft anstößt. Ich blicke auf, aber es ist nicht der Kellner Jean. Es steht kein Whiskyglas auf dem Tisch und auch kein Tränenkrüglein, sondern nur eine leere Tasse Kaffee. Nur eine. Und da ist auch keine Barbara, keine lange, hagere, hakennasige, verzaubernde, tausendfältige, unmögliche Barbara! Ich habe, das Kinn in die Hände gestützt über dem leeren Notizblock, mir einen Abend lang ein Interview erträumt von der, die niemals eins gewährt, die nichts bekennt und nichts preisgibt, weil sie nur in ihren Chansons leben will, von denen ich einige für unsterblich halte.

Daß Barbara irgendein dunkles Geheimnis umgab, war allerdings nicht nur eine romantische Phantasie. Sie steht noch mitten im Kampf um ihre Zukunft als Sängerin, da erreicht sie ein Anruf: »Ihr Vater ... es gab einen Unfall ... er liegt im Hospital von Nantes.« Bei ihrem Eintreffen ist der Vater bereits gestorben, ohne den Kindern auch nur ein Wort zu hinterlassen. Daraus wird dann Barbaras ergreifendstes Chanson, »Il pleut sur Nantes«, es regnet auf Nantes, gib mir deine Hand. Wobei der Vater stimmungsvoll (und auf »letztes Rendezvous« gereimt) in der

Straße zur Wolfsscheune lebt, Rue de la Grange-aux-Loups. Später werden Barbaras Bewunderer sich dermaßen oft nach dieser nicht existierenden Straße erkundigen, daß die Stadt tatsächlich eine solche ins Leben rufen muß. Aber noch ein anderes Chanson entsteht nicht lang darauf: Im Herzen der Nacht, »Au coeur de la nuit«: »Plötzlich wachte ich auf / es war jemand da / plötzlich wachte ich auf / als es geschah…« Später, in ihrer unvollendeten Autobiographie, wird Barbara deutlicher darauf zu sprechen kommen: »Am Abend, wenn ich die Schritte meines Vaters kommen hörte, begann ich zu zittern…« In dem Chanson spricht sie dann von ihrer inzestuösen Zärtlichkeit wie von tiefen Wäldern, in denen sie sich verliert: »Wenn es sein muß, komm ich wieder / viele viele tiefe Nächte / ohne daß ich je den Weg / in das Licht zusammenbrächte…«

Und dann auf einmal, auf dem Höhepunkt ihrer Karriere – sie gehört jetzt zur nämlichen Liga wie Brel, Brassens, die Gréco, die Piaf – überkommt sie die Lust, alles in die Wagschale zu werfen und mit ihrem morbiden Image als gepeinigte Dulderin Fußball zu spielen.

Es passiert im Olympia, ausverkaufte Vorstellung. Da, kaum ist der letzte Ton verklungen, springt Barbara von ihrem ewigen Klavierhocker auf, rafft die Röcke in die Höhe, umschlingt sich mit einer Boa und legt einen wilden Java hin, den berüchtigten frechen Tanz der Vorstadt-Apachen. Dazu das unanständige Görenlied: »Wenn dieser große Blonde mich in den Armen hält, dann bin ich nicht bei mir, dann bin ich wie ein Tier…« Ein Jahr später, wir halten 1979, eine neuerliche Überraschung: Sie verkündet von der Bühne herab, daß dies ihre letzte Vorstellung sei, so wie Jahre zuvor der kranke Jacques Brel. Und dann – Barbara ist immer für eine Sensation gut – entdeckt sie, auf der Fahrt zu ihrer Zufluchtstätte, dem Vierhundertseelendorf Précy an der

Marne, ein Zirkuszelt! Ein Zelt mit 2000 Plätzen, so viele wie das Olympia. Und beschließt auf der Stelle: Hier wird sie singen. Ausgerechnet da, in einem Zelt und in dem ungeliebten Pariser Vorort Pantin. Und natürlich nicht in ihrem Knöchellangen, sondern einer neuen dazu passenden Garderobe: breit ausladende Hosen, schwarze Tunika. Ein Kostüm, in dem man sich bewegen kann. Auch entwirft sie ein Szenar aus Spielszenen, mit 22 ihrer Chansons. Wunschpartner (und ihre letzte Liebe): Ein großer Blonder, der um etliche Jahre jüngere Schauspieler Gérard Depardieu. Zur Premiere kommt dann alles, was in Paris zählt, darunter Jack Lang und vier weitere Minister. Es wird ihr größter Triumph, öfter wiederholt. Nur daß Barbaras Innerlichkeit – aber das wollte sie wohl auch – über die unvermeidlichen Distanzen nicht recht herüberkommt. Nachher gehe ich sie noch einmal in ihrer Artistenloge begrüßen. Will sie an unser schönes Interview erinnern … bis mir einfällt, daß ich es ja nie gemacht habe, nur imaginiert. Und unsere Filme hat die Vielumworbene wohl kaum mehr in Erinnerung. Ohnehin ist bei ihr eine beginnende Depression zu spüren, die sich leider von nun an nur vertiefen wird. Ihr letztes Chanson, oder eines der letzten: »Wer ist diese Frau, die durch die Straßen wandert? Wo geht sie hin? Diese Frau ist der Tod …«

Barbara liegt auf dem Friedhof von Bagneux begraben, einem Pariser Vorort, neben Mutter und Großeltern. Vor ihrem Sarg hält Depardieu, im Regen natürlich, die Grabrede: »Singe weiter, meine große Liebe, singe mir deine Liebe, singe …« Und vor dem zugeschaufelten Grab bringen dann ihre Getreuen noch stundenlang ihre unvergeßlichen Chansons, bis zur Schließung des Friedhofs.

Als Hank 1994 von dieser kaputten Erde verschwand – nicht
an sechzig Jahren erhöhtem Alkoholpegel, nicht an seiner zer-
löcherten Leber oder durchbrochenem Magen, von Hämorrhoiden
ganz zu schweigen … ja nicht einmal an den scharfen indischen
Beedies, die er bis zur Heiserkeit rauchte, sondern an unerwarte-
ter Leukämie – da hatte ihn die amerikanische Öffentlichkeit
gerade erst wahrgenommen. Aber einer von uns? Er wird mit
Rabelais verglichen, Joyce, Céline, lauter Ausländern. Und wie
soll man diesen Namen eigentlich aussprechen? Backofsky?
Bjukausky? (Bjuk wie Puke, sagte er gern von sich, also wie
Kotze.) Und natürlich gab es in den Nachrufen die unvermeidlichen Hinweise auf ihn als Boxervisage und ruppigen Hund. Bloß
die kleinen literarischen Blätter und Verlage, die er so fleißig
bediente, die wußten Bescheid. Aber wer las die schon in der
Großen Amerikanischen Mittelklasse, auf die er zeitlebens keinen Bock hatte.

Anderswo auf der Welt aber weinte man sich die Augen aus.
Und nicht nur in Frankreich (eine Viertelmillion Exemplare), in
Deutschland (zweieinhalb Millionen angeblich), nein, auch in
Japan oder Brasilien. Sowie einem runden Dutzend anderer Län-
der, in deren Sprachen er übersetzt wurde. Wie konnte das sein?
»George, ihr Medientypen habt mich gerettet! Vive les media!
Da kann man jahrelang schreiben, und wer liest es? Nur die, die
selber schreiben. Und auf einmal kommt einer und fotografiert
dich. Und dann andere. Und du bist ein Star. Jetzt hilft meine

Fresse beim Verkauf. George, du willst mein Bild aufnehmen? Hier bin ich!«

Ich glaube, wir sind gerade auf dem Scheitelpunkt seiner Karriere mit ihm zusammengetroffen. Gerade als die letzten originellen Storys und Gedichte kamen. Und als er nicht mehr dem dauernden Zwang unterlag, sein eigener ärgster Feind zu sein. Er lebte danach noch etliche Jahre, nicht viel anders als zuvor. Gern? Ungern? Es war letztlich für ihn dasselbe. Er *ließ* sich leben. Leben war etwas, das einfach da war. Das ausgestanden sein wollte, egal wie. Im Alkoholrausch, auch im Schreibrausch manchmal, wenn alles gut ging. Und das war's dann. Jetzt liegt er begraben auf dem Green Hill Memorial Friedhof (welch ein Name für jemand, der keinerlei Naturgespür besaß) in der Hafenstadt San Pedro bei Los Angeles, seinem letzten Wohnsitz. Wenigstens war es einmal ein Hafen. Einer, wo auch Emigranten aus Übersee ankamen, zum Beispiel ein Teil meiner Familie. Heute mehr eine Müllkippe der Zivilisation, was Bukowski auch recht war. Angeblich haben ihn Zen-Mönche zu Grabe getragen. Wahrscheinlich eine von diesen romantischen Mythen, die man um ihn spann, beziehungsweise er selber. Obwohl wir immerhin – zum Entsetzen seiner zahlreichen Anhänger, die auf den Wilden Mann abgefahren waren – schon das Buddhistische in ihm herausspürten.

Buk oder Hank oder Martin Blanchard oder Henry Chinaski oder wie immer er sich und seine Alter Egos gerade nannte … was hatte er, das andere Schreiber nicht hatten? Nun, überraschenderweise zuallererst seinen Fleiß. Dieses ramponierte Urviech, angeblich nur auf Trinken, Fluchen und Weibergeschichten programmiert, hat mindestens dreißig Gedichtbände veröffentlicht. Noch nach seinem Tod erschienen neun postume! Alltagslyrik, Straßenpoesie, etwa wie seine Jünger Wolf Wondratschek oder Rolf Dieter Brinkmann. Dazu gibt es noch vier Bände Short Storys, vier Romane, zwei Bildbände, ein Drehbuch usw. Alles in allem rund fünfzig Bücher. (Auch Goethes Gesamtausgabe letzter Hand enthält nicht mehr.) Schreiben – uns allen gewunschen – war eine seiner leichtesten Übungen. »Ich setze mich einfach hin und schon kommt es. Kommt ganz von allein. Ich fotografiere eben die Scheiße um mich herum, den normalen Wahnsinn, das ist meine ganze Kunst. Bloß alles Übrige fällt mir schwer. Leben zum Beispiel.«

Nur ein Pech, daß Bukowski mangels Bildung nie den Unterschied zwischen guter und schlechter Schreibe hinkriegte. Aber auch Henry Miller hatte ja damit seine Schwierigkeiten, dessen Erfolg z.T. auf den radikalen Kürzungen beruht, die der Verlag seinen apokalyptischen Rhapsodien auferlegte. Aber natürlich ist es Hemingway, mit dem Bukowski am häufigsten verglichen wird. Allerdings: Hem reiste durch die Weltgeschichte, beherrschte vier bis fünf Sprachen, las ihre Literaturen. Buk blieb daheim und las Hemingway. Und auch den kannte er bestimmt nur in Bruchstücken, wie seine andern angeblichen Vorbilder, wie eben Miller oder Céline oder Kerouac. In Buks Dichterkammer sah ich kein einziges Buch. Das, was ihn am engsten mit Hem, dem »Weltmeister im Schreiben«, verband, war leider auch das allergefährlichste: daß sie sich beide verpflichtet fühlten, ihrer Reputation als saufende, raufende Übermänner gerecht zu werden. Am Ende verwechselten sie sich mit ihrem eigenen Image. Reifen, ein reifes Alterswerk schaffen, konnten sie beide nicht. »Es gibt keine zweiten Akte in amerikanischen Leben« – wer hatte das nur gesagt? Ich glaube es war Scott Fitzgerald, der sich mit vierundvierzig in Hollywood zu Tode trank.

Vor allem die Europäer waren es, die sich schon früh dem bukowskischen Sound verschrieben. Wozu ja auch solche Lobeshymnen beitrugen wie, daß angeblich Jean Genet ihn den stärksten Dichter Amerikas genannt, Henry Miller behauptet habe, eigentlich müßte er jetzt sein eigenes Schreiben aufstecken, und sogar Sartre ... Aber hier brechen wir lieber ab, bevor wir es mit dem Frankfurter Verlag zu tun kriegen, der das wahrscheinlich alles erfunden hat. Und natürlich haben den Autor hierzulande vor allem die Übersetzungen seines deutschen Herolds Carl Weissner auf den Thron gehoben. Schon dessen erste Begegnung mit dem Meister klingt nach purem Bukowski (wenn nicht gar nach Hemingways kunstvoller Lakonik): »Ich ging rein. Die Tür quietschte ein bißchen. Ich blieb stehen und sah mich um. Es roch nach Zigarettenkippen, ranzigen Socken und alten Bierflecken auf dem Teppich. Und da stand er. Einsachtzig, etwa 110 Kilo, massig, verschwitztes Hemd, vorne offen« usw. Wobei man hinzusetzen muß, daß Buk nie Zigaretten raucht, daß er höchst penibel mit seiner Kleidung ist (von wegen ranzige Socken und verschwitzte Hemden), auch kann man kaum glauben, daß alte Bierflecken auf dem Teppich noch riechen. Hier wird nicht beschrieben, sondern ein Mythos evoziert. Weissner gelingt es geradezu − natürlich mit voller Billigung des Autors −, seinen Buko noch bukowskischer erscheinen zu lassen, als er ist. Also noch rüder und rauher, ausgefuckter und abgemachter.

Dazu beigetragen haben bestimmt auch die No-Future-Überschriften, die der Autor so gern seinen Sachen verpaßte. Wie etwa *Love is a Dog from Hell* oder *Slouching toward Nirvana* (sein letztes Gedichtbuch). Nur noch verkaufsträchtig überboten von den deutschen Titeln, zum Beispiel: *Das Schlimmste kommt noch*, *Das Leben und Sterben im Uncle Sam Hotel*, *Schlechte Verlierer*, *Kaputt in Hollywood*, *Ausgeträumt* ... Dabei sind es, wie man glauben möchte, keineswegs nur picklige junge Männer, die seinen patentierten »Pubertierertraum vom Erwachsenenleben«

(*The New Yorker*) verinnerlichen. Auch Mädchen finden anscheinend Bukowskis Appeal unwiderstehlich: »Du bist ein Biest, sagte sie / dein dicker weißer Bauch / und diese haarigen Füße. / Wann schneidest du dir die Nägel? / Biest, Biest, Biest, / sie küßte mich, / was wünscht du dir zum / Frühstück?« Auf zahllosen Websites quer durch USA und Europa wird der Dichter ausdiskutiert, erscheinen solche Danksagungen wie »Nur du hast verhindert, daß ich mich umbringe!«

Dazu kommt, daß dieser legendäre »Slumgott aus den Kloaken« (Wolf Wondratschek), dieser (laut *Rolling Stone*) »Skatologe, Sexist, Kotzbrocken, Genie, Krakeeler, Hilfsarbeiter, ehemalige Leichenwäscher« (letzteres ein typischer idiotischer Werbeslogan), »Ex-Soldat« (war er nie), »Werbetexter für ein Luxusbordell« (auf was die alles kommen) … daß also diese mythische Figur und echt coole Type auch noch in Deutschland geboren ist. Nämlich in Andernach am Rhein, von wo aber die Familie schon mit dem Zweijährigen in die Staaten zieht. Der Vater schafft es gerade zum Milchausträger, also einer, der, dank grassierender Depressionszeit, zwanzig Jahre lang malochen muß, bevor er es zu einem Häuschen bringt. Welches danach seinen ganzen Lebensinhalt bildet. Ein »preußischer Tyrann mit sadistischen Strafritualen«: Läßt Buk Junior beim Mähen einen Grashalm aus, so setzt es Prügel mit dem Streichriemen des väterlichen Rasiermessers. Dazu ein Gedicht aus Bukowskis Todesjahr: »Ich glaub, es war mein Vater, der mich dazu brachte / ein Penner zu werden. / Ich beschloß, wenn ein solcher Mann reich sein will / dann will ich arm sein.«

Buks vehementer Elternhaß führt zu einer Furunkulose über den ganzen Körper. Das, was sich später hinter Bart und interessanten Charakterfalten verbarg, war eine lebenslange Acne Vulgaris, der Fluch seiner Existenz. »Das vergiftete Leben explo-

dierte endlich aus mir heraus. Da waren sie, die zurückgehalte-
nen Schreie, ausbrechend in anderer Form.« Die blutigen Pusteln
mit Fetzen von Zigarettenpapier verklebt, zieht er sich aus allem
menschlichen Umgang zurück. Erst mit 24 wird er entjungfert,
angeblich von einer 150 Kilogramm schweren Hure. Inzwischen
hat Buk aber längst schon sein Allheilmittel entdeckt, und zwar
im Weinkeller eines Freundes: »Warum hatte mir das niemand
gesagt? Da war sie doch, die universelle Antwort auf Pimpel und
Vaters Abziehriemen.« Auch auf Angstneurosen und gescheiterte
Selbstmordversuche. Ohne jede Zukunftsaussicht jobbt er sich
durch Gelegenheitsarbeiten, raubt Bottleshops aus und Tankstel-
len, landet im Knast. Der Versuch, Journalistik zu studieren,
schlägt ebenfalls fehl. Vorm Kriegsdienst kann er sich immerhin
drücken, eingestuft als hoffnungslos Asozialer. Dafür macht er
gern in Provokation, was leider bis in seine letzte Zeit vorhält:
»Jeder, der so stark ist wie Hitler, wird für Jahrhunderte gehaßt
werden. Aber sie würden über ihn reden. Weil es Mut erfordert,
gegen die allgemeine Moral zu verstoßen. Ich denke das ist o. k.,
wenn du es im großen Maßstab tun kannst. Wenn du die Menschen verraten und ermorden kannst, das ist groß.« Nachdem ich
Hank kennengelernt habe, seine Wutausbrüche, aber auch seine
Fähigkeit zur Freundschaft und Anhänglichkeit, kann ich solche
Sprüche nicht ganz ernst nehmen. Ich bin sicher, letztlich war
ihm Hitler so Wurst wie überhaupt alle Politik. Er hatte zuviel
mit seinen eigenen Troubles zu tun, um sich auch noch um Hitler
zu kümmern. Oder irgend jemanden sonst. Seine ganze Energie
ging ja dabei drauf, sich aus seiner jugendlich-verkorksten Psyche
herauszuarbeiten.

Die niederdrückendste Zeit: als »Mann mit der Ledertasche«
(Titel seines ersten Romans). War Kollege Henry Miller ein Jahr
lang Telegrammbote gewesen, bevor er nach Paris ausbüxte, so

muß Buk vierzehn Jahre bei der Post fronen, erst als Briefträger, dann als Sortierer. Während er gleichzeitig ein Nachtleben im Dauersuff führt, aufgemöbelt von »furchtbaren Frauen, die ich mir schöntrinken mußte«. Und von Gedichten und Storys, die er schockweise an unterfinanzierte Kleinstjournale zu verscherbeln sucht. »Ich lebte in Gesellschaft von Ratten und Weinflaschen, und mein Blut pappte an den Wänden einer Welt, die ich nicht begreifen konnte und bis heute nicht begreife.«

Und dann bietet ihm der waghalsige Verleger der Black Sparrow Press, John Martin, eine Monatspauschale von hundert Dollar für seine Schreibe! Buk: »Ich brauchte nur zu wählen. Entweder bei der Post bleiben und durchdrehn – oder schreiben und verhungern.« (Im Vergleich dazu: Als kalifornischer Emigrant erhielt Nobelpreisträger Thomas Mann von seinem Verleger Knopf gerade 500 Dollar monatlich für sich und seine vielköpfige Familie, einschließlich dem Bruder Heinrich und dessen Frau Nelly.) Buk rechnet sich aus, daß er – nach Abzug von 15 Dollar Alimente für seine Tochter Marina aus einer gescheiterten Ehe – gerade so durchkommen kann, und kündigt dem Postamt. Seitdem lebt er von seiner Schreibmaschine. Wie wir ihn kennenlernen, dürfte seine Pauschale immerhin mehrere tausend Dollar monatlich erreicht haben! Und neunzehn seiner Bücher stehen im Druck! Dazu Hank beim Interview: »Natürlich sind die ganzen Leute, die mich als verkommenen Hungerleider sehen, jetzt sauer auf meinen Erfolg. Ich habe diesen BMW, und es macht sie rasend!«

Ja, da steht er, der vielgeliebte schwarze BMW der Dreierreihe, den er sich mit seinen deutschen Einkünften zulegte. Oft gewaschen und gestriegelt, wie sich später herausstellt, aber nicht ganz so oft gefahren, aus Angst vor der Alkoholtüte. Er rastet am Hintereingang seines schmucken gelbgestrichenen Knusperhäuschens samt Garten in San Pedro, nicht weit von L.A. Die spießigste Bude, die ich seit meinem Besuch bei Henry Miller je sah. (Auch Brecht haßte die seine in Santa Monica, konnte sich aber nicht die Luxusvilla des geschmeidigeren Freundes Feuchtwanger leisten.) An der Haustür hängt dann leider ein Zettel für uns in etwas schwankender Schrift: »Liebes Fernsehen, derzeit nicht brauchbar, kommt nachmittags wieder.« Fängt ja gut an. Inzwischen treffen wir, nach schlichtem Mahl am Hafen, Hanks deutschen Schatten, Michael Montfort, der ihn seit Jahren umgarnt, umflattert und umknipst. Sieht sogar aus wie ein angehender Hank.

Dann gemeinsam zum Meister zurück. Haustür von Freundin Linda (oder jetzt Gattin, vermutet man) geöffnet, vorzügliches Mädchen. Halb so alt, aber doppelt so schön wie er. In der Hand einige der drei Dutzend Vitaminpillen, die er nach ihrem Rezept – sie ist Diätkundlerin – tagtäglich herunterwürgen muß. Verhältnis nicht unähnlich dem des verflossenen Ehepaares Utrillo, von mir – o Gott, kann das schon so lange her sein? – einst in Paris gefilmt. Sie rettet ihm das Leben, aber verstopft die Quelle seiner Inspiration. (Quelle natürlich nicht im Sinn von Leitungswasser.) Übrigens scheint Hank den Alkohol, wir halten derzeit bei Flaschenbier – er haßt Dosen –, besser zu verkraften als seine indischen Beedie-Zigarren. Hustet diskret in ein sauber zusammengefaltetes Taschentuch. Wie überhaupt seine Klamotten tipptopp: Chinos (die beigen Baumwollhosen der amerikanischen Flieger), schickes hellblaues Hemd, in die Brusttasche gesteckt die schwere Brille. Was zum Gesicht sagen? Schmelingvisage mit hartem Kinn, dazu aber als Ausgleich hohe Stirn und ergraute Künstlermähne. Die Pusteln wirken jetzt nur noch wie tief ausgewaschene Landschaft, Schründe im Urgestein. Im Grund ein beinhartes, verlebtes Dichterantlitz … wäre da nicht der unfeine gefleckte Nasenballon, der stark an den Filmkomiker W.C. Fields erinnert. Vom Bierbauch nicht zu reden. Das darauf zugeschnittene raumgreifende Wohnzimmer bequem mit dicker Meublage. Hank, jetzt auf das Sofa hingeräkelt, Bierflasche in der Hand, und irgendwie auf ein Statement gegen diese bürgerliche Solidität bedacht, aber wie? Aha, er rafft sich etwas mühsam hoch, lädt uns ein, ihn zum Drugstore zu begleiten. Wo er alsbald diverse *Playboys* und *Hustlers* vom Regal holt.

Frage: »Warum kaufst du diese Dinge?«

Antwort: »Ich mag die Beine. Ich bin ein Bein-Typ.«

»Aber es gibt doch auch wirkliche Beine?«

»Ah, du meinst Linda? Das ist doch nicht dasselbe. Diese Beine machen keinen Trouble, sie wollen nichts von dir, sie pflaumen dich nicht an.«

»Aber sie sind doch bloß Papier?«

»Setz deine Phantasie ein, buddy. Am schönsten ist doch beides – echt und Papier. Du bist ein Busen-Typ? Ich versteh euch nicht. Beine sind das Wahre, das einzig Wahre.«

Danach Gang durch Los Angeles. Nicht die Negerslums, auch nicht die der aufstrebenden Hispanics, sondern die Wege zwischen den rosa Zuckerbäckerhäuschen seiner Pennerzeit, seiner »Erlebnisdusche« unter Stromern, Nutten, Ausgeflippten. Hank immer mit Bierflasche in der Hand (wir führen sie im Teamwagen mit). Schicke langbeinige Bienen winken ihm zu, besser gesagt, unserer Kamera, auf Starkarrieren bedacht. Eine verbitterte Frau mit Lockenwicklern in rotem Schlafrock: »Lassen Sie sich anderswo fotografieren. Ich weiß genau, wer Sie sind.«

Hank mit Autoreneitelkeit: »Sie wissen, wer ich bin?«

Die Rote: »Ja. Ein Hurenbock.«

Hank zu uns: »Dabei hab ich mich nie mit Nutten eingelassen. Meine Freundinnen waren immer was besseres.«

66

»Warum fahren Frauen eigentlich auf dich ab?«

»Keine Ahnung. Ich war nie ein berühmter Liebhaber – bloßer Durchschnitt. Wahrscheinlich amüsiere ich sie mit meiner Aufschneiderei. Ich weiß nicht, warum sie immer kamen. Ich weiß, warum sie gingen.«

»Warum?«

»Weil ich ihnen manchmal, wenn ich vollgelaufen bin, die Wahrheit ins Gesicht sage.«

»Welche Wahrheit?«

»Die über sich selber. Und über mich.«

Wir kommen jetzt zu seiner ehemaligen Sklavenanstalt. Nämlich dem Postamt, inzwischen ein Neubau aus Backstein. Kaum ist die Kamera eingerichtet, meldet sich der ewige Stockmeister aller Zeiten und Zonen.

Hank milde: »Sie sind der Aufseher hier?«

»Ja, und ihr habt augenblicklich zu verschwinden. Ist das klar?«

Hank grinsend zu uns: »Einen Aufseher kann ich immer noch auf Anhieb erkennen.« Worauf der weltbekannte Autor den Schwanz einzieht und augenblicklich verschwindet: »Ihr werdet nie einen Penner finden, der zulangt. Wir sind viel zu kaputt dazu.«

Dann ein Briefträger, gleich ihm selbst in unvergessener Zeit.

Hank in Ansprechlaune: »Hallo, Kumpel. Ich hoffe, du bist nicht so verkatert, wie ich jeden Morgen war.«

Briefträger (vorsichtshalber): »Macht ihr eine Umfrage?«

Hank (im Weggehen): »Gut, daß ich nicht du bin. Aber viel Glück.«

Später filmen wir ihn daheim auf der Klomuschel sitzend, beim Studium von *Hustler* und *Playboy*. Ich äußere mein Befremden, daß es nicht echte Pornos sind, wie *Hot Video* oder *Hard extreme.* Er lächelt überlegen: »Ich bin ein Ästhet, buddy. Habt ihr das noch nicht geschnallt?« Läßt das Wasser runter, obwohl er ja die ganze Zeit auf dem Deckel saß. Greift nach der Bierflasche. Wir verschwinden.

Natürlich wurde Hank auch schon öfter gefilmt. Solch ein Naturtalent läßt man sich ja nur ungern entgehen. Berüchtigt sein Auftritt beim französischen Fernsehen, in der angesehenen Literatursendung »Apostrophes« von Bernard Pivot. Mit reichlich Versorgung durch eine Weinflasche, die er unter seinen Stuhl plaziert hat. Und unwürdigem Abgang, noch bevor er an der Reihe ist. Dazu Hank: »Nachher war ich zwei Wochen außer Gefecht.« Warum er es dann überhaupt tue? »Geld, buddy, Geld. Und Druck vom Verlag.« Auch einen Spielfilm gibt es schon über sein Leben, mit dem sensiblen Ben Gazzara in der Titelrolle, sowie Ornella Muti als leidvoll erfahrene Freundin. Titel: *Ganz normal verrückt.* Der Regisseur kein anderer als Marco Ferreri, der zuvor mit *Das große Fressen* einen riesigen Überraschungshit gelandet hatte. Am unvergeßlichsten die Szene, wie sich auf Venice Beach eine hingebungsvolle junge Nymphe für Hank ihr Kleid abstreift, und dafür mit einem endlosen ökologischen Poem über aussterbende Pelikane und wuchernde Atompilze belohnt wird. Dazu Hank: »Würg, was für ein Stück Scheiße.« Dabei machte ihn der Film ja stracks zu einem romantischen Helden wie dem Großen Gatsby, der an unerfüllbarer Liebe zugrunde geht.

Danach beschloß Hank, sein eigenes Drehbuch zu verfassen: *Barfly.* Als es dem französischen Filmemacher Barbet Schroeder jahrelang nicht gelang, die Finanzierung aufzutreiben, sprang Sean Penn ein mit dem Vorschlag, selber für einen Dollar Gage die Hauptrolle und Regie zu übernehmen. Hank blieb jedoch – bezeichnend für seine Auffassung von Freundschaft – Barbet treu. Dieser hat dann als Interimslösung über drei Jahre hinweg 64 Stunden Video-Interviews mit Hank aufgenommen, die er zu vier großartigen Fernsehstunden verarbeitete. Als schließlich der Geldgeber, Cannon Group, den Dreh endgültig abblasen wollte, marschiert Barbet ins Produktionsbüro mit einer Kettensäge, Marke Black and Decker. Findet eine Steckdose. Konfrontiert Produzent Zutnick. Und dann (Hank hat später die Szene in seinem Roman *Hollywood*, vielleicht etwas überpointiert, geschildert): »Reden Sie keinen Stuß, Zutnick. Ich kriege die Freigabe, oder mein Finger fliegt Ihnen auf den Schreibtisch!« Er stellt die Black and Decker rasselnd an, spreizt den kleinen Finger von der übrigen Hand. »Also gut!« schreit Zutnick in Panik. Und tatsächlich kommt der Film *Barfly* zustande, mit Mickey Rourke in der Hauptrolle und Faye Dunaway als seelenverwandtes girlfriend. Drei Tage im Leben des hoffnungslosen Säufers und »Kerls zum Wegwerfen«. Dem nur seine Existenz in der Kneipe mit ihren Losern, Driftern und Gebrauchsfrauen normal vorkommt, alles was draußen passiert als der eigentliche Wahnwitz, als der »alltägliche Terror in der Klassengesellschaft USA«.

Abends wieder mit Hank auf der Straße. Diese nie endenden kalifornischen Sonnenuntergänge, mit ihrem unvergleichlich goldenen Licht. Bierflaschen gehen reihum, denn wie in solchen Momenten nicht mittun? Wir zu Hank:

»Könntest du je mit Trinken aufhören?«

»Wozu? Soll ich mit Atmen aufhören? Trinken ist wundervoll, sonst hätte ich mich ja mit 23 um die Ecke gebracht. Sagen wir, man kommt heim von der Fabrik, soll man sich jetzt ausruhen für den nächsten Tag? Nein, man besäuft sich und vergißt die Fabrik. Man *lebt* ein paar Stunden. Die alten Griechen nannten den Wein das Blut der Götter. Die wußten Bescheid. Und hier mein Bier ist vielleicht die Pisse der Götter, auch recht.«

Ein paar ausgepowerte Frauen schlurfen vorüber, »bag ladies« mit prallen Plastiktüten, darin wahrscheinlich ihr Nachtzeug. Hank: »Drink hat mir auch geholfen, mit gräßlichen Frauen zu schlafen, auf die ich sonst keinen Bock gehabt hätte: ›Komm, setz dich auf meinen Schoß‹ – wie hätte ich das je nüchtern herausgebracht? Als beknackter Typ ohne Geld kriegst du ja nicht die Rosen im Garten, sondern das Unkraut. Und Dinge passieren, wenn man trinkt. Man lehnt sich aus Fenstern raus, man reißt Leute auf. Man wird mutig, man wird interessant.«

Abends dann Besuch seines »Büros« im ersten Stock. Davor ein kleiner Eisenbalkon, mit Blick auf den Hafen von San Pedro: »Ich geh nie hier raus, wenn ich trinke, ist mir zu riskant.« Hat aber dabei Bierflasche in der Hand. Weist mit der andern auf seine elektrische IBM-Schreibmaschine (in den letzten Lebensjahren durch einen geschenkten Computer ersetzt): »Ich trinke gern, und ich schreibe gern. Warum nicht beides verbinden?« An der Wand ein paar der monströsen Illustrationen von Robert Crumb für seine Kurzgeschichten. Und ein Foto vom Weltkriegs-Doppeldecker Marke Fokker des »Roten Barons«, des Kampffliegers Manfred von Richthofen, der in einigen seiner Storys auftaucht. Auch ein Porzellan-Buddha steht da, dem Meister nicht unähnlich. Hank zeigt uns, wie er mit bloß zwei Fingern tippt, immer von zehn Uhr nachts bis zwei Uhr morgens. »Nachts trinke ich Wein. Der Wein schreibt das meiste von meinen Geschichten. Ich mache mir nie einen Plan vorher. Mein Kopf ist leer. Ich entkorke eine Flasche, dreh das Radio an, natürlich klassische Musik, ich mag keinen Rock. Und es fließt einfach raus.« Daß da nicht immer unsterbliche Prosa – oder die rhythmische Prosa, die er Gedichte nennt – herausquillt, ist ihm klar. »Das Schreiben ist ja nur meine Therapie. Meine barmherzige Nachtschwester.« Immerhin, wenn er trinkt, wird er »tiefer, brillanter, genauer, bis er zur puren Poesie vordringt« (Barbet Schroeder). Von seinem Biß nicht zu reden. »So verzweifelt lachen nur enttäuschte Romantiker, wenn sie sehen, wie ihr Planet verhökert wird« (Günter Seuren). »Ein König von Wut und Trauer« (*Herald Tribune*).

Der Arbeitsraum (»mein Spielzimmer«) in chaotischem Zustand. »Hier kommt mir keine Linda rein. Würde sie alles aufräumen, könnte ich nicht mehr tippen.« (Er sagt meist tippen anstatt schreiben – bezeichnend für seine private Bescheidenheit. Das dicke Auftragen ist für die Fans.) »Und jetzt glaub ja nicht, daß ich für dich was tippe. Ein Schreiber, der für die Kamera tippt, das ist obszön.« Während wir unten wieder unser Licht aufbauen, ist Hank plötzlich ins Schlafzimmer verschwunden. Und zwar mit Linda. Obwohl er uns doch gebeichtet hat, daß da nichts mehr läuft, der Alkohol ihm alles weggefressen hat, die ganze Libido. Na also. Wir schleichen uns in den Garten.

Später dann wieder im Wohnzimmer, Hank schmust mit seinen drei ordinären Hauskatzen. Einen Kater, dem der Schwanz abgefahren wurde, erklärt er für seinen Busenfreund. »Warum? Er hat so viel mitgemacht. Er ist durch die Mühle. Wir sind Kollegen. Zwillinge. Auch meine Zunge hängt raus.«

»Aber du hast noch deinen Schwanz.«

»Ja. Nur wer weiß wie lange.«

Auftritt Linda mit Orangensaft für Hank, setzt sich dazu. Gereizte Grantelei: »So viele schöne Männer, warum muß es gerade ich sein?« Linda lächelt leicht gequält. Wird er sie jetzt wieder von ihrem Sitz wegprügeln, wie schon einst bei einer Fernsehaufnahme?

Wir: »Linda, wie kann man mit diesem Mann leben?«

»Gute Frage. Es ist wie bei jedem Verhältnis: Erlebst du es intensiv, so erhält alles eine neue Bedeutung. Es bringt mir zuweilen Seligkeit, dann wieder das … das Gegenteil. Und alles dazwischen. Es ist als hätte man eine Fortsetzung seiner selbst.«

Hank: »Ich bin nur eine Fortsetzung von dir?«

Sie: »Und ich von dir. Wir werden langsam zu Zwillingen.«

Hank (steckt eine Beedie in den verkniffenen Mund): »Viel Vergnügen.«

Linda: »Wenn wir Zoff haben, möchte ich's raus und hinter uns kriegen. Aber er wiegelt ab. Verschwindet zum Rennplatz. Ich möchte es anpacken und lösen. Aber wenn er dann heimkommt, ist noch immer diese Schwere da. Er sagt kein Wort. Aber verströmt so viel … so viel Mißachtung. Dann fühlt man sich dermaßen hilflos …«

Hank nach einer Pause: »Wir haben eine Regel hier: Don't try – zwing dich nicht. Ich möchte auch, daß das auf meinem Grabstein steht. Solang du dich zwingst, kommt es nicht. Statt zu wollen … laß es kommen. Ganz wie beim Schreiben. Oder bei den Pferdewetten. Oder beim Sex. Ist rundum ein guter Satz.«

Dann gleich wieder bester Laune: »Gehn wir zur Rennbahn?« Er will Linda nicht dabeihaben, aber wir bestehen darauf – Gefährtin muß auch mal vorkommen. »Dann verlier ich bestimmt.« Michael Monfort, frisch eingetroffen, berichtet von einem einschlägigen Fotobuch, das er gerade mit Hank macht: *Horse meat.* Ich, als gestandener Anglist, es müßte eigentlich ›horse flesh‹ heißen. Hank sehr von oben herab: »Ja, vielleicht für euch Shakespearianer. Nicht für meine Leser.« Shakespeare – dieser alte Populist – gilt ihm ja als Inbegriff von allem, was über seinen Horizont geht. Und was sich nicht verkauft! Hakt nach: »Falls ihr's noch nicht geschnallt habt – meine Gedichtbände gehen ab wie warme Brötchen. In einem Land, wo du Bücher mit Gedichten noch nicht mal herschenken kannst. Jeder verdammte Buchladen wird dir dasselbe sagen: Hank Bukowski gehört zu den Autoren, die am häufigsten gestohlen werden.«

Danach zum Pferderennen in Santa Anita. Hank studiert die Racing Form. Es wird offenbar, daß er sich wenig aus Gewinnen oder Verlieren macht. Ich glaube, er mag noch nicht einmal Pferde. Was er sucht ist so etwas wie die Billigung des Schicksals. Ein Zuwinken von oben. »Mein Gewinnsystem in Einklang mit dem Prinzip, das unser Leben regiert. Lauter grüne Ampeln für Hank.« Natürlich klappt das nicht, wenn man es allzu willentlich anstrebt. Wie berichtet in dem Buch *Zen in der Kunst des Bogen-schießens*, das er tatsächlich gelesen hat. »Zielst du nur bewußt ins Schwarze, so passiert nichts. Läßt du dich abdriften und träumst deinen Pfeil ins Ziel, dann trifft er.« Klar, daß unsere und Lindas Anwesenheit das kaputtmacht. Da kann er sein Pferd aufmun-tern, soviel er will, es läuft als letztes ein. Hank zerreißt kläglich sein Ticket. »Marquis hat nicht gewonnen. Warum nicht? Weil er spürte, daß ich ihn zwingen möchte. Darum wollte er nicht, daß ich den Sieg habe. Sondern den Tod. Ich hab richtig gesetzt, aber falsch gespielt. Ich bin ein Verlierer heut Nacht. Laßt uns heim-gehen und trinken.«

Nächsten Morgen Erholungszeit. Danach bringen wir einen widerstrebenden Hank in den Mission District, das Pennerviertel in Alt-Los Angeles mit seinen christlichen Missionen. Wo, unverändert seit meiner Vagabundierzeit, die Junkies, Winos und Drifter herumlungern, mit ihren in Papiersäcken verhüllten Fla-schen. Unter ihnen auch viele Frauen, oft kahlgeschoren (wohl wegen der Läuse), die sich mit koketten Tanzschritten vor der Kamera produzieren. Hank in einem Abgrund von Verlegenheit: »Abfilmen heißt doch demütigen. Und ihr wollt, daß ich da mit-spiele?« Tut unbeteiligt, hastet auf die andere Straßenseite. »Komm, laßt uns bloß hier abhauen.« Fast im Laufschritt zur nächsten erträglichen Kneipe: »Das menschliche Leben ist grauenhaft. Zehn Jahre lang, zwischen 26 und 35, hab ich so gelebt, unter diesen Freaks. Schlechter Whisky, schlaflose Nächte in Flop-houses. Bis sie mich eingeliefert haben mit blutendem Magengeschwür. Danach wurde ich Dichter. Darüber schreiben, okay. Aber da wieder auf Stippvisite hin, nee. Du warst schon einmal dort, du kannst es wieder sein. Keine Garantie!«

Abends Abschiedsvisite bei Hank Bukowski. Sitzt da mit seinem Bier, seinen Beedie-Zigarren, seiner Bogartstimme und seiner knubbligen Visage, wie ein schicksalsgläubiger asiatischer Mönch. Linda kommt mit Vitaminen für uns alle. Sie will es einfach nicht wahrhaben, daß ihr Hank sich jetzt nur mehr ruhevoll hinübersaufen möchte ins Jenseits, gelebt ist gelebt: »Ich bin ein langsamer Selbstmörder. Der Tod kann kommen, wann er will. Komm, Tod, greif zu, ich bin da. Mir ist es recht.«

Linda aufgebracht: »Aber mir nicht. Du hast gefälligst zu leben, verstanden.«

Hank ungestört weiter: »Der Tod ist süß. Wie der Punkt eines Satzes. Nichts, wovor man sich graulen soll. Man geht, wohin man muß. Ich selber glaube ja nicht an Gott. Aber ich fürchte mich nicht vor dem, was kommt. Ich hab so hart gelebt. Bin so müde, daß ich bereit bin fürs nächste Kapitel. Was immer es ist, bringt es nur ran.« Seine Stimme jetzt immer knarrender, raunender, wie Blätterrascheln im Wind. Die schmalen Augen verschwimmend im Alkohol und im Unendlichen: »Weißt du, worauf alles hinausläuft? Ich werd's dir sagen, mein Freund. Du bist in einem miesen Zimmer untergekrochen. Haust dich auf die Matratze, starrst hinauf zur Decke. Fragst dich, wer vielleicht alles gelebt und gelitten hat in diesem Raum. Beguckst dir die Wände. Weißt, daß du nie viel angefangen hast mit deinem Leben. Und denkst…« Er versinkt jetzt in sich, während er's kommen läßt, was ja auch für dich bestimmt ist. Und was du später nicht vergessen darfst: »...und denkst: Es ist trotzdem okay. Noch immer okay. Alles in Ordnung, egal, was passiert. Und wenn jemand ermordet wurde in diesem Zimmer. Du bist da, wo du sein mußt. Alles ist, wie es ist. Du bist gekommen und gegangen. Hat alles seine Richtigkeit. Alles. Das Spiel ist fair, die Zeit ist fair. Und du bist genau im Mittelpunkt von dir selber.«

Lange Pause, wobei wir in Zeitlupentempo auf Linda hinüberschwenken, die fasziniert zugehört hat. Aber auch abgestoßen. Sie jetzt mit erbostem Protest: »Und wer ist am Drücker?«

Hank (wie aus einer anderen Welt): »Ich bin's. Oder was immer dann als Ich noch übrigbleibt.«

»**Ein Löffel voll Zucker**« steht als Schlagzeile über einem Modebericht betreffs Karl Lagerfelds neuer Chanel-Kollektion. Im Text erfährt man dann, daß die Vorführung »direkt aus der Charmeschule« komme, »exquisiter Flitterkram« usf. Wie Coco Chanel das alles gehaßt hätte, diesen ganzen Chichi! Man sieht sie geradezu vor sich, Feuer und Schwefel speiend aus ihrem Drachen-Mundloch.

Leider ist sie nicht mehr da. Wohl aber ihr Salon in der Rue Cambon, den ich ja noch zu ihren Lebzeiten gekannt habe. Mit seinem Bestand von echten Coromandel-Wandschirmen und seinen lebensgroßen vergoldeten Tieren. Und den ihre Nachfolger jetzt umbauen ließen zu einer Art Gedenkstätte. Ein Museum für Coco Chanel! Sie, die doch von der Vergangenheit nichts hielt, am wenigsten ihrer eigenen. Die darauf bestand, daß Mode nichts ist, wenn sie nicht von heute ist ... oder schlimmstenfalls von morgen!

Auch eine Ausstellung im New Yorker Metropolitan Museum hat man für ihre Sachen eingerichtet. Mit Nicole Kidman als dem »Gesicht von Parfüm Nr. 5«. In Vertretung von Marilyn Monroe wahrscheinlich, die ja einmal auf die Frage, was sie im Bett am liebsten trage, Nachthemd oder Pyjama, geantwortet hatte: »Chanel Nr. 5!« Großer Preis – laut Modezarin Suzy Menkes – für das längste Verweilen auf dem roten Teppich am Eingang: Musiker Marilyn Manson in Begleitung der Stripperin Dita von Teese, sowie Donald Trump mit seinem jugendlichen

»trophy wife« Melania. Und als Ehrengast natürlich Chanel-Designer Karl Lagerfeld. An der linken Hand einen weißen, abgeschnittenen Rallye-Handschuh, der ein bißchen zu sehr an Michael Jackson erinnert, und um Hals und Hosenbund mehr Kettchen, als Coco selbst je zu tragen gewagt hätte. Auch ist am Portal der Ausstellung die Inschrift zu lesen: »Indem er sein Wissen um die Historiographie des Chanel-Designs dartut, beansprucht Karl Lagerfeld rechtens ihre dynastische Nachfolge.« Historiographie, Dynastik... Ob diese mokante Spötterin sich hier das Lachen hätte verbeißen können? Immerhin: daß die Firma derzeit auf vier Milliarden Euro geschätzt wird, und angeblich jetzt das viertgrößte Unternehmen Frankreichs darstellt (das allerdings schon zu Cocos Zeiten nicht mehr ihr gehörte, sondern einem Finanzier), würde die Zahlenfreudige schon beeindrucken! Nicht weniger das schaustellerische Spektakel, zu dem sich in »König Karls« theatralischer Hand ihre stocksoliden Modevorführungen jetzt verwandelt haben...

Nein, sie hat ihn absolut nicht gemocht, meinen kleinen Bericht über unser Zusammentreffen in ihrem Hause seinerzeit. Den sich leider eine französische Zeitschrift eigens übersetzen ließ. So berichtete man nicht über die sanktionierte Potentatin der Pariser Haute Couture. Nicht über die Befreierin der Frau von Panzerung und Korsett! Sie, die den Modernismus in der Kleidung überhaupt erst erfunden hatte, mit ihrem instinktiven Verständnis für weibliche Träume im 20. Jahrhundert. Und hatte sie nicht auch, mit ihrer Freizügigkeit in Leben und Lieben, mit ihren Künstlerfreundschaften, ihrem Mäzenatentum für Picasso und Cocteau und Dalí, die Surrealisten, das Russische Ballett und zahllose andere, so viel Pariser Kulturgeschichte geschrieben wie nur irgendeine Provinzlerin, die je nach Paris »hinaufstieg«? Aber was war das alles, verglichen mit ihrer Entdeckung der

Sonnenbräune, womit sie sämtliche »Alabasterbusen« und »marmornen Glieder« mit einem Schlag aufs Altenteil schickte? Oder gar ihrer Erfindung des »Kleinen Schwarzen«, das zur Not eine ganze Tagesgarderobe ersetzen konnte, wie bei der Piaf? Während sie gleichzeitig für den abendlichen Gebrauch diese »Wasserfälle von Seide« kreierte, die den Rücken zutiefst freiließen und vorne das verbargen, was leider bei Coco – wie bei der Garbo – nicht da war.

Ja, Coco war nicht einverstanden mit unserem Bericht, und ließ es mich auch ungesäumt wissen. Die »große Mademoiselle« sah sich nicht als Exzentrikerin, sondern als die Norm, die Vernunft in Person. Und wer sich dieser Vernünftigkeit nicht anbequemte, dem galt ihre wortreiche Verachtung, allen voran der französischen Bourgeoisie. Sie selber empfand sich ja, in ihren raren bekennerischen Momenten, als »Bäuerin«. Also eine Frau, die ganz selbstverständlich zu sich selber steht und stehen muß. Coco war nie konformistisch, nie politisch korrekt. (Und so hat sie auch ihre Seelenverwandte, Katharine Hepburn, in dem vergessenen Musical *Coco* von 1969 dargestellt.) »Eigentlich bin ich ein verlorenes Waisenkind.« Denn nach dem frühen Tod der Mutter verschwindet ja der Vater nach Amerika, übergibt die kleine Gabrielle Chasnel einigen bigotten Tanten und läßt nie mehr von sich hören. »Ich bin allein aufgewachsen, habe allein gelebt, altere allein.« Ihre Mode entsteht, sie sagt es selber, aus Wut gegen die strikte Uniformierung und die tyrannische Erziehung der religiösen Waisenhäuser. »Ich war immer stolz«, berichtet sie ihrem frühen Interviewer, dem Romanautor Paul Morand. »Ich weigere mich, mein Rückgrat zu verbiegen, mich zu verstellen. Ich bin ein Kind der Revolte.« Aber auch: »Mein Leben ist das Drama der alleinstehenden Frau, ihr Elend, ihre Größe. Ihr Kampf gegen die Männer, aber auch sich selbst und die eigenen

Schwächen.« Obwohl uns das mit dem Alleinsein auf typische Coco-Manier etwas reichlich zugespitzt vorkommen will. Immerhin ist sie früh befreundet mit der Pariser Künstlermuse Misia Sert, die ihr die ganze schon genannte Avantgarde der Zeit zuführt, dazu noch Braque und Colette, Erik Satie und Igor Strawinsky, den Tänzer Serge Lifar … Aber Coco kommt es auf eine Lüge mehr oder weniger nicht an. »Alle Frauen lügen«, findet sie ja. Und auch: »Ich war von jeher böse, gewalttätig, eine Diebin, Heuchlerin, eine Horcherin an Türen.« Und die Tanten geben es ihr zurück: »Du kannst von Glück sagen, wenn ein Bauer dich nimmt.« Sie begreift, daß sie ohne Geld nichts ist und daß man nur mit viel Geld alles machen kann, was das ungestüme Herz begehrt. Aber wie zu Geld kommen?

Mit sechzehn lernt sie einen Monsieur B. kennen, einen Pferdezüchter und Parforcejäger, mit dem sie nach Pau in den Pyrenäen durchbrennt, um dort zu reiten. »Ich bin Autodidaktin, ich habe immer alles für mich gelernt, auch das.« Und nun einer ihrer geliebten Aphorismen, die bei ihr wie ein Springquell herausströmen, wenn auch (laut Morand) »aus einem Herzen von Feuerstein«: »Das Geheimnis meines Erfolges, und vielleicht der Zivilisation überhaupt, gegenüber der erbarmungslosen Technik: Man hat Erfolg nur mit dem, was einem niemand beibringt.« Zu Pferd trifft sie auf einen jungen Engländer, einen Müßiggänger und Polospieler, der sich Boy Capel nennt. Boy bringt Coco mit nach Paris, fragt sie, womit er sie amüsieren kann. »Ich will Hüte machen.« Er installiert ihr eine Boutique im ersten Stockwerk des Hauses Nr. 31 Rue Cambon, das ein halbes Jahrhundert lang ihr Hauptquartier bleiben wird. Dort arbeitet sie wie eine Besessene: »Ich mochte nicht die Kleider, immer nur die Arbeit daran. Ihr habe ich alles geopfert, sogar die Liebe. Die Arbeit hat mein Leben aufgefressen.«

Irgendwann erfährt Coco (der Beiname stammt von einem Couplet, welches sie einmal als jugendliche Chansonsängerin kreierte), daß ihr Laden eigentlich ein Zuschußbetrieb ist, ihr Geliebter für alles bezahlt. Sie wirft ihm ihre Handtasche an den Kopf und zischt ab. Schon 1919 stirbt dann dieser »einzige Mann, den ich je geliebt habe«, bei einem Autounfall. Sie beschließt, sich nie mehr zu binden, sondern ihr Leben künftig als Diktatorin zu führen, »mit Erfolg und Einsamkeit«. Immerhin läuft da noch ein Herzog von Westminster hinter ihr her, den sie für den reichsten Mann Europas hält (bei ihr gibt es nur Superlative) und mit dem sie zehn Jahre verbringt, ohne je auf sein Heiratsangebot einzugehen: »Herzoginnen gibt es viele, aber nur eine Coco Chanel!« Auch ist sie nicht gewillt, Engländerin zu werden. Deutsche natürlich auch nicht, obwohl sie sich während der deutschen Besatzung ausgerechnet mit Himmler-Intimus Walter Schellenberg einläßt, einem der gefährlichsten Männer des Dritten Reiches. Was ihr die Franzosen nachher nur schwer verzeihen. Bloße politische Naivität? Oder auch, um dem bourgeoisen Frankreich eins auszuwischen? Das immerhin in sechs Wochen einen blamablen Krieg verloren hat! Die Franzosen als »weibisch«, die deutschen Sieger als »männlich« – ein beliebter Pariser Topos der Zeit. Erst 1954 darf sie sich wieder in der Rue Cambon blicken lassen. Wo sie, entsetzt von dem um sich greifenden Mode-Chichi, die einfache zeitlose Eleganz ihrer Linie noch weiter raffiniert. Mit Jersey, Rollpulli, Faltenrock, ihrem berühmten rauhen Tailleur, billigem Modeschmuck (»nichts sieht einem echten Brillanten so ähnlich wie ein falscher!«), auch Hose, Blazer und Trenchcoat, oder Abendpyjama fürs Ausgehen. Überhaupt Unisex, ganz wie ihre Bewunderin, diese andere Androgyne, Marlene Dietrich. Die sich ja auch gern in Anzug und Krawatte zeigt und damit junge Frauen anmacht. Auch begreift sie als erste, daß man mit Parfüms mehr verdienen kann als mit Haute Couture, und bald ist ihr »Nr. 5« (fünf ist Cocos Glückszahl) der begehrteste Duft von allen.

Um 1961 habe ich sie dann kennengelernt, zum Lunch geladen in ihrem ruhmreichen Salon, oben an der großen Spiegeltreppe. Und nach diversen zu bestehenden Hürden in der unteren Boutique.

»Mademoiselle ist noch nicht im Hause.«

»Aber ich bin doch zum Déjeuner eingeladen, und es ist halb zwei.«

»Mademoiselle speist zu Mittag, wann es ihr beliebt.« Man mustert mich argwöhnisch. »Und was ist es, das Sie uns da ins Haus bringen?«

»Ein Tonbandgerät. Um unser Gespräch wörtlich aufzunehmen.«

»Um Himmels willen, verstecken Sie das Ding. Mademoiselle liebt nichts Mechanisches. Mademoiselle liebt überhaupt nicht die Presse, vielleicht wissen Sie nicht, was für ein außergewöhnliches Privileg Sie genießen, nur überhaupt bei ihr vorgelassen zu werden?«

Während der Pressechef innerlich die Hände ringt, lasse ich mich in einen der überdimensionalen Lehnstühle fallen und blicke mich um. Dicke Spannteppiche, polierte Holzvertäfelung, meterhohe Spiegel. Eintretende werden flüsternd nach ihren Wünschen gefragt. Aber wagt man hier überhaupt, Wünsche zu haben? Oder muß man das Gebotene hinnehmen ohne Rekurs, selig noch, daß man nicht schon am Eingang abgewiesen wurde, unwürdig des Renommees dieser Räume? Denn Mode verpflichtet. Wer Chanels Mode trägt, hat sich einer Philosophie verpflichtet: Höflichkeit ohne Prätentionen. Damenhaftigkeit ohne Allüren. Reichtum ohne Protzerei. Überall dabei sein dürfen.

Premieren, Ausstellungen, beehrt sich einzuladen, wird uns eine besondere Ehre sein, zeigen mit großer Freude an, von tiefstem Schmerze erfüllt, répondez s.v.p., Visitkarten, gravierte Karten mit Wappen, Karten mit blauweiß-roten Streifen in der linken oberen Ecke. Telefongespräche: Ma Chère, ma Chérie, ma bien chère Demoiselle, dear Miss Chanel, my dear, dear Coco.

Sie war überall dabei, aber selten hat sie es für nötig befunden, den Hut abzunehmen. Hat alles mitgemacht, aber in Handschuhen. War Zeugin. Fällte ihr Urteil. Und ließ es jeden hören, der kam.

Aber da merke ich, daß der Pressechef noch immer auf mich einredet, wie vor einer Audienz: »Nur ja keine persönlichen Fragen stellen, das liebt Mademoiselle gar nicht. Und nicht auf die Vergangenheit zu sprechen kommen. Überhaupt ist es ratsamer, Sie hören bloß zu, ohne zu unterbrechen.«

Plötzlich verwandelt er sich in einen Untertan, nimmt devote Haltung an, stürzt zum Eingang. Es ist soweit: Mademoiselle ist da!

Ich beuge mich zum Handkuß, aber es bleibt mir keine Zeit für die Begrüßungsformel. Schon hat Coco das Kommando übernommen. »Das ist also der besagte Herr. Das Interview ist eine gute Einrichtung, nicht wahr, da erfährt man, was in der Welt vorgeht. Oder reden Sie nicht so gern von sich selber wie Ihre Kollegen?« Ich öffne den Mund zur Antwort, aber schon hat mich der Redesturm hinweggefegt: »Warum sehen Sie mich so an? Gefällt Ihnen mein Haar nicht? Ich habe es heute morgen in heißes Wasser getaucht, nur um zu sehen, was das gibt. Man muß alles ausprobieren im Leben, nicht wahr?«

Sie tritt vor den Spiegel, macht sich zurecht, grimassierend wie ein kleines Mädchen. Dabei ist sie 78, laut Lexikon. Aber kann man überhaupt von Alter reden bei Coco Chanel? Da sind diese mokanten schwarzen Augen unter drohenden Brauen, die geblähten Nüstern, die höllenschwarzen Haare, dieser breite bewegliche Mund, der einen an eine finstere Gletscherspalte denken läßt (aber auch an Greta Garbo), die braune Zigeunerinnenhaut. Das alles sprüht vor Leben, vor Kraft, vor Selbstbestimmung …

»So, und jetzt kommen Sie!«

Ich werde zur Treppe bugsiert, die in ihr privates Appartement führt, denn Coco Chanel wohnt über ihrem Geschäft, wie jeder französische Krämer.

»Gefällt Ihnen mein Hut?« Es ist ein platter, schwarzer Strohhut. »Keine Frau sollte sich je ohne Hut auf der Straße zeigen. Früher hätte ich auch noch gesagt: ohne Strümpfe, Handschuhe, aber die heutige Zeit … mein Gott.«

Über die berühmte Spiegeltreppe – lauter schmale Spiegelstreifen, in denen man sich hundertmal wiederfindet – sind wir in ihren Salon eingetreten. Mademoiselle weidet sich an meinem Erstaunen. »Mögen Sie meine Löwen? Ich habe Löwen aus Bronze, aus Jade, aus Holz, aus Marmor, was weiß ich alles. Ich bin Leo … im August geboren. Deswegen mache ich immer, was ich will. Glauben Sie auch an die Astrologie? Ich nicht … oder doch. Manchmal. Wenn's mir Spaß macht. Ich habe auch Rehe hier, sehen Sie, lebensgroß, am Kamin. Und Pfauen, in die Wandschirme eingelassen. Eine ganze Menagerie. Ich mag Tiere gern. Einmal, vor drei Jahren, wollte ich plötzlich ein Haustier haben. Man hat mir gesagt: Haustiere in der Rue Cambon, unmöglich. Darauf bin ich sofort losgezogen und hab mir ein Pferd gekauft. Ein Rennpferd. Jetzt besitze ich einen ganzen Stall, draußen auf dem Land. Manchmal gewinnen sie sogar. Die Jockeys tragen karmesinroten Dreß, damit ich sie von der Tribüne erkennen kann. Ich bin nämlich sehr kurzsichtig. Aber

Frauen mit Brillen – bah!« Den letzten Satz hat Coco einem schneeweiß gekleideten Maître d'hôtel zugeworfen, der unauffällig eingetreten ist und nun ein wenig verdattert vor ihr steht. Während das kommende Menü besprochen wird, kann ich Coco verstohlen betrachten. Klein, zierlich, zartknochig, hatte man mir gesagt. Das stimmt. Mondän? Das vielleicht weniger. Das beige Chanelkostüm, das sie trägt, aus grober schottischer Wolle, mit blauen Einfassungen, ist an den Ellbogen ein bißchen durchgewetzt. Die Perlenketten zwischen der schwarzen Seidenbluse und dem lose umgeschlungenen schwarzen Schal, auch die handtellergroße Brosche irgendwo an der linken Schulter sind, anders als bei ihren Proklamationen, mit echten gar nicht zu verwechseln.

Aber schon hat Coco Chanel meine Blickrichtung erraten. »Ein schönes Kostüm, wie? Ich trage es seit zehn Jahren, ohne je den Rocksaum herauf- oder hinunterzusetzen. In einem Chanel muß man sich bequem fühlen können. Die moderne Frau arbeitet, sie ist kein Luxusweibchen. Und sie darf auch nicht immer um ihre Juwelen bangen. Darum lieber Ramsch – aber von mir entworfen. Nehmen Sie Madame X« – ein bekannter Name wird genannt – »die arme Frau! Sie hat Position, ihr Mann meine ich, sie ist prominent genug, um sich Modeschmuck leisten zu können. Aber nein, sie trägt immer echten. Eine Frau ohne Aplomb.«

Wir haben uns an dem blumenbestückten Tisch niedergelassen, vielerlei Brot liegt auf, darunter eins mit Kümmel (»meine neueste Passion«) und ein anderes mit gedörrten Früchten (»gesund, gesund! Gehört unbedingt zu meiner selbstverschriebenen Diät«). Wie der Butler, weißbehandschuht, die Schüssel mit den Hors-d'œuvres serviert, spüre ich, daß seine Hand leise zittert. Kein Wunder: Coco Chanel Tag für Tag, das kann kein

Balsam sein. Sie stochert in ihrem winzigen Roastbeaf, als wäre es aus Leder, dabei zerschmilzt es auf der Zunge.

Endlich, zum Kaffee, ist eine erste Frage möglich: Wann sie eigentlich ihre Karriere begonnen habe.

»Weiß ich nicht mehr. Aber als ich anfing, da träumten wir jungen Frauen von Pullis, von Jerseys, von kurzen Haaren, von Sport, von allem, was locker und schmissig und jungenhaft ist. So habe ich meine Sachen gemacht, und so mache ich sie noch immer, weil es eben unserer Zeit entspricht.«

»Aber inzwischen hat sich vielleicht einiges geändert. Man will Frauen wieder weiblich, heißt es. Und Ihre Kostüme und Tweeds sind doch alles andere als sexy!«

»Was, meine Kleider nicht weiblich? Aber sie sind doch der Inbegriff des Romantischen, des Sentimentalen!«

»Mademoiselle, wenn die Lollo oder die Romy Ihre Sachen tragen, wird kein Mann sich trauen, sie anzusprechen.«

»Aha, genau. Da haben Sie es. In meinem Kostüm kommt man überall durch, von morgens bis abends. Man wird gesehen, man ist jemand. Nicht ein Objekt der Begierde, sondern ein Subjekt, ein gleichberechtigter Mensch. Was wollen denn die Frauen unserer Zeit schon anderes?«

»Vielleicht den Männern gefallen?«

»Ja, aber nicht den Männern, mit denen man sich bloß hinlegt. Sondern denen, die stolz sind, mit einer gutangezogenen Frau auszugehen, mit ihr gesehen zu werden.«

»Man hat Ihnen vorgeworfen, daß Sie mit Ihrer saloppen Art die Haute Couture alten Stils umgebracht haben.«

»Couture, Couture ... was heißt das überhaupt? Es heißt nähen, Kleider gut machen. Meine Kleider sind so geschnitten, daß sie sitzen, das ist das Wichtigste. Meine Knöpfe halten, meine Nähte halten, und ich setze das Ärmelloch, wo die Arme sind. Die anderen Couturiers … einen Tag nach ihrer Sommer-Kollektion dampfen sie ab nach Saint-Tropez. Ich, ich bleibe den ganzen August hier und nähe. Lieber lasse ich die Kundin zwei Monate warten, als daß ich was Schlechtgemachtes aus dem Haus gebe. Was Sie sonst unter Couture verstehen – keine Ahnung, was das ist. Wissen Sie, die Mode ist keine Architektur. Einen Zoll herauf oder herunter, das ändert nicht den Stil. Wenn denen nichts Besseres einfällt … Außerdem, ich arbeite für erwachsene Frauen.« Coco zieht in Windeseile ihren Rock hoch über die Knie und zeigt ihre ganz mädchenhaften Beine.

»Glauben Sie, daß wir uns so produzieren wollen? Lachhaft! Was man hat, muß man verschleiern, das ist weiblich, das ist aufregend. Sehen Sie mal!« Sie ballt ihre Faust unter der Brusttasche ihres Kostüms. »Und wenn ich ein Euter hätte wie eine Kuh – ist alles vorgesehen bei meinem Kostüm, ist alles drin. Das ist Couture!«

»Man sagt Ihnen auch nach, daß Sie Kleider nur für Luxusdamen machen.«

»Warum nicht? Ich mag die Reichen, es sind Leute, die sich Zeit nehmen können für schöne Dinge. Ich bin keine Industrie. Ich bin Einzelhändlerin. Ich verkaufe nicht Schnittmuster nach Amerika wie die andern, sondern Stücke, Kleider. Das kostet Geld. Und was nennen Sie eigentlich Luxus? Luxus ist nicht das Gegenteil von Armut, sondern von Vulgarität. Luxus heißt ein Stoffmantel mit Seidenfutter, oder mit Pelz, aber innen! Man wirft den Mantel auf einen Stuhl, und das Futter kommt zum Vorschein. Sonst nicht!«

»Und Ihre Abendpyjamas? Die blühten doch auch nicht im Verborgenen?«

»Meine Pyjamas! Man hat nichts gesehen von meiner Kollektion als die Pyjamas! Ich habe das gemacht, um mich zu amüsieren, um einen brachliegenden Schneider zu beschäftigen, um ein herumliegendes Lamé zu verwerten. Und jetzt haben wir die Revolution, wegen drei Pyjamas!«

»Das Hosen-Motiv kommt aber in Ihrer ganzen Karriere immer wieder vor. Man fragt sich, ob vielleicht ein Mann Sie zu dieser Mode inspiriert hat.«

»Die Männer inspirieren mich, weil sie etwas von Mode verstehen, weil sie nicht das Extravagante lieben, und weil ich gerne für Frauen arbeite, die Männern gefallen.«

»Mademoiselle, könnten Sie in einer anderen Stadt leben als Paris? Hätten Sie gerne in einer anderen Zeit gelebt?«

»Anderswo leben? Einstweilen gefällt mir Paris. Und in einer anderen Zeit? Morgen vielleicht, übermorgen. Nur nicht gestern.«

»Wie schafft man es, bis ins hohe Alter attraktiv und spannkräftig zu bleiben?«

»Das weiß ich nicht, ich habe kein hohes Alter. Ich arbeite 14 Stunden täglich, und wenn ich einmal alt bin, so werde ich vielleicht 16 Stunden arbeiten, damit ich mich nicht langweile.«

»Lieben Sie eigentlich intelligente Frauen?«

»Es gibt vielleicht intelligente Frauen, sicher sogar. Aber nicht beim Couturier. Auch keine moralischen: Jede würde ihre Seele für ein schönes Kleid verkaufen.«

»Sie sind keine große Bewunderin der Frau?«

»Hören Sie, man muß einfach von den Frauen gelebt haben, um sie zu kennen … Die meisten Frauen verstecken ihre Fehler, anstatt mit ihnen zu spielen. Wer seine Fehler mit List einsetzt, bekommt alles.«

»Und die Tugenden?«

»Die muß man verstecken. Aber so, daß jeder weiß, sie sind da.«

»Und was halten Sie für die wichtigsten weiblichen Tugenden?«

»Daß sie weibliche sind.«

»Und nicht männliche?«

»Genau das. Früher haben die Frauen auf ihrem eigenen Boden gekämpft. Da war jede Niederlage ein Sieg. Heute kämpfen sie auf dem Boden der Männer. Da ist jeder Sieg eine Niederlage.«

Es wird zaghaft an die Tür geklopft: man ruft Coco Chanel zur Arbeit.

»Mein Gott, schon halb fünf! Was tut's, am Montag bin ich ohnehin zu nichts zu gebrauchen.«

Ich wage nicht, ihr mitzuteilen, daß wir bereits Dienstag haben. Oder sie zu fragen, wie sie bei solcher Zeiteinteilung je mit ihrer Kollektion fertig werden will. Und während ihr Personal nun mit Problemen auf sie einstürmt, während das Telefon (vorhin gewiß abgestellt) wütend zu klingeln beginnt, während eine zudringliche Kundin nur mit Mühe im Treppenhaus zurückzuhalten ist, überflutet mich Coco Chanel zwischen Tür und Angel mit dringenden Anliegen: »Sagen Sie Ihren Lesern, die Frauen von heute wissen zu viel – aber sie wissen nichts mehr von Zartheit. Sie haben ihr Staatsexamen, und sie schneiden einem das Wort ab … Die Kultur einer Frau besteht aus Dingen, die sie vergessen hat … Die Welt stirbt, weil die Leute sich dauernd ausruhen wollen … Die Männer brauchen Sanftheit, Romantik, es sind Kinder … Man kann sich an die Häßlichkeit gewöhnen, an die Nachlässigkeit niemals! Und man darf nur aus Liebe heiraten, sonst nicht! Das ist das Wichtigste.«

Letzte Beschwörungen werden mir über die Treppe nachgerufen.

1971 ist dann Coco Chanel, diese »großartige Megäre«, die

immer nur tat, was ihr Spaß machte (»jedesmal wenn ich etwas Vernünftiges unternahm, habe ich draufgezahlt«), in ihrem langjährigen Hotelzimmer im Ritz, mit Ausblick auf ihren »Laden«, im Alter von 87 Jahren gestorben. Ihre Garderobe soll nur drei Kleider enthalten haben.

Zwei Zitate aus seinem Leben. Eines stammt von Axel selber: »Das Problem des Künstlers ist, daß er sein ganzes werktätiges Leben versuchen muß, auf das Niveau seiner Träume zu kommen.« Das andere Zitat, ihm forsch ins Gesicht gesagt, rührt von einem seiner Produzenten: »Für mein Geld werden Sie keinen guten Film machen!« In diesem Spannungsfeld – und welch eine Spannung es für ihn war – bewegte sich seine Existenz.

Der österreichische Filmemacher Axel Corti starb zu Jahresende 1993 an Leukämie. Er war wahrscheinlich der beste Freund, den ich je hatte. Er starb mitten in einem Film, der bestimmt sein makellosester geworden wäre, hätte ihm die Krankheit erlaubt, mehr als zwei Drittel davon abzudrehen (zeitweilig bei 39 Grad Fieber). Es war der *Radetzkymarsch* von Joseph Roth, eines seiner geliebtesten Bücher. Er arbeitete daran bis fast zum Tag seines Todes. Denn Axel Corti war ein Passionierter. Intensiv, leicht – allzuleicht – erregbar, besessen perfektionistisch (so daß er vielleicht manche Szenen zu oft wiederholte), von fast kindlicher Dankbarkeit, wenn ihm Vollkommenes geboten wurde, todtraurig, wenn die Qualität das erwartete Maß nicht erreichte. Und von hemmungsloser Wut, wo er Borniertheit oder gar Bosheit witterte. Er liebte die Menschen, aber nur das Große und Leidenschaftliche in ihnen. Er liebte seine Schauspieler, aber nur wenn sie sich ihm total auslieferten. »Er war der erste, dem ich alles gab, was ich hatte«, so Charlotte Rampling nach seinem letzten Film. Und Max von Sydow: »Er konnte hören, was im Innern der Charaktere vor sich ging.« Er liebte seine Familie – seine unverzichtbare Frau Cecily und die drei baumlangen Söhne. Und zu den wenigen Menschen, die er sonst noch liebte, gehörte aus irgendeinem Grund, der wahrscheinlich mit meiner Vergangenheit zu tun hat, auch ich.

Zu fünf seiner Filme durfte ich die Drehbücher schreiben: einen *Jungen Hitler*, einen *Jungen Freud*, schließlich die dreiteilige Flüchtlingsstory *Wohin und zurück*. Wobei der von mir vorgeschlagene Titel »Emigranten-Trilogie« vom zuständigen Sender radikal abgeschmettert wurde, mit Hinweis darauf, daß das Wort Emigrant Kassengift sei. Und das in einem Film, der sich ausschließlich mit diesem Thema befaßt! Keines meiner Drehbücher existiert in weniger als vier bis sechs Fassungen: Ein Drehbuch schreibt man nicht, man schreibt es um, heißt das in Hollywood. Fast immer waren wir verspätet, mußte ich jedesmal zum Pariser Ostbahnhof sausen und dort einen mißtrauischen Schlafwagenschaffner des Orientexpress überreden, das Konvolut mitreisen zu lassen. Das dann meist von Cecily Corti am Wiener Westbahnhof abzuholen war und, bis tief in den Dreh hinein, Anlaß zu unzähligen weiteren telefonischen Korrekturen gab.

Die Trilogie erzählt mehr oder weniger mein eigenes Leben: Im ersten Teil Auswanderung, Flucht über diverse Grenzen, Krieg, Internierung, Prag, Paris, Marseille – das Übliche. Im zweiten dann das Emigrantendasein in Amerika, erste verfehlte Liebschaft, die Meldung zur Armee. Im dritten die Rückkehr als Soldat, das tief aufwühlende Wiedersehen mit der Heimat, schließlich die Unmöglichkeit der Liebe mit einer Frau, die einem irgendwie alles Verlorene ersetzen soll. Stilmerkmal des Drehbuchs, von Axel einfühlsam herausgespürt: die Verwirrung. Das Chaos der Ereignisse, der Empfindungen. Alles muß durcheinanderlaufen wie ein Knäuel. Keine Logik oder Folgerichtigkeit. Man wird irrtümlich gehaßt, irrtümlich gerettet oder auch irrtümlich ums Leben gebracht. Nichts in der Emigration ergibt irgendeinen Sinn, bis du dir zuletzt selber sinnlos vorkommst, ein Witz der Weltgeschichte. Der durchzuhaltende Ton ein grimmiger, knirschender Humor. Zu vermeiden jede Art von Selbstmitleid, Aufspielerei. Oder auch Heimzahlung, Abrechnung. Sich nicht als Einstein vorkommen, sondern als Buster Keaton oder Woody Allen.

Dabei ist Axel immer wie der Teufel auf Genauigkeit bedacht. Bis zum Überdruß sein Satz: »Ich muß das vor mir sehen. Ich muß daran glauben können.« Im zweiten Teil der Trilogie lasse ich ja, weiß Gott woher mir die Idee kam, eine »Stumme« auftreten (nachher ergreifend verkörpert von Dagmar Schwarz). Dazu Axel skeptisch: »Früher hat sie geredet, jetzt ist sie stumm? Gibt es das überhaupt? Ich denke Stumme sind immer gleichzeitig auch taubstumm? Nichts gegen dich, ich frage ja nur.« Natürlich muß ein Arzt zu Rate gezogen werden, Axel studiert einschlägige Literatur, weil er ja nichts anderes zu tun hat, drei Wochen vor Drehbeginn. Ich erkläre mich bereit, die Figur aufzugeben, umzuschreiben, aber nichts da, kommt nicht in Frage: »Ich will es ja nur wissen.« Und das Ende der ganzen unfreiwilligen Abenteuer dieser Emigration? Noch beim Dreh im Hafen von Triest diskutieren wir es mit Axel und Kameramann Gernot Roll. Ich plädiere für ungewissen Ausgang, werde aber überstimmt. Ein logischer Schluß muß her. Als wäre nicht gerade das die nie gefallene Entscheidung meines Lebens.

Ein Jahr später läuft dann der dritte Teil der Trilogie *Welcome in Vienna* beim Filmfestival von Cannes unter der Sparte »Ein gewisser Blick«. Nun ja, einen gewissen Blick, der sich von keinem mir bekannten Kinofilm herleitet (schon weil ich so wenig vom Kinofilm verstehe), kann man uns nicht absprechen. Wie

92

kamen wir hierher? Indem Axel mich vor drei Monaten dringend anrief, doch einmal den für die Auswahl zuständigen Monsieur Gilles Jacob in Paris aufzusuchen. »Aber ich weiß ja nicht einmal die Adresse!« »Dann schlag eben im Telefonbuch nach.« Als ob irgend jemand von Belang im Pariser Telefonbuch zu finden wäre! Überraschenderweise klappte es dann doch.

Hier in Cannes hängen jetzt unsere Plakate, von dem Wiener Maler Rudolf Hausner entworfen, an allen Laternenpfählen. Ich gebe Interviews und bin verblüfft über die Stümperei der heimischen Kollegen. Ob ich meinen Namen mit einem oder zwei »l« schreibe? Mit solcher Uninformiertheit wäre man zur Zeit von Karl Kraus am ersten Tag aus dem Blatt geflogen. Und dann die zwei fatalsten Patzer überhaupt. Zuerst: »Haben Sie nicht irgendeine Anekdote auf Lager?« Hierauf die unvermeidliche Frage nach dem Rekord: »Was war der deprimierendste Moment Ihrer ganzen Emigration?« Worauf man nur antworten kann: »Junge, dieser!« Axel geht es nicht besser, den der gepriesene Kinospezialist unseres Senders auffordert: »Jetzt ratschen Sie mal drei Minuten lang was von Ihrem Film.« So läßt sich leicht Kinospezialist sein.

Anschließend zum Filmpalais. Und unterwegs bitte ich Axel händeringend, nur ja nicht von Kurt Waldheim anzufangen. Der soeben, trotz Aufdeckung seiner Vergangenheit, mit den Stimmen vieler Antisemiten (Wahlmotto: »Jetzt erst recht«) zum österreichischen Bundespräsidenten erkoren wurde. Der aber hierzulande total unbekannt sei. Zu meiner Überraschung ist der gewaltige Saal gesteckt voll. Axels dichte Atmosphäre des Kriegsendes vom Mai '45, mit Schubert untermalt, schafft gleich in den ersten Filmminuten herzbeklemmende Anteilnahme. Danach wird, trotz fehlerhafter Untertitel, genau an den richtigen Stellen gekichert und zum Schluß geheult. Undefinierbares

Gefühl, wenn man Beziehungen und Geschehnisse, einst unmittelbar erlebt und erlitten, nun mit tausend fremden Menschen teilt. Zuletzt Diskussion, auf eine Viertelstunde angesetzt. Eine geschlagene Stunde später, als der Saal für andere geräumt werden muß, ist noch immer das halbe Publikum da. Und natürlich befaßte sich gleich die erste Frage mit Waldheim. Diesem aalglatten Schmähführer, der nie von mir gehört hat (und der vielleicht nur ein routinemäßiger Abzeichner von Todesurteilen war), verdanken wir im ersten Anlauf unseren Durchbruch. Vergelt's Gott.

Der Film lief dann monatelang in französischen Sälen. Zuletzt noch einmal täglich in einem Studentenkino neben der Sorbonne, dem berühmten »Champollion«. Zur Schlußvorstellung stelle ich mich etwas verlegen an den Schalter und frage die gelangweilte Kassiererin, worum es in dem Film geht? »Ach, irgend so eine Liebesgeschichte aus dem Ersten Weltkrieg.« So endet meine Liebe zu Claudia, deren richtigen Namen ich auch hier nicht verraten werde ...

Axel und ich haben dann noch mehrmals zu neuen gemeinsamen Filmen angesetzt, es kam nicht mehr dazu. Hier Cecily Corti mit der ihr eigenen Klarheit über seine letzten Stunden: »Er war bis zum Tag vor seinem Tod bewußt. Es war sehr bewegend, wie treu er sich in diesen Tagen geblieben ist, in diesem Prozeß des Abschiednehmens. Und des Einverstandenseins, seinen Film nicht beenden zu können, das nicht mehr zu vollbringen ... Ich glaube, er konnte ruhig gehen. Er hat etwas von dem Frieden, den er sich immer ersehnt hat, erleben können in diesen letzten Stunden.« Es war dann auch Cecily, die sich, zusammen mit den drei Söhnen, an das Bett des Sterbenden stellte, um ihm seine Lieblingsmelodien vorzusingen. Darauf mußte man erst einmal kommen.

Daß die uns gemeinsamen Filme, in denen Axel doch einiges umschrieb, was ich lieber unumgeschrieben gelassen hätte, unserer Beziehung keinen Abbruch taten, wie doch im Kunstgeschäft üblich, ist bestimmt ihm zu verdanken. Sein Gefühl für unverbrüchliche Freundschaft war felsenfest. Wobei ja das schönste an der Männerfreundschaft ist, daß man nicht über Gefühle zu reden braucht... Einige Wochen nach Axels Tod forderte mich dann eine deutsche Zeitung auf, über ihn einen Nachruf zu schreiben. Ich mag keine Nachrufe. Ich schrieb ihm einen Brief:

Lieber Axel, Du weißt, wir haben uns nie, oder kaum jemals, geschrieben, außer es ging um Sachliches. Einmal, es war in der frühesten Zeit unserer Beziehung, in den ersten jener 22 Jahre, die wir, so will mir heute vorkommen, gemeinsam verbrachten, da kam ein handgeschriebener Brief von Dir. Ein Liebesbrief, sagte Deine Frau Cecily am Telefon, mit dem sanften Spott der Frauen für Männerfreundschaften. Er war in der winzigen, flüssigen, aber leider unleserlichen Handschrift verfaßt, die Dir eigen war. Ich habe ihn nie entziffern können. Später gab es Essays über mich in Deiner Rundfunksendung »Der Schalldämpfer«, einmal die »Beschreibung eines ungeduldigen Freundes« in einer Zeitschrift. Ich war gerührt, habe aber nie auf gleiche Art geantwortet. Aus Scham vielleicht. Aus der Zurückhaltung in Gefühlsdingen, die ich mir beim Fernsehen angewöhnt hatte. Jetzt schreibe ich diesen Brief, der vielleicht zu offen ist für die Öffentlichkeit, und der jedenfalls zu spät kommt, als daß Du davon noch was hättest. Axel, ich bin nicht willens, an Deinen Tod zu glauben. Eben rief ein gemeinsamer Freund an, der Dichter Robert (ich meine, im alten Wien hätte er »der Dichter Robert« geheißen, heute läuft das unter sowas wie »Erfolgsautor Schindel«) – also eben dieser Robert rief bei mir an und mein Herzschlag setzte einen Augenblick aus. Er hat die nämliche Art wie Du, mit sonorer Stimme »Georges!« auf Französisch ins Telefon zu fragen und dann abwartend zu schweigen. Ich dachte wirklich, Du bist es. Ich dachte, Du rufst an, um mich endgültig zu beruhigen, daß alles nur ein böser Scherz war. Das mit dem Sterben und solchen Dingen.

Daß ich zu fünf Deiner Filme die Texte schreiben durfte, war Dein Angebot. Vom Drehbuchschreiben hatte ich nicht viel Ahnung. Aber mein Leben lang konnte ich mir zwei beliebige Figuren vorstellen oder in Erinnerung rufen, und schon war dramatische Spannung da. Wenn danach noch eine dritte Figur, möglichst anderen Geschlechts, dazustieß, so begannen die Funken zu sprühen. Schön. Aber wie daraus dann diese dichte, geladene Atmosphäre entstand, deren Meister Du warst, ist mir nie ganz klar geworden. Manchmal durfte ich beim Dreh kiebitzen. Und wunderte mich, wenn Dich dabei die Äußerlichkeiten – ein von der Feuerwehr veranstalteter Frühregen, ein musealer Straßenbus – mindestens so sehr anzumachen schienen wie die Schauspieler, die meine goldenen Worte rezitierten. Und daß diese Worte oft aus meinen intimsten Begegnungen stammten und jetzt von ganz anderen Menschen, und ziemlich teilnahmslos, wie mir schien, heruntergehaspelt wurden, gehört zu den Verunsicherungen solcher Besuche. Teilnahmslos? Später sah ich Zuschauer weinen, wenn die Schauspieler diese Texte agierten. Aber wie hast Du, wie hatten sie das geschafft? Sie brachten es, denke ich, um Dich zu beeindrucken mit ihrer Willigkeit, über die inneren Hürden zu springen, aus sich herauszukommen. Um Deine Achtung, Deine Zuneigung ging es da und, ja doch, Liebe. Bis sich am Ende der Szene alles in Umarmungen auflöste. Nie wäre ich ähnlicher Gefühlsdarbietungen fähig gewesen und bin daher mit Bedacht der Spielfilmregie ferngeblieben.

Wir trafen uns zu Besprechungen (ein- bis zweimal pro Film, mehr war nicht drin), da wo sich gerade Gelegenheit bot. Bei Geburtstagen, Kongressen, auch bei Begräbnissen leider, da half nichts. Immer war man unter Druck, unendlich verspätet. Am schönsten die Wochenenden auf Deinem stilvollen, ausgedienten Pfarrhof bei Salzburg, oder ein paar einsame Tage in meiner strohgedeckten Fachwerkkate in der Normandie. Jedesmal drängtest Du mich zum Herumlaufen, durch Deine Berge, an mein Meer. Stundenlanges Voranstapfen im feuchten Sand von Trouville … der Wind bläst meine kostbaren Seiten durcheinander. Du verstehst schon wieder einmal nichts von meinen Subtilitäten, aber ich bin satt wie ein Säugling. Diese gemeinsame Kunstherstellung, das war's wohl, was ich immer suchte.

Gegen jede Bosheit und Kleinlichkeit bist du lebenslang angerannt, Axel, mal aus Prinzip, dann wieder aus Donquichotterie. Kämpferischer als ich, muß ich zugeben, beherzter gegenüber meiner bloßen gereizten Resignation. »Warum läßt er mich so allein«, sollst Du einmal der Familie geklagt haben, aber das habe ich zu spät erfahren, wie so vieles. Und doch, das Gemeinsame überwog. In solchen Namen wie Schnitzler, Horváth, Werfel, Joseph Roth fanden wir uns wieder − einem ausklingenden Österreich der intellektuellen Schärfe, aber auch des Gemüts, der Erkenntnissuche bis zum Absurden, der Theaterspielerei bis hin zur Bewußtseinsspaltung, der fröhlichen Melancholie. Ich denke, was Du in mir sahst und mochtest, war die letzte Verkörperung dieser etwas weichlichen jüdisch-wienerischen Symbiose. Aber ein leichtes Pärchen waren wir nie, wir zwei. Eher ein zänkisches, nervöses. Es irritierte Dich, wenn ich in blendende Phrasen faßte, was der Schauspieler doch mit einem Augenzwinkern herüberbringt. Und warum so wenig Frauenrollen, war das schon eine Alterserscheinung? Manchmal konnten wir uns an einem einzigen Satz bis tief in die Nacht hinein festhaken. Dein Ton verschärfte sich, während die Hände mit unverminderter Zärtlichkeit Pilze schnitten oder Spargel schälten, denn Du warst Deinen Freunden ein liebevoller Koch. Notfalls gab ich mich geschlagen, nur damit wir endlich ins Bett kamen. Frisch am nächsten Morgen wurde alles widerrufen, und es ging von neuem los. Einmal sagte ich lachend: »Weißt Du, daß wir uns nach diesen Stunden noch zurücksehnen werden«, und wußte nicht, wie bald.

Aber Freund sein hieß für Dich vor allem: sich in Bezug auf den anderen sehen. Deine war eine vorauseilende Freundschaft. Du dachtest nach über Mitbringsel, Überraschungen. Plötzlich war ich zu ertragreichen Talkshows eingeladen, entpuppte mich als Mitglied der Berliner Akademie der Künste, Sektion Film. Als ich im Hafen von Triest das Emigrantenschiff inspizieren kam, stand auf dem Bug aufgemalt der Name meiner neugeborenen Tochter: Tonka. Und so hieß das Schiff dann bei Dir auch im Text. Nie fiel mir rechtzeitig ein, wie ich mich revanchieren konnte. Also hörte ich Dir zu. In der Rückschau scheint mir, daß das mein Hauptbeitrag gewesen ist: Dich anzuhören, Dich zu trösten, wenn wieder einmal diese ganze bewegte Welt, die Du in Deinen Filmen auf die Beine stelltest, von den Apparatschiks auf ihren geringsten Nenner reduziert wurde: die überzogenen Kosten.

Und jetzt wird es hart. Ich weiß nicht, ob ich ein Recht habe, darüber zu schreiben. Aber ich würde es gerne loswerden, wenn das geht. Ich war also zu diesem Seminar nach München gefahren. Du riefst an, ich sollte anschließend zu Dir auf Dein Pfarrhaus kommen, wir würden uns einen gemütlichen Abend machen. Am nächsten Tag könnte ich dann bequem von Salzburg aus heim. Ich spürte, daß es ein Hilferuf war. Trotzdem

98

zögerte ich. Nicht, daß ich dringend nach Hause mußte. Ich plane bloß nicht gern im letzten Moment um … immer dieses alte Flüchtlingssyndrom. Ich fuhr also los. Du hattest mir irrtümlich einen falschen Zug genannt. Es war ein »Jugoslawenzug«. Nicht einmal das Personal sprach Deutsch. Unmöglich zu erfahren, ob er in dem Nest anhalten würde, wo Du mich abholen wolltest. Ich stieg vorsichtshalber auf eine andere Linie um. Sie erwies sich als Bummelzug, der alle paar Minuten stoppte. Schon war ich rasend verspätet, mindestens eine Stunde hattest Du jetzt auf mich zu warten. Ich muß eingenickt sein. Als ich mit einem Ruck auffuhr, hingen wir in einer kleinen Station fest. Ich war anscheinend der letzte Fahrgast. Ich sprang auf und rannte panisch auf den Bahnsteig hinaus. Der Zug fuhr ab. Ich las das Schild. Ich war eine Station zu früh ausgestiegen. Eine weitere Verbindung würde es an diesem Abend nicht mehr geben. Das Bahnhofsgebäude stand leer. Auf dem Vorplatz kein Mensch. Es regnete. Ich begann, meinen schweren Koffer in das Dorf zu schleppen. Es war eine Situation, wie sie das Emigrantenherz besonders liebt, weil sie nämlich seinen nächtlichen Alpträumen entspricht. Jetzt kam von irgendwoher Musik: anscheinend ein Beatschuppen. Klotzige, bierbäuchige Einheimische starrten mich an. Würden sie mich gleich auf die Knie zwingen, um den Gehsteig zu schrubben? Ich bat, mir ein Taxi zu rufen. Es würde »a guate halbe Stund« dauern. Es dauerte fast eine Stunde. Es war Mitternacht, Axel, bevor ich bei Dir eintraf. Das vorbereitete Essen längst verbrannt, die Zeit nutzlos verschwendet. Ich war sauer. Ich ließ es Dich spüren. Ich wußte von einer Krankheit bei Dir, wenn auch nicht ihrer Gefährlichkeit. Aber ich kam nicht aus meiner Stimmung heraus. Es war unsere letzte Chance, uns auszusprechen. Du hattest ein Abschiedsmahl mit mir geplant, im Garten, mit Kerzen und Stimmungsmusik vom

Radio. Und ich, ich hörte nicht auf, von diesem verdammten Zug zu reden. Warum habe ich damals nichts begriffen, Axel, wo ich mir sonst so viel auf meine Feinfühligkeit einbildete?

Wir sprachen uns später noch mehrere Male, aber nie allein. Da drehtest Du schon in Böhmen an Joseph Roths *Radetzkymarsch*. Du hattest auch noch einen neuen, letzten Freund gefunden, Max von Sydow, Deinen Hauptdarsteller. Dann warst Du plötzlich wieder zu Hause. Du riefst mich in Paris an. Du sprachst von einem Rückfall. Und daß der Arzt Dir riet, zeitweilig einen Aushilfsregisseur zu finden. Du erzähltest von Max, von Charlotte Rampling, die so ergreifend gewesen sei wie nie zuvor, und von einem französischen Darsteller, der jetzt noch zu finden war. Ich riet Dir, ganz Profi, ganz Fachmann. Und dabei wußte ich doch, worauf das alles hinauslief. Ich ließ das Gespräch nicht dahin kommen. Ich drückte mich. Ich verdrängte. Noch einmal haben wir miteinander telefoniert. Du sagtest, es sei zu einer Krisis gekommen. Die Milz beginne zu schmerzen, ein schlechtes Zeichen. Dennoch warst Du guter Dinge. Der Film war schließlich noch nicht ausgestanden. Gott würde es nicht zulassen, daß er ohne Dich abgedreht würde. Ich kenne das: Man fordert den großen Filmemacher einfach zur Kollegialität auf, nicht wahr? Als ich das nächste Mal anrief, war alles vorüber. Es war ganz schnell gegangen.

Ich flog zur Gedächtnismesse nach Wien, in der »Künstlerkirche« am Michaelerplatz. Der uralte Kardinal König, der einzige linke Seelenhirte, den Österreich je kannte, war aus seinem Ruhestand aufgetaucht, um die Messe zu lesen. Deine Frau Cecily hatte veranlaßt, daß man das Quintett von Schubert spielte, diese todtraurige Musik, mit der Du alle Teile unserer Emigrantentrilogie beginnen und enden läßt. Am nächsten Tag fuhr ich mit »Dichter Robert« und einem anderen Filmfreund zu

100

Deinem Dorf im Salzburgischen. Das Landhaus stand leer. Nie wieder würdest Du mich da bekochen, keine weiteren Gespräche waren vorgesehen. Wir gingen zu Deinem Grab, an das ich noch immer nicht glaubte. Jemand hatte Dir seinen Platz am Kirchengemäuer abgetreten, denn Du warst ja die Prominenz des Ortes. Du lagst unter einem Meer von Blumen. Das schien irgendwie nicht zu Dir zu passen. Auch nicht das übergroße Holzkreuz. Ich legte meinen Stein hin, wie bei Juden üblich. Eigentlich dachte ich, Du würdest jeden Moment aufstehen und mit Deiner Drehortstimme kommandieren: »Glotz nicht so romantisch«, oder dergleichen. Aber nichts geschah. Ich blieb mit Dir allein. Ich zog meinen Mantel über den Kopf, wie die frommen Juden ihren Gebetsschal überziehen, wie die alten Römer ihr Haupt verhüllten, und heulte los. Ich merkte, daß es das nämliche Weinen war, das ich in meinen »Personenbeschreibungen« den Leuten so oft zugemutet hatte. Bei diesem israelischen Soldaten, der Frau und zwei Kinder bei einem arabischen Überfall verlor. Bei dem nordirischen Dichter Padraic Fiacc an der Gruft seines Lebensgefährten, den die IRA erschoß. Bei dem amerikanischen Autor Harold Brodkey an den Grabsteinen seiner Eltern, obschon ja Harold damals mehr nach innen geweint haben muß. Um wen weinte ich? Um Dich? Um mich? Um unsere unvollendete Freundschaft? Ich denke lieber nicht darüber nach.

Noch eins. Kaum warst Du aus meinem Leben verschwunden, Du, der lebenslange Streithansel gegen alle Menschenverächter und Rassenwahnsinnigen, so begann es. Ein Herr Dr. Wahl, Herausgeber des »Eidgenoß« in Winterthur, schickte mir, wie Hunderten anderen »Namhaften Persönlichkeiten« irgendeines Handbuchs, sein Blättchen zu. Darin stand zu lesen, daß der Holocaust eine jüdische Erfindung sei. Ich schrieb leider zurück und wies darauf hin, daß ich dort neunzehn meiner Angehörigen verloren hatte. Zwei meiner Verwandten hatten überlebt. Und berichtet. Soweit ich den Mut hatte, sie auszufragen. Ob er meine, daß ich das alles erfinde? Er meinte es, der Herr Dr. Wahl. Er ließ mir antworten, daß er wegen meiner »unsachlichen Herabsetzung seiner Aufklärungsarbeit« schwer enttäuscht sei. Und er tat noch ein übriges. Er druckte meinen Brief als Faksimile in seiner folgenden Nummer ab, in der Überzeugung, daß alle Leute ihn so lustig finden würden wie er. Als Titel: »Namhafte Persönlichkeit beschimpft Eidgenoß-Herausgeber.« Dann wurde ich als »Jude in Deutschland« nach Strich und Faden fertiggemacht. Auch diese Nummer dürfte ihrerseits wieder an Hunderte von deutschen »Namhaften« gegangen sein, aber nicht ein einziger hat es für nötig befunden, mir zu schreiben. Doch, einer. Ein verdienter Veteran des deutschen Fernsehens, der mir das Blatt wortlos zuschickte und nur auf den Umschlag hingekritzelt hatte: »Was soll ich damit?« Merke: Betroffen fühlen sich immer nur die Betroffenen.

Seitdem hat sich die Internationale der Auschwitzleugner fröhlich auf mich eingeschossen. Ich erhalte antisemitische Karikaturen von einem Monsieur Konk. Ich erhalte einen sechsseitigen Brief von einem Herrn Rolf Hermes aus Texas, in dem es heißt: »Nein, Herr Troller, Ihre Familienangehörigen starben ebenso wie alle anderen an den gewöhnlichen Folgen des Krieges.« Er weiß es also besser, der Herr Hermes, der Götterbote. Er war dabei. Es gab keine »vergaßten Juden« (nach seiner Orthographie). Zum Schluß empfiehlt er mir, mich zu schämen: »So, nun stellen Sie sich eine Stunde in die Ecke und schämen sich.« Gell, Axel, auf so was wären wir in unseren besten Zeiten nicht gekommen. Die Realität übertrifft doch immer die Fiktion. Karl Kraus hatte schon recht, als er nur mehr zitieren wollte. Ja, jetzt kommt die »Sprache des Untermenschen« wieder hoch.

102

Und Du, Axel, Du bist nicht mehr da, um sich mit mir darüber aufzuregen. Du, mit Deinen knirschenden Wutausbrüchen, Deiner nie nachlassenden Courage, im falschen Moment vor Leuten, die es nicht hören wollen, das einzig Notwenige zu sagen! Wie Du mir abgehst! Ach Axel…

Ja, sind die jetzt beknackt? Aber da gibt es ja im Ernst so ne Ausstellung von seinem Gesamtwerk, ätzend und ausgeflippt, wie es nun mal ist, im Kölner Museum Ludwig! Und gleich darauf ist er doch schon wieder in London zu sehen! Wo nicht nur die berühmte Whitechapel-Galerie voll auf ihn abfährt, sondern sogar das neue *R. Crumb Handbook* im coolen Modeladen von Stella McCartney ausliegt. Und dazu die entsprechenden T-Shirts mit Crumb-Cartoons, 130 Euro das Stück, bitte sehr. Dabei war der Mann doch schon total im Abseits, sein geiler Trip ausgesurft, ein Freak von gestern, ein Grufti! Er und Gesamtwerk! Er museumsreif! Und nun wird er gar noch auf eine Stufe gestellt mit dem französischen Karikaturisten Honoré Daumier. Ja sogar mit Bosch und Breughel (haben Sie's nicht ne Nummer kleiner?). Und natürlich ist der Obermacker selbst samt Frau überall mit dabei. Ja sogar, man glaubt es kaum, mit edlem grauen Künstlerbart, und – »Cripes! Aargh! Phooey!« – im Smoking!

Ja, es geht um Robert Crumb, den man schon lang auf seinem Altenteil vermutete. Comic-Künstler und unwahrscheinliche Kultfigur der sechziger Jahre, na, sagen wir bis in die Mitte der Siebziger hinein. Inzwischen ist er an verschiedenen europäischen Wohnorten gesichtet worden, u. a. in einem kleinen Dorf in Südfrankreich. Das Haus, das er dort für sich, seine zweite Frau Aline Kominsky und die gemeinsame Tochter Sophie kauft, bezahlt er mit einem halben Dutzend seiner Original-Skizzenhefte. Den berühmten *Sketchbooks* der Frühzeit, von Sammlern gefragt und hoch taxiert. Seine neuen Comics allerdings weniger. Er, der einstige »Antiheld der Subkultur«, der »Diogenes der Westküste«, ist – oder war bis vor kurzem – so ziemlich vergessen. Es sieht so aus, als wäre er jetzt wieder im Kommen.

Irgendwann einmal muß ich – da man mich dauernd daran erinnert – den Satz niedergeschrieben haben: »Jeder gute Autor hat zehn Jahre, in denen er mit dem Zeitgeist übereinstimmt. Wohl dem, der sie nicht schon in früher Jugend verbraucht.« Wahrscheinlich eine unzulässige Verallgemeinerung, die aber doch oft genug hinhaut.

Robert Crumb ist einer von diesen Zehnjahres-Autoren (auch wenn er seine phantastischen Gräuelgeschichten mit der Hand zeichnete). So um 1975 war dann schlagartig Sense. Wahrscheinlich, weil die Figuren, die er mit soviel Haßliebe karikierte und persiflierte, die der Hippies, Dropouts, Gammler, Penner, Ausgeflippten, einfach nicht mehr ernstgenommen wurden, wozu er ja das seinige beigetragen hatte. Die Deutschen waren unter den letzten, die ihn noch nachdruckten. Man kann nur hoffen, daß dieser geniale Spinner, der keinerlei Gefühl für Reichtümer besaß und seine besten Sachen für nichts hergab, wenigstens genug beiseite legte, um davon sein Auskommen zu haben. Einmal schrieb ich ihm an die ländliche Adresse, die man mir genannt hatte, es kam aber keine Antwort. Nun ja, Briefe verfassen oder gar telefonieren war nie sein Ding. Auch in seinen endlos einfallsreichen Comics und Cartoons scheinen keine Briefe auf, kaum je ein Telefon oder Fernseher, vom Computer nicht zu reden. Es durfte immer nur persönlich dialogisiert und monologisiert werden. Wie Menschen miteinander, oder in Gottes Namen mit Gott und dem Universum, physisch und verbal umgehen, war das einzige, was ihn anmachte.

Nehmen Sie eine seiner gelungensten Kreaturen, Herrn Natürlich (Mr. Natural). Ein kahlköpfiger Guru mit weißem Bart bis zu den Fußspitzen, der nur absolut keine Weisheit zu verzapfen hat, außer vielleicht mal: »Nichtstun hält gesund«. Ein boshafter Petrus und ein geiler Bock obendrein, wie so viele Crumb-Figuren. Und dann, während dieser Uralt-Scharlatan gerade die Kreuzung überquert, wie üblich entgegen der roten Ampel: Squiek! Krrach! Herr Natürlich ist überfahren und tot. Und allbereits im Himmel, umgeben von Posaunen und Engelchören. Gott, ein schöner langhaariger Greis, empfängt ihn scheißfreundlich: »Sagen Sie, wie finden Sie das alles hier?« »Sie meinen den Himmel? Na ja, 'n bißchen kitschig, wenn Sie mich fragen!« »K-kitschig??« »Sicher, das ganze Konzept ist 'n Stück überholt, meinen Sie nicht?« Worauf im nächsten Bild ein Engel den Häretiker am Kragen packt: »Tut mir leid, Befehl vom Chef!« Und Mr. Natural, während er kopfüber zur Hölle saust: »Is eben nich meine Szene, kann man nix machen!« Nachdem – in der nächsten Bildfolge – auch die Hölle ihn nicht antörnt, wird Herr Natürlich zuletzt von einem dicken Handelsvertreter samt Musterkoffer besucht, auf dem »Buß-Kit Nr. 5« steht: »Ich habe hier ein paar einfache Vorrichtungen. Die lasse ich Ihnen da. Drei Wochen Läuterung, das ist alles, was wir verlangen.« Und so endet Herr Natürlich im härenen Büßergewand, eine riesige Steinkugel den Abhang hochwuchtend … Schicksal eines Gurus, der absolut keiner sein will, eine von Crumbs zahlreichen Selbstpersiflagen.

Was hat dieser linkische Lüstling Crumb in den wenigen Jahren seiner exorbitanten Glanzzeit nicht alles an Figuren geschaffen! Da ist sein Alter Ego Edgar Crump, noch abstoßender und durchgedrehter als er selber. Da ist der verstopfte Spießer Whiteman, die weißen Sexbomben Devil Girl und Girl in Hotpants und die dito Schwarze Angelfood, mit ihren strotzenden Geschlechtsmerkmalen. Und Lenore Goldberg, die nicht weniger ausladende »jüdische Prinzessin«. Eine Superemanze mit Stahlmuskeln und drei militanten »Panthertanten«, die sie aber zuletzt hinausbefördert, um als brave Mutti und Babyfütterin zu enden, justament! Und da ist Schuman the Human, und Flakey Foont der Anpasser, und Cheesis K. Reist, der hoffnungslose Mittelsmann zwischen Gott und seinen Kreaturen. Und die Inzestfamilie von Joe Blow (»man sollte viel mehr mit seinen Kindern verkehren!«). Und. Und. Und.

Und natürlich Fritz der Kater, der vor allem. Fritz, der scharfe, geile Nichtsnutz, der verbummelte Student, der vorgetäuschte Poet mit den unzähligen Tussis, die er über seine angeblichen seelischen Wehwehchen ins Bett kriegt, der Schlucker und Schnüffler und Shooter sämtlicher vorhandenen Drogen. Wonach er – paradigmatische Wegstrecke – von Harlem und East Village in den fernen Westen ausbüxt. Also zum Beispiel nach San Francisco, wo der Untergrund gerade ins Tageslicht emportaucht und die Gegenkultur zur offiziellen wird. Nachdem schon vorher ein Warhol aus Suppendosen einträgliche Multiples, und ein Lichtenstein aus zehn Cent teuren Comic-Heftchen Reproduktionen für hunderttausend Dollar hervorgebracht hat. Von nun an spielt sich alles mit amerikanischer Lichtgeschwindigkeit ab, beginnend praktisch mit dem Vietnamkrieg und mit ihm endend. Studenten sind vom Kriegsdienst ausgenommen, also wird jeder zum Studenten und möglichst in Berkeley oder sonstwo an der kalifornischen Goldküste. Janis Joplin, Timothy Leary, Dylan, Hendrix, Burroughs, die Beatles, die Stones, Allen Ginsberg, Lenny Bruce, das Living Theater, indische Gurus, Freaks, Zen Masters, Esalen Institute, Hare Krischna, Pop, LSD, cool, square, positive und negative Schwingungen (»vibes«),

Kommunen ohne Kommunismus, Revolten ohne Ziel. Aus der
längst fälligen Ablösung der Kriegs- und in Deutschland Nazi-
Generation ist, zumindest in weiten Teilen Amerikas, eine »Life-
style«-Sache geworden. Hauptsache, man ist hip und macht was
her. Nicht zu vergessen »loose sex«, das Bumsen im Ausverkauf,
symbolisiert durch (ich erfinde das nicht) ein »Institute for oral
love«, bitteschön. Dazugehörig der unvermeidliche Schrei nach
dem »Sinn des Lebens«: »Befragt diese unendlichen Räume«,
verkündet Herr Natürlich großartig, und läßt damit dieser
ganzen Angeberei die Luft raus...

Robert Crumb ist in der Gegend von Philadelphia geboren,
unwahrscheinlicher Sohn eines tyrannischen Berufssoldaten der
Marineinfanterie. »Vulgär, vulgär, vulgär!« kreischt die Mutter zu
seinen ersten Comics, die er schon als Junge mit seinem einzigen
normalen Bruder Charles verfertigt. Und wendet sich gleich wieder ihrem geliebten Superman im Fernsehen zu. »Meine Alte
starrt seit Jahren nonstop in die Glotze. Sie pennt davor auf dem
Sofa und dreht nie ab. Einmal hab ich versucht, ihr das Ding
auszuschalten. Sie erwacht sofort und motzt mich an: ›Was'n los?
Was'n los? Stell das gleich wieder an, du Blödkopf.‹«

Wir sind auf seiner abgelegenen »Farm« in Potter's Valley,
zwei Autostunden von Frisco. Ein paar windschiefe Hütten, ein
wackliger Pontiac, ein Pferd und drei Hühner. Robert sitzt in der
Holzbaracke voller Platten, Comics und Flohmarktkrimskrams,
die er sein »Atelier« nennt: eine schlaksige Schießbudenfigur in
Strickjacke, mit mangelndem Kinn und kollerndem Adamsapfel.
Ein Skelett geradezu von hohlbrüstigem Jüngling. Über dem
meist offenhängenden Mund mit herausstehenden, viel zu weißen Schneidezähnen ein widersinniges bleistiftdünnes Schnurrbärtchen à la Clark Gable. Dazu kurzgeschnittene Haare und
kugelrunde Kulleraugen hinter Brillen wie Flaschenböden. Aber

über denen ganz inkongruent, wie von einer anderen Person stammend, die breite ernste Künstlerstirn. So ungefähr stellt man sich den Urmenschen der Cromagnon-Zeit vor: oben schon Homo sapiens, unten noch Neandertal. Jetzt ist er minutenlang total aus dem Häuschen, kapiert überhaupt nicht, was wir von ihm wollen. Gackert, kichert, deckt beim Reden den Mund ab, windet sich vor lauter Geniertheit: »Warum gerade ich?«

Crumb hat sich in diese Einsiedelei geflüchtet, nachdem er einige Jahre lang in San Francisco als »König des Untergrunds« galt. Noch früher hat er Postkarten illustriert, Einschlagpapiere für Kaugummi entworfen. Und mit seinem Bruder ein erstes handgeschriebenes Comic-Heft herausgebracht: *Foo*. Bruder Charles (»Chuck«) zog sich dann, mit Roberts ansteigendem Erfolg, immer tiefer in sein Privatleben zurück, lebte stumm im Elternhaus weiter und endete durch Selbstmord. Was hat Robert Crumb davor bewahrt? Vielleicht die alten Schellackplatten von Kate Smith und Spike Jones und ihresgleichen, die er liebt und zu Hunderten sammelt. (Als später der Fiskus eine Nachzahlung von 40 000 Dollar von ihm einforderte und er Haus und alles sonstige verkaufen mußte, brachten seine Fans die nötigen 8000 Dollar auf, um seine Sammlung zu retten.) Sie stapelt sich längs der Wände seines »Ateliers«. Zusammen mit vergilbten Comics von Anno 1930, darunter auch Disney, Felix der Kater und die zutiefst poetische Krazy Kat. Er zeigt die Broschüren mit Ehrfurcht, ohne sie je aus der Hand zu lassen. »So was Irres kriege ich selbst nie zustande. Nachher ging eben alles den Bach runter.« Die eigenen Hefte hingegen (inzwischen zu Raritäten geworden, die ich noch immer besitze) schenkt er wahllos her: »Ist doch alles absoluter Käse!«

Dabei hat er gegen Ende der sechziger Jahre in unerschöpflicher Kreativität einen Titel nach dem andern auf den Markt geworfen, der sie auch gierig aufsog. Angefangen mit Zap Comics, deren erste Exemplare er Oktober 1967 noch persönlich im Haight-Asbury-Distrikt, dem Zentrum der Hippie-Bewegung, auf der Straße verkauft. (Zap 4 ist die rarste Nummer, sie wurde von der Polizei von Berkeley schon eingezogen, noch bevor sie in den Handel kam.) Berühmt auch die Motor City Comics. Mit einer von Crumbs makabersten Geschichten, worin ein Heer von Krähen einer ganzen Stadt die Augäpfel herauspolkt. Und dann, was denn sonst, rennt einer der Blinden in den augäpfelvollen Bauch einer Krähe. Und – Aargh! Erk! Speib! – die ganzen Augen springen begeistert in die Augenhöhlen ihrer Besitzer zurück. Dazu Crumbs übliche Dialoge, scheinbar unscheinbar, in Wirklichkeit scharf geschliffene kleine Meisterwerke aus Wortspielen, Zitaten, Reimen, witzigen Verdrehungen.

Seine besten Sachen aber befassen sich mit der aktuellen Umwälzung der Sitten und Gebräuche. Also dem Protest der Alternativen gegen die verstopfte Große Mittelklasse Amerikas, mit ihrem verlogenen moralischen Sauberkeitsfimmel à la Readers Digest, Norman Rockwell und Walt Disney (dessen Donald Duck, Mighty Mouse etc. Crumb jedoch maßlos bewundert). Und dann ist da der Vietnamkrieg, der aber erstaunlicherweise bei ihm gar nicht vorkommt, wahrscheinlich war er dafür. Und diese innere Widersprüchlichkeit ist bestimmt der Hauptantrieb für Crumbs Temperament. Er glorifiziert die Jugendszene, indem er sie gleichzeitig persifliert. Jeder kriegt sein Fett ab, am meisten die heiligen Kühe, wenn sie sich in die Brust werfen (was sie bei Crumb können). Denker enden in Mistkübeln, Frauenrechtlerinnen in den Armen – oder unter den Zungen – Schlurp! Stöhn! – unmöglicher Liebhaber. Denn dieser endlos vulgäre Pornograph ist gleichzeitig Moralist, indem er seine Typen und ihre Abenteuer ins Absurde hochsteigert. Nämlich in jene Regionen, wo die Einbildung, die Anmaßung, die Prätention dieser aufmüpfigen Pseudo-Revoluzzer sich an den Gegebenheiten stößt und eine blutige Nase holt. Ja, dieser Schuman the Human, der im Buddha-Sitz an Straßenecken hockt und mit seinem Om-Om-Gemurmel dicke Almosen einheimst, dieser edle Friedensapostel wird unvermeidlich mit einer Bande schwarzer »brothas« konfrontiert, die seinen Napf für eigene Zwecke ausrauben... Und erst Herr Natürlich ... und erst Fritz der Kater ... Aber Fritz, das ist eine andere Geschichte.

Denn mit Fritz fing alles an. Diesem Schuft im getigerten Fell, diesem irrsinnig potenten Kater, der auf der Dauersuche nach Sex − kaschiert als metaphysischer Trip zu seinem wahren Selbst − durch die Subkulturen der Ost- und Westküste streunt. Dazu Crumb: »Ich mag Fritz. Fritz, das bin ich selber, auf Schleudersitz.« Ja, Fritz, dieser Hippie-Poet, dieser Racker, der nur seine gleisnerische Suada loslassen muß, um »auszumachen« und sämtliche Unschuldshäschen dieser Welt ins Plumeau zu kriegen, das ist auch Crumbs ideale Verkörperung. Etwa wenn er, in einer berühmt gewordenen Episode, mit drei weiblichen Wesen auf einmal in der Badewanne quadrioliert (oder wie der entsprechende Ausdruck lautet). »Ach Fritz, du hast die schönste Seele, die ich je kannte«, stöhnen diese Vierbeiner-Fräuleins allesamt, während sie gerade aufs Rückgrat gelegt werden. Was Fritz weiter nicht daran hindert, anderen polymorphen Lüsten zu frönen, indem er sich Strauße, Füchse, Pudel, Pferde und einmal sogar ein Krokodil gefügig macht. Denn bei Crumb gibt es die Frau nur als williges Lustobjekt. Und noch als Sechzigjähriger gesteht er offen zu, bei seinen Zeichnungen immer gern masturbiert zu haben (»jetzt weniger«). Diese anrüchige Badewannenszene wurde übrigens seinerzeit vom Sender aus meinem Film über Crumb gestrichen. Bis sie der mutige Chefredakteur – er hieß Woller, Ehre wem Ehre gebürt – wieder einsetzte.

Hat sich *Fritz* zu Hunderten verkauft oder Tausenden? Crumb weiß es nicht. Auch nicht, wieviel Poster, T-Shirts oder Pullover seine Kunst verschönt. Gerade fünftausend lausige Dollar hat ihm der Verlag Ballantine Books 1969 für seinen Kater hingeblättert, in dem gloriosen Jahr, als Crumbs Ruhm nicht nur in den USA, sondern auch in England, Frankreich, Deutschland seinen Höchststand erreicht. Wovon der Autor anscheinend keinen blassen Schimmer hatte. Seine einzige Sorge: Was mit dem ganzen Zaster anfangen, der da hereinrollt. »Die Groupies kriegte man doch jetzt gratis, und für LSD hatte ich immer schon genug.«

Aber bevor wir dieses Problem für ihn lösen können, kommt Dana, die erste Mrs. Crumb, ins Atelier, um das für uns gekochte Essen anzumelden. Das also ist sie: Dana, die Erdgöttin, die Anregerin höllischer Laszivitäten in seinen Cartoons! Diese »jüdische Prinzessin« von geschätzten einhundert Kilogramm! Und damit dem Lustobjekt entsprechend, das er in seinem Tagebuch schriftlich so skizziert: »Groß, Haarfarbe unwichtig, volle Lippen, breite Zähne, starker Hals und Schultern, feste Brüste, Größe unwichtig, vorgewölbter Bauch, außergewöhnlich große und feste, möglichst waagrecht hervorstehende Hinterbacken, muskulöse Beine mit watschelnden Füßen.« Es ist das Molochbaby, die Riesenmama, auch schon mal als Yetiweib gezeichnet, die Crumb begehrt. Und sein ganzes Sinnen ist darauf gerichtet, sich von ihr vernaschen zu lassen. Darum ist er ja auch Zeichner geworden: »Ich hatte null Sex-Appeal. Auf mich sind die Mädchen nie abgefahren: Mensch, den Typ find ich unheimlich süß. Und mit irgendwas mußte man ja schließlich anrücken. Sonst hätte ich sie doch nie gepimpert, die Zweihundertpfündigen!«

112

Frage: »Die sehen doch eigentlich alle aus wie Dana, Ihre ganzen weiblichen Supermuttis?«

»Na ja, das Leben kopiert eben die Kunst, oder die Kunst das Leben, oder irgend sowas.«

»Warum zeichnen Sie dauernd so destruktive Sachen, sadistisch, monströs?«

»Wenn ich das nicht machen könnte, wäre ich wahrscheinlich noch geschaffter. Vielleicht hätte ich jemand gekillt oder so. Ich werde ja immer angestänkert von irgendwelchen Emanzen, daß ich diese irren Strips zeichne von Frauen, die sexuell gedemütigt werden oder sowas. Und ich erkläre ihnen dann: Wenn ich das nicht zeichnen könnte, müßte ich es tun!«

»Sie tun es also nicht?«

Wieder dieses verlegene Lächeln, das darauf hinweist, daß er nicht mit der Sache rausrücken möchte, aber zu stolz ist um zu lügen: »Vielleicht ein bißchen. Ich versuche, Dana nicht allzu stark zu malträtieren. Immer noch besser, das zu zeichnen, als es durchzuspielen.«

»Halten Sie sich für einen großen Künstler?«

Er wehrt mit beiden Händen ab. »Man vergißt zu leicht, daß man ein ganz gewöhnlicher Armleuchter − asshole − ist, wie jeder andere. Man bildet sich ein, man hat mehr zu sagen als der da.« (Weist auf unseren Kamera-Assi) »Weil ich hier vor der Kamera rede, und er steht dort hinten. Warum das so sein soll, begreife ich nicht.«

Das Wohnzimmer in der Hauptbaracke ist dann geradezu verboten spießig eingerichtet. Sogar rosa Lampenschirme finden sich, wohl Familienstücke aus der Bronx, oder wo sonst Dana herkommen mag. In der Ecke, nicht zu glauben, ein echter Flügel − aber Crumb spielt ja selbst mindestens vier Instrumente, darunter Banjo und Ukulele. Und unter dem Klavier, auf einem

Pöttchen sitzend, an die zwei Jahre alt und das schreckliche Produkt der antiautoritären Erziehung: Sohn Jesse, der uns die ganze Mahlzeit hindurch mit einem Strom von »Fuck-yous« eindeckt. Was der Vater stolz zur Kenntnis nimmt: »Look, he's talking!« Ob er selbst sich als Antikonformist einschätze, fragen wir.

»Nö, wieso? Ich war immer jedem Konformismus spinnefeind, also auch dem der Antis. Eigentlich habe ich bloß die Tür zu meinem Unbewußten aufgemacht und das Horrorvideo rausgelassen, das drin war. Lauter Spiegelungen meines mißlungenen Ich.«

»Sind Sie einverstanden mit dem Titel ›Diogenes der Westküste‹?«

»Absolut, weil ich nicht weiß, wer Diogenes war. Aber schreiben Sie doch einfach, dieser Typ war immer bereit, alles zu probieren, bevor er es parodierte. Oder schreiben Sie: Er ist sexbesessen, aber nicht ichbesessen.« Schön.

Nachmittags Dreh mit Crumb während der Arbeit. Man schüttelt sich gleichzeitig vor Lachen und vor Grausen. Da sitzt er schon wieder an seinen Krähen oder Raben (die immer auch gleichzeitig Schwarze darstellen, denn Crumb, alles andere als ein Rassist, pfeift auf Political Correctness). »Was wollen Sie, ist eine Rabenfamilie, die Augen auspickt, vielleicht beknackter als ein viertelmeilenhoher Geschäftsturm? Eine stundenlange Autobahnschlange nicht irrsinniger als mein muskulöses Schulmädchen, das läufige Freaks zwischen ihren Superschenkeln ertränkt?«

Nur als wir auf seinen Kater Fritz kommen, schnappt Crumb ein und wird defensiv. Dieser geile Pseudostudent, Pseudohippie, Pseudoliberale, der im Grunde nur ein Ziel kennt: zu kopulieren, auf den läßt Crumb nichts kommen: »Als würde ich mich in eigener Person auf die Schippe nehmen oder sowas. Das einzige, was ich das Recht habe zu kritisieren, bin ich ja selbst.« Und nun hat Crumb leider die gesamten Rechte an eine Hollywoodfirma verkauft, wie es heißt für mickrige 7000 Dollar plus Gewinnbeteiligung. Und diese Leute haben es gewagt, ihm seinen Kater umzuschreiben (Stoßseufzer aller Autoren in Ewigkeit)! Darum hat Crumb jetzt dem abendfüllenden Trickfilm, der eben nach zweijähriger Arbeit seiner Vollendung entgegenreift, sein Plazet entzogen: »Je mehr Geld ins Spiel kommt, desto korrupter werden die Leute. Alle diese Typen ficken dich zuletzt ins Knie!« Crumb bitter, auch auf uns, die er für ein geöltes Zwischenglied der Korruptionsmaschine ansieht. Immerhin kriegen wir noch eine hübsche Schlußeinstellung von Familie Crumb, total angetörnt auf einem gewaltigen Wasserbett schunkelnd. Nach der Verabschiedung, wir sitzen schon im Teamwagen, fehlt uns aber noch Kit, unsere Aufnahmeleiterin aus New York. Sexy, aber doch weit jenseits der midlife crisis. Und maximal ein Viertelportiönchen von Dana. Zuletzt stürzt sie schreckensbleich heraus zu unserem Auto: »Ugh! Berk! Schriek! Er hat mich angefaßt. Er hat meinen Po begrabscht. O Mann, diese ewig langen Gliedmaßen, wie Spinnenbeine, grotesk. Sonst hätte man ja, in Gottes Namen …«

Zwei Tage später dann im Office von Steve Krantz, Produzent des sittenwidrigen Zeichentrickfilms *Fritz der Kater*, der gerade von Regisseur Ralph Bakshi fertiggedreht wird. Draußen ein Mercedes und ein Porsche. Innen Hollywoodbarock, indirektes Licht, die Wände lindgrün zu unserer nervlichen Beruhigung. Krantz, wiewohl schon graumeliert, dennoch mit offener kalifornisch-sonnengebräunter Brust, darüber Goldketten. Hat sich in vorgetäuschter Jugendlichkeit ganz dem »pot-and-vibes«-Stil verschrieben, den Crumb und mit ihm Bakshi längst schon wieder karikieren. In den Film hat Krantz, wie er nicht müde wird zu wiederholen, schon »eine kühle Million« investiert. Und hofft sie auch wieder rauszuholen, obwohl bereits die erste Teilprojektion vor der Selbstkontrolle dem Streifen ein »x-rating« verschaffte, also Jugendverbot unter 18. »Das haben wir aus Disneys süßlicher Lutschbonbonkunst gemacht«, jubiliert er, nicht ganz überzeugend. Auf seinem viktorianischen Schreibtisch ein Porträt der blondierten Mrs. Krantz. Überschrieben mit den Worten ihres Gatten: »Ich verpflichte mich hiermit, nie eine andere Frau so zu lieben wie dich.« Auftritt Judith Krantz, die bekannte Autorin von Frauenromanen. Nicht ganz so lecker wie auf dem Foto, überreife Passionsfrucht. Die sich nach eigenen Worten gerade anschickt, ihr *Vom Winde verweht* zu schreiben, »halb so lang, aber doppelt so dreckig«. Dieser zukünftige Weltbestseller soll *Princess Daisy* heißen, und wie wir brühheiß erfahren, hat der Verlag bereits für ihr 29 Seiten langes Konzept 400 000 Dollar hingeblättert. Judith, auf die Frage, was ihren Erfolg ausmache, triumphierend: »Bei mir sind die Männer die Sexobjekte. Und meine Frauen erfüllen sich ihre Phantasmen.« Welche das denn zum Beispiel wären? Sie grinst: »Im richtigen Moment vom richtigen Mann vergewaltigt zu werden.« Nicht ganz so anders als bei Crumb.

Endlich erscheint der erwartete Regisseur des Trickfilms, Ralph Bakshi. Ein gutaussehender Jüngling von 31, smarte Street Cat aus Brooklyn. Sein Motor aufgezogen wie ein Hampelmann, und mit dem ungebrochenen Erfolgsdrang der Neueinwanderer. Wirkt ein bißchen naiv, aber in seinem Köpfchen – rabamm, rabamm – schwere Maschinerie! Führt uns in das benachbarte Trickstudio, wo derzeit einige seiner fünfzig Zeichensklaven Subversives ausbrüten. Er sieht sich als eine Art Anti-Disney: »Zehn Jahre lang habe ich Katzen Mäuse jagen lassen und umgekehrt. Schluß damit. Mein Film ist supergeil, lasziv, orgiastisch. Aber real.« Spielt uns diverse Passagen vor, wahre grafische Delirien. Darunter Crumbs Lieblingsszene von Fritz, wie er mit seinem Jive-talk drei Unschuldslämmchen auf einmal in die Badewanne kriegt und dort – Schluck! Grunz! Stöhn! – der Reihe nach vernascht. Von Crumb meint Bakshi, er sei liebenswert, aber »ein meschuggener Fisch«. Was sich vielleicht auch darauf bezieht, daß er die Rechte viel zu billig hergab.

Dann mit Bakshi auf die Straße, in eine Single-Bar, schließlich zu enragierter Party. Wo er, um akustischen Hintergrund bemüht, Originaldialoge versteckt aufnimmt oder auch provoziert. Erst dann wird er seine Bilder nach diesen Tönen synchron zeichnen, was noch nie da war. Bakshi versucht wirklich, seinem Idol Crumb gerecht zu werden. Der ihn nur leider als puren Anpasser und Geldmacher verachtet und desavouiert. Künstlerpech. Am schlimmsten aber: daß das Ganze wie ein Schuß in den Ofen wirkt. Der Film kommt um entscheidende zwei oder drei Jahre zu spät, die Epoche, die er mit so viel Verve karikiert, ist fast schon vorüber. Bezeichnend, daß Bakshi demnächst den *Herrn der Ringe* als Trickfilm zeichnen will, ein Thema, das ganz andere Menschheitsträume bedient ...

Zurück in Paris, erhalten wir kurz darauf – nun hat er sich doch aufgerafft – ein Geschenkpaket von Robert Crumb mit seinen neuen Comics. Schärfer, unfröhlicher, auch bestialischer als zuvor. Hier ist vielleicht das Acid zu spüren, mit dem der Autor umgeht. Verulkt sich selbst als Heros der divergierendsten Legenden: als Märtyrer, Misanthrop, Einsiedler, Narziß, Heiliger, Degenerierter usf. Fazit: »Wer ist dieser Mann wirklich? Das bleibt ein Geheimnis. Also bye-bye, ihr Bastarde.« Ist dies das *Yum Yum Book*, an dem er angeblich seit Jahren laboriert, und das

sein Vermächtnis bei Lebzeiten darstellen soll? Die Selbstver-
spottung als Selbstvernichtung?

Dann, Jahre später, inzwischen lebt Crumb schon längst auf
seinem südfranzösischen Dorf, fällt mir ganz zufällig (die Auf-
lage kann nicht viel größer sein als die seiner allerersten Comic
Books), Crumbs neuestes Heft in die Hände: *Weirdo*. Nun hat er
wohl endgültig mit Drogen Schluß gemacht. Aber leider auch
mit den irren Typen, die seine Phantasien bevölkerten und die er
bestimmt in seinem jetzigen Kaff nicht antrifft. Statt dessen Bilder von sich und Familie in häuslichen Szenen, ein bißchen an
Wilhelm Busch gemahnend, nicht überwältigend komisch.

Auffallend bloß, wie sehr die Ausmaße der zweiten Mrs.
Crumb denen ihrer Vorgängerin ähneln. (Was sie später ändern
wird.) Auch ein ausgeschnittener Cartoon liegt bei. Er zeigt eine
Art Bombenexplosion, aber nur Intimwäsche fliegt durch die
Luft. Darunter der Text: »Nix bleibt von der großen Feier, als ein
paar Höschen, die im Kosmos flattern. Keiner erweckt die alten
Träume vom Mai ...«

ROMAIN GARY UND JEAN SEBERG

Romain Gary zuerst.

Die Geschichte dieses Chamäleons, Roßtäuschers, Maskenspielers und schillernden Selbstdarstellers ist auch die Geschichte seiner zahlreichen Namen. Geboren ist er (wann, wahrscheinlich 1914) in Moskau (oder Wilna, oder Warschau). Als Sohn einer angeblich französischen, jedenfalls jüdischen Wanderschauspielerin, die sich Nina Borisowskaia nennt. Sie heiratet in zweiter Ehe einen Leib oder Lebja Kacew, von dem sie sich aber unmittelbar nach der Geburt ihres Sohnes getrennt haben will. War das sein wirklicher Name oder schon eine Slawisierung, etwa solch traditioneller jüdischer Familiennamen wie Katz oder Katzenellenbogen? Und war der hinfort auf alle Zeiten Entschwundene überhaupt Romains wirklicher Vater? Er selbst tippt mit Vorliebe auf den berühmten Stummfilmstar Iwan Mosjukin, aber auch Kosakenhauptleute und tartarische Hordenführer stehen auf seiner Wunschliste. Schon als Kind probiert er allerhand romantische Pseudonyme aus, möglichst mit französischem Anklang, in die er hineinzuwachsen hofft: Alexandre Natal, Roland de Chantecler, Vasco de la Fernaye, Alain Brisard, Romain Cortès, Roland Campeador, Hubert de Longpré, Armand de la Torre …

Als der Junge gerade dreizehn ist, emigriert die Mutter mit ihm nach Nizza an die französische Riviera. Schlägt sich dort als kleine Geschäftsfrau und Pensionswirtin durch. Der Sohn ist ihr ein und alles. Sie schickt ihn aufs Lyceum, wo er so gründlich Französisch paukt, daß es bald zu seiner Hauptsprache wird, während allerdings das Polnische lebenslang seine Lieblingssprache bleibt. Zur Verzweiflung der Mutter wandert er dann nach Aix-en-Provence ab, um Jus zu studieren. Und schickt seinen ersten Roman, *Der Wein der Toten*, nach Paris, und zwar gleich an den angesehensten aller französischen Verleger, Gallimard. Das Manuskript kommt prompt zurück. Aber nicht bloß mit der üblichen vorgedruckten Ablehnung (»paßt leider nicht in unser Programm«). Sondern immerhin mit einem zusätzlichen und dezidiert gallischen Ratschlag: »Nehmen Sie sich eine Mätresse und kommen sie in zehn Jahren wieder.« Romain Gary – dies nun sein (fast) endgültiger Name – läßt sich das nicht zweimal sagen. 1935 »steigt er hinauf nach Paris«, wie der gängige Ausdruck schon zu Balzacs Zeiten lautet. Wird Schriftsteller und Frauenheld, wenn auch nicht unbedingt in dieser Reihenfolge. Zu Beginn des Krieges läßt er sich zum Piloten ausbilden. Flieht, nach dem Fall Frankreichs, über Afrika nach London, wo er sich der freifranzösischen Flugwaffe anschließt. Fliegt zahlreiche Einsätze, darunter auch gegen V-1-Abschußrampen, jetzt unter seinem neuen aristokratischen Namen: Romain Gary de Kacev. Ein Kriegsmann in Lederjacke und mit martialischem britischen Schnauzbart, von de Gaulle mit der »Medaille Militaire« und als »Compagnon de la Libération« mit dessen höchsten Orden ausgezeichnet. Aber doch wiederum nur ein Mime, ein Rollendarsteller in Vermummung. Einer, der sich – ähnlich dem berühmten Fliegerkollegen Antoine de Saint-Exupéry – mit bewundernswerter Willensanstrengung und entgegen einer zutiefst einzelgängerischen und verträumten Natur zum Helden durchstilisiert, und so tatsächlich einer wird. Roberto Rossellini hat in einem seiner großartigen frühen Filme, *Il Generale della Rovere* (»ein kommerzieller Dreck«, laut eigener Fehleinschätzung), einen ähnlichen Fall konstruiert: den eines Schwindlers,

120

der irrtümlicherweise mit einem patriotischen General verwechselt wird, danach in die Rolle hineinwächst und heroisch in den Tod geht. Was den erstklassigen Autor, aber zerstreuten Flieger Saint-Exupéry betrifft, so wird er im Krieg über dem Mittelmeer abstürzen, wahrscheinlich dank eines falschen technischen Manövers. Gary seinerseits berichtet ohne Scham (Schamlosigkeit ist eine seiner vertracktesten Haupttugenden), daß sein einziger ernstzunehmender Einsatz gegen ein italienisches U-Boot vor Palästina danebenging, weil er vergessen hatte, die Sperre des Bombenschachts zu lösen.

Da Gary sich später, wenn auch recht erfolglos, als Filmregisseur versuchte, hier ein einschlägiger Vergleich. Nämlich mit der tiefsinnigen Farce *Zelig* von Woody Allen. Hat Woody etwas von Gary gewußt, der immerhin jahrelang in Hollywood ein- und ausging? Vielleicht nicht. Jedoch spielt akrobatische Fliegerei eine gewisse Rolle in dieser grotesken Darstellung eines Männchens ohne Eigenschaften, das nur von dem einen Wunsch beseelt ist, sich allen anderen anzupassen. Am Ende rettet Zelig sein Leben, zusammen mit dem von Mia Farrow, durch einen unmöglichen Transatlantikflug … und wird nach Ankunft wie ein Lindbergh gefeiert. Oder ist er gar zu Lindbergh geworden?

Muß ein guter Autor so sein? Gary schien es glauben. Besser gesagt, er lebte nach diesem Rezept. Die »Wahrheit« interessierte ihn nur mäßig. In einem Memoirenband schreibt er: »Und da ist Merzavka, der Gott der Absoluten Wahrheit und Totalen Rechtschaffenheit, der Herr aller wahren Gläubigen und Bigotten; Peitsche in der Hand, Kosakenmütze über ein Auge gezogen, steht er auf einem Leichenhaufen. Seit Anbeginn der Zeiten unser Mörder, Folterer und Unterdrücker, im Namen der Religiösen Wahrheit, der Politischen Wahrheit, der Moralischen Wahrheit …«

Nach Ende seiner Kriegerlaufbahn geht Gary »zum Quai«, »in die Karriere«, mit anderen Worten, er tritt in den diplomatischen Dienst. Eine weitere seiner halb-erfolgreichen Anverwandlungen, die ihn mir von je so sympathisch, ja brüderlich machten. Und ein Berufsbild, das immerhin unter französischen Dichtern Tradition hat: siehe Paul Claudel, Saint-John Perse oder zuletzt noch Dominique de Villepin. Er endet mit einem Traumposten, als Generalkonsul in Los Angeles, sprich Hollywood. Wo der »interessante Mann« sich von Marilyn Monroe und anderen Schönheiten nach dem örtlichen Codex hofieren läßt. »Fuck me, consul general, honey, fuck me« soll ihn eine besäuselte Produzentengattin angefleht haben, während der allgewaltige Mogul mit rotem Kopf dabeisaß. Und dann gibt es auch die Sage, der schicke Frenchy Konsul sei in der Rolle des Julius Cäsar für den Hollywoodschinken *Cleopatra* als Elizabeth Taylors Partner vorgesehen gewesen (Richard Burton spielte den Antonius), hätte dann aber Rex Harrison weichen müssen … Jedoch, wie Gary es beim Militär nie zum Stabsoffizier brachte, so auch als »Métèque« (Ausländer, Zugereister) und als unsicherer Kantonist nie zum französischen Botschafter, geschweige denn Minister. (Bloß ein noch genialerer Hochstapler, André Malraux, hat das je geschafft.) Will der echte Romain Gary sich bitte melden? Er meldete sich nie. Auch jedes seiner Bücher, die er mit konvulsivischer Explosivkraft herausstößt, befaßt sich mit einem besonderen Thema, experimentiert mit neuem Stil, scheint fast von einem anderen Autor.

Schon 1944, im Krieg, hat Gary dann zum ersten Mal geheiratet. Und zwar, wie um sich Wurzeln zu schaffen, die sieben Jahre ältere Lesley Blanch, eine alteingesessene feine Engländerin. Und Autorin einer vielbewunderten Biographie von vier britischen Abenteuerinnen aus dem 19. Jahrhundert. Ein Bestseller.

Lesley wird so prominent, daß der genervte Autor schließlich auf die Frage, wie es denn wäre, mit einer Berühmtheit verheiratet zu sein, ungalant zurückgibt: »Da müssen Sie schon meine Frau fragen.« In Kürze wird er sie ausgestochen haben. Sein erster großer Roman, von den afrikanischen Landschaften inspiriert, die er im Krieg kennengelernt hat, *Die Wurzeln des Himmels*, wird zum Triumph: Es ist die Geschichte eines französischen Einzelkämpfers, eines Kolonialbeamten namens Morel, der verzweifelt gegen die Internationale der Großwildjäger antritt, die ihm seine Elefanten umbringen wollen: »Man muß den Menschen etwas Schönheit bewahren. Nur solang es noch Elefanten gibt, gibt es Freiheit!« Geschrieben 1956, als die Hemingways dieser Welt noch so tun durften, als liefen mehr Löwen, Bären und Elefanten auf freier Wildbahn herum als ihre Abbilder aus Plüsch (und als wäre es eine Heldentat, sie abzuknallen). Gary also in seiner neugefundenen Persona als früher Ökologe und Naturschützer, die er dann kaum je mehr aufgriff. Immerhin tritt er hier auch schon mit seiner Hauptthematik an: der Sinnlichkeit der von uns zu erfahrenden Welt, der ewigen Wollust unserer Existenz. Und unserer Pflicht, gegen ihre Einschränker und Zerstörer aufzubegehren. Zu allen Zwängen Nein zu sagen, gegenüber den Stärkeren und Rechthabenwollenden. Wie es Garys einziges Leitbild, General de Gaulle, dieser große alte Elefant (und noch dazu einer seiner Leser), ihm über Jahre der politischen Durststrecken hinweg vorgeführt hatte.

Eigentümlich quixotische Figur, dieser Morel. Fast ein vorweggenommenes Porträt des amerikanischen Tierfotografen Peter Beard, der aber selbst erst Jahre später aktiv wurde, als wir mit ihm – er lebte bei Nairobi auf der Ranch der verstorbenen Autorin Karen Blixen – einen Dokumentarfilm drehten. Peter, schicker Jungstar der amerikanischen Society, wurde ja damals von dem Wahn ergriffen, jeden einzelnen Elefanten zu fotografieren, der auf der stetig sich verengenden Tsavo-Reservation von Kenia an Hunger krepierte. Hunderte, Tausende von Elefanten, die nicht mehr die eine Tonne Grünzeug fanden, die sie zum täglichen Überleben brauchten. Anfangs macht Peter seine Schnappschüsse in Augenhöhe, später, als man ihm das untersagt (Warum? Aus Tourismusgründen natürlich), von Privatmaschinen aus der Luft. Dabei unvergeßlich das Bild einer verendeten Elefantenkuh mit totem Baby, noch in der Fruchtblase.

Garys Afrikaroman gewinnt den begehrten Goncourtpreis. Der Autor, auf einer seiner lebenslangen Weltreisen in Bolivien gelandet, verkündet feierlich, seine Freude am Erfolg sei beeinträchtigt von seiner Angst um die Menschenrechte, die er bis zum letzten Atemzug verteidigen werde. Schöne Worte, die man vielleicht dem Porträt gegenüberstellen muß, das seine Frau Lesley in einem nur leicht getarnten biographischen Roman von ihrem so »russischen« Gatten entwirft: »Guten Morgen, der Vorhang geht auf«, so angeblich ihr alltäglicher Weckruf. »Und wie nennt sich heute morgen unsere Tragödie?« (Berichtet von Biographin Dominique Bona.)

Um diese Zeit muß ich Gary zum ersten Mal getroffen und gefilmt haben. Und zwar wo sonst als in dem Lokal »La Factorérie« nahe der Madeleine, heute längst dem Artenschutz zum Opfer gefallen. Damals renommiert für die Raubtiere, die – nur durch Glasbarrieren von ihnen getrennt – die schmausenden Gäste des Restaurants umschlichen. Zwar keine Elefanten unter ihnen, aber immerhin Wildkatzen und Geparden. Auftritt Gary, dieser virile Dandy und Macho, in einer Art Tropenanzug, das dunkle Haar hochfrisiert, mit mächtiger Zigarre. Will nichts essen, verlangt doppelten Whisky, dazu ein seltenes Mineralwasser. Hat sofort alle Blicke auf sich gezogen. Und wonach der unerfahrene Reporter den berühmten Autor damals befragt haben mag? Gewiß nach seiner »Tierliebe«, als ginge es um Pudel und Siamesen. Aber doch auch, beeindruckt von dieser Baßstimme und dem dramatischen, ja tragischen – nur etwas kinnschwachen – Gesichtsschnitt, glaube ich, ihm den berühmten Proust'schen Fragebogen vorgelesen zu haben, mit dem man sich ja glücklicherweise nicht blamieren konnte. Also etwa: »Ihre Lieblingsheldinnen?«

Antwort: »Alle Frauen.«

»Ihre Lieblingsbeschäftigung?«

»Darf ich nicht sagen.«

»Wo möchten Sie leben?«

»In einer Million Leben.«

»Wer hätten Sie sein wollen?«

»Leonardo, wäre er kein Päderast.«

»Wer möchten Sie sein?«

»Romain Gary, leider unmöglich.«

Ich glaube allerdings nicht, daß ich – oder der Sender – damals viel mit solchen Antworten anzufangen wußte, die man wohl als überkandidelten »französischen Esprit« einstufte.

Etwa gleichzeitig muß Gary, wie wir alle, zum ersten Mal von der blutjungen amerikanischen Schauspielerin Jean Seberg gehört haben. Ausgewählt von Regisseur Otto Preminger unter 18 000 Kandidatinnen eines amerikaweiten Wettbewerbs, unter denen er publicityträchtig die Heldin seines neuen Films über die Heilige Johanna zu finden hoffte. Jean, pures schwedisch-blondes Produkt des Mittelwestens, Engelsgesicht, ihre Nachtseiten noch komplett verborgen, gab Tyrann Preminger genau, was er sich wünschte: ein hübsches, naives, von ihm zu modellierendes Püppchen. Als solche stellt er sie dann zur Premierenzeit im Pariser Hotel Raphael der Presse in Einzelaudienzen vor, jeder von uns hat genau fünfzehn Minuten. Leider finde ich den dicken, glatzköpfigen Regisseur (er hatte immerhin den Mut, gegen McCarthys schwarze Hollywoodliste anzutreten) ebenso unsympathisch wie diese Landpomeranze unglamourös. Von Star keine Spur. Mir fällt tatsächlich nur die banalste aller Fragen ein, wie sie denn ihre Rolle aufgefaßt habe. Die doch von Autor Bernard Shaw nicht so sehr als Gottesgläubige, sondern als rotzfreches Bauerngör angelegt sei. Jean, mit erschrecktem Aufblick zu Preminger: Sie habe immer nur dem Regisseur gehorcht. Was dieser auch auszunutzen gewußt hatte, und zwar mit geradezu Hitchcockischer Schadenfreude, so daß er die Szene am Scheiterhaufen auch dann nicht abbrach, als Jean bereits lichterloh in Flammen stand – die Bauchnarben trug sie bis an ihr Lebensende. Manche Szenen wurden zehn- bis zwanzigmal wiederholt, bis man ihr alles Natürliche gründlich ausgetrieben hatte. Der Mißerfolg war dementsprechend, die Weltpremiere in der Pariser Oper eine eklatante Blamage. In diesem Moment trifft die verunsicherte Jean – ihr Hauptanliegen wie stets, die elterliche Familie daheim in Iowa zu beeindrucken – den Medienanwalt Moreuil und heiratet ihn auf der Stelle. Ihr nächster Film, *Bonjour tristesse*, von Preminger nach dem Roman von Françoise Sagan gedreht, wird ein halber Flop, wenn auch von einigen Kritikern hochgelobt: »Den ganzen Film über hat man nur Blicke für sie«, laut Truffaut. Aber schon ist Jean dem Ideologen der »Neuen Welle« des französischen Kinos ins Auge gefallen: Jean-Luc Godard, damals noch auf allgemein-menschliche Gefühle ansprechbar. In *Außer Atem* läßt er sie als amerikanische Studentin und Zeitungsausträgerin der *Herald Tribune* mit dem Halbstarken Belmondo Schabernack treiben, ihren Text ohne fixes Drehbuch und ohne O-Ton improvisieren. Sie darf sich vor der Kamera ausleben und gibt das Beste, was sie je zeigen wird.

Zurück in Hollywood, sieht sich der neue Star etwas von oben herab behandelt. Vielleicht, weil sie sich mit allzu geringen europäischen Gagen zufrieden gegeben hat. Zum ersten Mal kommt ihre spätere Anfälligkeit für Depressionen zum Ausbruch. In dieser Stimmung lernt sie bei einer Party Romain Gary kennen. Diesen romantischen Slawen, bei dem – laut Seberg-Biograph David Richards – »jede Frau insgeheim denkt, sie sei die einzige, die solche melancholischen Schatten aus seinem Gesicht vertreiben könnte.« Er wiederum sieht in ihr – ja was? Vielleicht die bedrohte Unschuld vom Lande. Und, wer weiß: auch die eigene, längst verlorene Unschuld. Oder, denn so arbeitet Autorenphantasie: das ideale Geschöpf aus einem noch zu schreibenden Roman. Jedenfalls eine Kindfrau, der man von der eigenen Erfahrung allerhand abgeben kann und die es lernbegierig aufnehmen wird. Sie ist gerade 20, er 45. Er könnte ihr Vater sein und ist tatsächlich nur vier oder fünf Jahre jünger als dieser. Aber hat Liebe je Gründe nötig? Jean möchte sich nun augenblicks von ihrem Gatten trennen (der allerdings gehofft hatte, auf sie eine Hollywood-Karriere aufzubauen). Und Lesley? Sie hat die Seitensprünge ihres Partners nie ganz ernst genommen, sie eher interessiert als aufgeregt beobachtet. Jeans Anziehungskraft muß ihr unverständlich bleiben. Dieser bubihafte Haarschnitt, diese Garçonne-Figur! (Dazu der zynische Filmregisseur Claude Chabrol: »Wenn man sie anschaut, hat man das Gefühl, schwul zu sein.«) Daß Jean auch, aus irgendeinem Grund, für die Frauenbefreiung steht, kann die längst befreite Lesley nicht beeindrucken. So wenig wie der modische Trend zum Unisex und dem Abschlaffen der Spannweite zwischen Mann und Frau. Es wird Jahre dauern – tatsächlich bis zur Geburt von Garys Sohn –, bis Lesley ihren Mann freigibt. Später wird er ihr als Abschiedsgeschenk einen seiner schönsten – und übrigens auf

Englisch verfaßten – Romane widmen, *Lady L.* Bei der Verfilmung durch Peter Ustinov, mit Sophia Loren, David Niven und Paul Newman in den Hauptrollen, fungiert Lesley als Produktionsassistentin. Gary verleugnet aber den langatmigen Film, der dann als »Meisterwerk von Darryl Zanuck« in die Kinos kommt. Inzwischen genießen Gary und Jean ihr geheimgehaltenes Liebesverhältnis, dem aber bald der Sohn Diego entspringt. Der, mehr von einem spanischen Kindermädchen, Eugenia, als von den Eltern großgezogen, heute in Barcelona als Kneipenwirt und Kunstgalerist amtiert.

Gary ist jetzt auf dem Höhepunkt seiner dichterischen Kraft und seines Ansehens. Seine neuen Bücher befassen sich mit der Lächerlichkeit der Rassenvorurteile. In *Der Tanz des Dschingis Cohn* nimmt er sich selbst auf die Schippe, mit seinem angeblich tartarisch-jüdischen Misch(pochen)blut. »Mein Name ist Cohn – Dschingis Cohn. Ich bin ein jüdischer Komiker und war einst berühmt in jiddischen Kabaretts: zuerst in der Schwarzen Schickse in Berlin, dann im Motke Ganeff in Warschau, zuletzt in Auschwitz.« Darauf folgend der makabre Bericht *White Dog*, auch wieder auf Englisch geschrieben, später von Samuel Fuller verfilmt, über einen ihm angeblich zugelaufenen Hund, der alle Schwarzen anfällt, beginnend mit dem Briefträger. Er steckt das Tier zur Umerziehung in einen Zwinger, der von einem Schwarzen geleitet wird. Als der Hund Batka wiederkommt, ist er von seinem Rassenhaß gegen die Schwarzen geheilt. Nur daß er jetzt alle Weißen attackiert. Eine schöne Parabel, aber eben doch nur Papier.

Jean ihrerseits hat sich viel militanter in das Gefecht gegen den Rassismus hineingestürzt. Das gemeinsame Wohnhaus in Los Angeles quillt über von Black-Power-Typen, Schwarzen Muslims und Schwarzen Panthern, denen Jean ihre ganze Energie (und den Großteil ihres Einkommens) zur Verfügung stellt. Aber schon wächst in ihr der Drang, alles herzuschenken, was sie besitzt, wenn es sein muß auch sich selber. Gary hat das mulmige Gefühl, daß nicht viel Raum für ihn übrigbleibt: »Siebzehn Millionen Schwarze in Amerika, und alle in meinem Haus!« Das Paar – sie sind noch gar nicht so lang verheiratet – beginnt fast unmerklich, sich zu entfremden. Gary: »Es ist schwer, eine Frau zu lieben, die man nicht retten, nicht beschützen und nicht verlassen kann.« Er hat – beste Adresse am literarischen Linken Ufer – für sie beide eine Acht-Zimmer-Wohnung in der Rue du Bac gekauft, nicht weit von dem Haus, in dem Madame de Staël einst glückliche Tage verbrachte. Jetzt wird ein zusätzlicher Wohnteil angeschafft, wo Jean und Diego getrennt logieren. Samt den zahlreichen Afrikanern, denen sie ihre Hilfe zukommen läßt.

Um diese Zeit habe ich die beiden gemeinsam gefilmt. Romain läßt von seiner Sekretärin öffnen, Mademoiselle Carré. Empfängt uns freundlich-distanziert in dem langgestreckten Arbeitszimmer, das auf den Hinterhof geht. Trägt jetzt auf Wildwuchs getrimmten Bart, der sein Gesicht noch exotischer erscheinen läßt, aber auch das etwas flüchtige Kinn verbergen soll. Cowboystiefel, die ihm zusätzliche Körpergröße verleihen. (Ein breitrandiger Stetsonhut, ihm angeblich von Regisseur John Ford geschenkt, hängt ostentativ neben der Tür.) Übergeworfen eine Art südamerikanischen Poncho, wenn es nicht eine vielfarbige Holzfällerjacke aus Kanada ist. In der Hand die gigantische Hollywood-Zigarre einer kubanischen Marke, die ihm – wer sonst – Regisseur John Huston empfohlen hat. Jeder Zoll an Gary proklamiert, daß hier nicht etwa ein dekadenter Pariser Literat zu befragen ist, sondern ein Abenteurer. Sonore Stimme mit sinnlichem Timbre, die er noch künstlich um eine halbe

Oktave herunterzuschrauben scheint. Gesamteindruck eines hinreißenden Poseurs, der seine Maskeraden zwar längst durchschaut, aber doch mit Genuß auslebt. Und prickelndes Gefühl, daß dieser Mann auch über mich Bescheid weiß. Nun ja, solche Stiefel habe auch ich im Schrank stehen, von Krawatten halte ich ebenfalls nichts. Und daß man hoffnungsvoll zu dem wird, der man sich vorstellt zu sein, das ist auch schon aus einigen meiner Filme herauszulesen, von zukünftigen nicht zu reden.

Prominent an der Wand ein Bildnis der Mutter, über die Gary ja eines seiner ergreifendsten Bücher geschrieben hat (mit Melina Mercouri verfilmt): *Erste Liebe – letzte Liebe.* Mein Sohn der Flieger, mein Sohn der Kriegsheld, mein Sohn der Diplomat, mein Sohn der berühmte Autor … er ist alles das geworden und mehr. Und was hat ihn letztlich aufrecht erhalten im ganzen langen Krieg? Was sonst als die Briefe, die sie ihm regelmäßig von Nizza aus schrieb, nach Afrika, nach England und Gott weiß wohin. Nur, als er jetzt ins befreite Frankreich zurückkehrt und zur Mutter eilt, was muß er entdecken? Nina ist schon vor Jahren einem Krebsleiden erlegen. Sie hat anscheinend die ganzen Botschaften auf Vorrat geschrieben und eine Nachbarin gebeten, sie fallweise abzuschicken! Kann sein, daß es sogar stimmt, wer will eine so schöne Geschichte bezweifeln? Und da hängt auch neben ihr ein Foto des vorgeblichen, des Wunschvaters Iwan Mosjukin, tatsächlich mit Garys penetrierendem Blick unter gerunzelten Augenbrauen. Und gute Bilder von Garys Lieblingsmaler Lebenstein. Und etwas das uns weniger gefällt. Nämlich der vergrößerte Ausschnitt einer dieser astrologischen Schwatzkolumnen. Aus der klipp und klar hervorgeht, daß die Sternzeichen von Romain Gary und Jean Seberg eben nicht, aber auch nicht im entferntesten zusammengehen. Glaubt der gescheite Kerl wirklich an sowas? Gary (ungefragt): »Wir leben jetzt getrennt, aber als Freunde. Jean ist das halbe Jahr auswärts, um zu filmen. Und wie soll man Bücher schreiben, wenn man in vier Monaten zwölfmal den Atlantik überqueren muß, damit einem die eigene Frau treu bleibt. Mit anderen Worten, es ist meine verfluchte Eifersucht.«

Auftritt Jean Seberg, unnachahmliche Mischung aus mittelwestlicher Naiven und Pariser Femme fatale. Vorgegaukeltes Gespräch für die Kamera zwischen diesen zwei Routiniers: der professionellen Schauspielerin (sie hat es nie auf Dauer geschafft, leider, ihre Filme werden immer bedeutungsloser) und dem Komödianten seines Lebens (er hat es nur allzu gut geschafft). »Wie lang bleibst du diesmal?« »Zwei Tage.« »Und dann?« »Sechs Wochen Durango, in Mexiko.« »Wir müssen versuchen, uns Weihnachten zu treffen. Natürlich will ich nicht stören, wenn du anderweitig vergeben bist.« »Aber ich bitte dich, Romain, es wäre wunderbar.« Spiele am Abgrund. Zwei immer noch Liebende, die sich bloße Freundschaft vormachen, gibt es Herzzerbrechenderes auf der Welt? Dann holt sie aus ihrer Wohnung den Sohn Diego. Hübscher dunkelhaariger Junge. Er spricht mit der lebenslangen Gouvernante Spanisch, mit den Eltern Französisch, berichtet er uns. Meistens spricht er Spanisch.

Vater zum Sohn: »Was machst du im Moment? Judo?«

»Judo kann man das nicht gerade nennen. Eher Keilerei.«

»Jetzt werde ich dir was sagen, Diego. Ich will nicht, daß du raufst. Aber wenn, dann mußt du unbedingt der Stärkere sein.«

Sohn ab mit der Mutter. Gary wirft Blicke in den Hof, aus dem die distinkten Kehllaute des witzigen schwarzamerikanischen Jargons dringen. Dann an die Arbeit. Offenbar Dinge, die der Medienkenner sich für unsere Kamera aufgespart hat. Flüchtige Durchsicht der letzten Kritiken: »Das hat Zeit«, von wegen, er kennt sie bestimmt alle auswendig. »Die Privatpost später.«

Diktiert an seinen zwei nächsten Büchern gleichzeitig, einem auf Französisch, einem auf Englisch. »Ich bin immer um einen Roman zurück. Ich meine, gegenüber meinem Lebensplan. Die Verleger, die kommen schon längst nicht mehr nach.« Der riesige Arbeitstisch übersät mit einem Wust von Büchern, Papieren, Bildern. Auch eines von Tierfotograf Peter Beard, mit dem zusammen er kürzlich für LIFE eine Reportage in Afrika gemacht hat: »Dear Elephant, Sir.« Mit dem niederschmetternden Schluß: »Sie, dear Sir, sind das letzte Stück Unschuld, das wir haben. Und Sie werden enden wie die Juden in Auschwitz.« Danach Interview. Zuerst mein damals üblicher Vorspruch: »Unsere Spielregel lautet: Die Wahrheit! Oder Sie sagen: Kein Kommentar. Einverstanden?« Gary sofort begeistert. Ich spüre, daß er nie »kein Kommentar« sagen wird ... aber was ist ihm Wahrheit?

Frage: »Warum lieben Sie die Wildnis?«

Antwort: »Wenn man, aus unserer Technologie kommend, in die Augen dieser Tiere schaut, da sieht man ein solches Nichtverstehen, ein Nichtbegreifenkönnen ... das unserem eigenen in dieser Gesellschaft sehr sehr ähnlich ist, nicht wahr.«

»Sie sind hundertprozentiger Naturschützer, wie Sie alles hundertprozentig sind. Aber es sind nicht immer dieselben hundert Prozent, oder?«

»Vielleicht doch. Was immer das Thema, es geht ja um den Käfig, in den man sich nicht sperren lassen will. Wahrscheinlich meine tartarischen Vorfahren aus der Steppe.«

»Oder Ihre jüdischen im KZ?«

»Mein Sohn Diego empfindet sich als Jude, ich weniger. Was will der Jude? Die Wahrheit. Was will Gary? Seine Wahrheit. Und das ist nicht dasselbe. Sehen Sie, das schlimmste bleibt doch immer, zum Gefangenen seiner einzigen Identität zu werden.«

»Und das beste?«

»Passeur zu sein. Grenzschmuggler zwischen den Identitäten.«

»Gibt es Romain Gary überhaupt?«

»Manchmal glaube ich ihm zu begegnen. Aber er ist mir nicht sehr sympathisch.«

»Wie müßte er beschaffen sein, um Ihnen zu gefallen?«

»Wenn Sie meine Bücher lesen, finden Sie die verschiedenen Leute, die ich sein möchte. Beim Schreiben stellt man sich einen Augenblick vor, das zu sein, was man nie werden kann. Dann kehrt man wieder zu sich zurück. Aber doch anders. Irgendwie hat man sich diese Menschen einverleibt. Man ist um sie gewachsen.«

»Autoren sind Menschenfresser?«

»Ja, wie Filmemacher, aber letztlich fressen sie sich alle bloß selber auf.«

Und nun beginnt, unmerklich, aber unaufhaltsam, der Abstieg dieses tragischen Paares. Es ist die Zeit von Vietnam, auch die Epoche der großen Rassenkämpfe. Für Jean tut sich eine neue Welt auf. Sie filmt nur noch, um die Gelder zu verdienen, die sie ihren militanten Freunden zukommen läßt. Manchmal schläft sie mit ihnen, die sie im Stil der Zeit als »weiße Hure« verachten. Es gibt auch ein kurzes Verhältnis mit Clint Eastwood, bis Gary nach Kalifornien fliegt und ihn – wozu ist man de Gaulles »Compagnon de la Libération«? – zum Duell fordert!

Gary, vielleicht jetzt auf das fatale Liebespaar Marilyn Monroe und Arthur Miller abgefahren, schreibt – wie dieser seinen Film *Nicht gesellschaftsfähig* – seinerseits auch zwei Filme für Jean: *Kill!* und *Vögel sterben in Peru*. Er selbst führt die Regie. Der erste handelt von einem unappetitlichen Drogenmilieu und ist ein totaler Mißerfolg. Der zweite wird immerhin zeitweise von der französischen Zensur verboten, was seit Ewigkeiten nicht mehr der Fall war. Jean spielt darin eine frigide Nymphomanin, die, auf der Flucht vor dem sadomasochistischen Gatten, sich am Meer mit diversen Fischern, einem Bordellbesitzer usw. paart. Schließlich stirbt sie ebenda unter schrillen Vogelschreien. Bei der ersten amerikanischen Vorführung stürzt Jean geschockt aus dem Saal, taumelt zu ihrem Auto. So hat sie sich den Film nicht vorgestellt, der ja eine Meditation über die Unmöglichkeit zu lieben sein sollte. Warum hat Gary ihr das angetan? Der Streifen wird nachher in Amerika die Ehre haben, als erster unter dem neugeschaffenen Prädikat »X« zu laufen, und bleibt ansonsten – mit Ausnahme von Deutschland – ein eklatanter Fehlschlag.

Die zunehmend verzweifelte Jean beginnt jetzt ein Verhältnis mit einem jungen amerikanischen Schwarzen, Allen Donaldson. Der sich, was sonst, Hakim Abdullah Jamal nennt und als Vetter des ermordeten Bürgerrechtlers Malcolm X ausgibt. Jean veranstaltet für ihn eine Pressekonferenz in der Pariser Studentenwohnstadt, zu der ich eingeladen bin. Es ist wie ein Alptraum. Jean, das hübsche, saubere Gesichtchen unverändert, nickt beifällig, während Jamal (»Schönheit« auf Arabisch) seinen Vorschlag einbringt, alle Weißen zu massakrieren. Blickt ihn verliebt an und stört sich auch offenbar nicht daran, daß Jamal daheim eine Frau und immerhin sechs Kinder hat.

Zum ersten Mal wird das amerikanische FBI auf Jean aufmerksam. Hoover legt eine seiner berüchtigten Akten über sie an (wie über Einstein, Brecht, Thomas Mann usw.). Jean gerät in Verfolgungswahn, gewiß nicht zu Unrecht. Sieht überall anonyme schwarze Autos ohne Nummernschilder auf ihren Fersen. Steigert sich zuletzt in den Verdacht, nein, die Gewißheit, man habe ihr einen Minitransistor ins Ohr gepflanzt! Nun entdeckt sie auch, nach ihrer Filmarbeit im mexikanischen Durango, daß sie erneut schwanger ist. Von einem der dortigen Widerstandskämpfer? Oder von Jamal? Gary, in seiner Rolle als Gentleman, gibt bekannt, daß er trotz Trennung – oder ist es schon die Scheidung? – weiterhin mit Jean verkehrt hat und das Kind nur von ihm sein kann. Jetzt verständigt der Pariser Korrespondent von *Newsweek*, Edward Behr, seine Redaktion vertraulich, daß Jeans Kind von einem der Schwarzen Panther stammen soll. Ein Gerücht, das, wie sich später herausstellt, vom FBI lanciert wurde. Durch einen Zufall gelangt die Nachricht ungeprüft zum Druck. Jean erleidet einen Nervenschock, es kommt zu einer Frühgeburt, nach fünf Tagen stirbt die (weiße) Tochter Nina. Gary verklagt das Nachrichtenblatt, das tatsächlich verurteilt wird, wenn auch nur zu einem Zehntel der geforderten Buße.

Etwa um diese Zeit taucht am Pariser literarischen Himmel ein neuer Stern auf. Er heiß Émile Ajar, ein bis dahin nie gehörter Name. Seine Manuskripte und Briefe werden dem Verlag aus fremden Ländern zugeschickt, aus Dänemark, aus Brasilien, er aber weigert sich konstant, über sein Leben Auskunft zu geben. Wer ist dieser exotische Autor, der bereits anfängt, Furore zu machen?

Es ist natürlich kein anderer als Gary in seiner letzten Maskierung. Vergleichbar einem Casanova, der sich als Unbekannter ausgibt, um herauszufinden, ob er um seiner selbst willen geliebt wird … eine Sache, die bekanntlich schlecht ausging. Hieß »Gary« auf Russisch »er brennt«, so soll »Ajar« Reisig bedeuten. Augenfälliger läßt sich schon nicht darlegen, daß man ein »écorché vif« sei, ein Brennender, ein lebend Geschundener, ein Mann ohne Haut. Aber auch etwas von Garys ewigem Drang nach Erneuerung liegt hier zutage, sich neu zu erfinden und zu verjüngen. Und natürlich auch der Wunsch, wieder mitzuzählen, literarisch wieder in vorderster Linie zu stehen. Gary gilt ja bei manchen Kritikern schon als ausgeschrieben, ein Has-been, ein Dinosaurier. Jetzt wird er es ihnen zeigen!

Bei einer Umfrage nach dem pseudonymen Autor, der sich offenbar beim Alten einiges abgeguckt hatte, verweist Gary unschuldig auf einen vagen Cousin oder Neffen, Paul Pavlowitch. Dieser, ein genialer Lügner und Faxenmacher, spielt das Spiel begeistert mit, ja, dreht die Schraube eigenhändig weiter. Er bekennt sich als Autor, läßt aber Andeutungen fallen, die sich nur auf seinen »Vetter« beziehen können: Jugend in Wilna, Nizza, die Mutter ... Die Partie wird gefährlich, was Gary zu immer neuen Klimmzügen zwingt. Er verschafft dem Jüngeren Papiere unter dem Namen Ajar, eine Kennkarte, einen Führerschein. Pavlowitch, von soviel neuer Identität überwältigt, beginnt fast daran zu glauben, daß er tatsächlich dieser exzellente Schreiber ist, den man mit Romain Gary vergleicht. Fordert zuletzt sogar finanzielle Beteiligung! Gary steckt in einer selbstgeschaffenen Falle. Würde jetzt ein Geständnis nicht als Blamage aufgefaßt werden? Ja, als böswillige Irreführung von Verlag, Presse und sogar den Behörden? Denn wie steht es eigentlich mit der Versteuerung der Honorare, wenn ein Ajar nicht wirklich existiert?

Da platzt wie eine Bombe die Nachricht, daß Émile Ajar mit seinem Roman *Du hast das Leben noch vor dir* den Goncourtpreis gewonnen hat. Ein Bilderbogen aus dem buntscheckigen Pariser Einwandererviertel Belleville: eine Nachbarschaft, ein Kiez, in dem Madame Rosa, Ex-Prostituierte, Auschwitz-Überleberin, eine dicke jüdische Mamme, sich um die Kinder von Arabern, Juden, Schwarzen, Huren und Transvestiten kümmert. Madame Rosa, dem kleinen Moslem Momo ein Schlupfloch zeigend: »Hier verstecke ich mich, wenn ich Angst habe.« »Angst wovor, Madame Rosa?« »Man braucht keinen Grund, um Angst zu haben, Momo.« Und noch ein weiteres Zitat aus dem Roman: »Der Schlaf der Gerechten, von wegen! Es sind die Ungerechten, die am besten schlafen, weil ihnen alle andern Wurst sind!« Der anrührende Roman des Émile Ajar verkauft sich in einer Million Exemplaren, wird in 23 Sprachen übersetzt und mit Simone Signoret verfilmt. Ein Welterfolg! Für den längst überforderten Gary eröffnet sich aber damit ein neues Problem: Laut Statuten darf der Goncourt nicht zweimal demselben Autor verliehen werden. Fast muß es scheinen, als hätte Gary nur aus Preisgier ein Inkognito gewählt. Desto unmöglicher jetzt, es zu lüften. Die Kritik schwärmt vom »besten Liebesroman der Saison«, einem »erschütternden barocken Meisterwerk«. Gary fordert von Pavlowitch, den Preis abzulehnen. Die Jury entgegnet, daß sich eine solche Ehre so wenig verweigern läßt »wie Leben oder Tod«. Von nun an lebt Gary mit einem Rivalen, der als brillanter hingestellt wird als sein längst überholter Vetter oder Onkel. Ja, Gipfel der Ironie, der Alte wird zum Nachahmer des Jungen gestempelt, zu seiner läppischen Karikatur!

Während Gary in diesem Maskenball mehr herumgewirbelt wird als selbst daran zu drehen, irrt Jean durch ihre eigenen Labyrinthe. Zunehmend verliert sie den Kontakt zur Realität. Unförmig dick geworden, sehen wir sie, auf offener Straße antifaschistische Slogans schreiend, ins Montana, ins Chez Georges, ins Café de la Poste wanken (dieses einst, als Café Tournon, Heimstätte von Joseph Roth, jetzt die der exilierten schwarzen Widerständler). Jean läßt sich dort vollaufen, um zuletzt irgendeinen jungen Schmarotzer anzumachen, den sie zu sich nach Hause abschleppen kann. Zu allem Überdruß taucht nun der mexikanische Aktivist, dem sie in Durango 10 000 Dollar schenkte, in Paris auf und verkündet, Jeans verlorenes Baby Nina sei sein eigenes gewesen. Etwa um diese Zeit wird Jeans ehemaliger Liebhaber Jamal von vier Vietnamveteranen erstochen, mit denen er in Streit geraten war. Jetzt trifft sie einen um sechs Jahre jüngeren und natürlich bargeldlosen amerikanischen Schauspieler und Scriptwriter, einen struppigen Hippietyp namens Dennis Berry. Heiratet ihn in Las Vegas, wirft ihn aber etliche Jahre später wieder hinaus. Dazwischen dauernd neue Entziehungskuren, Klinikaufenthalte wie bei der Piaf. Sie ist immerhin fähig, sich auf ihr früheres Körpermaß zurückzuhungern, rechnet aber furchtbar mit ihrem Leben ab: »Besser ich wäre damals tatsächlich auf dem Scheiterhaufen verbrannt.« Gary überweist ihr monatliche 6000 Francs Alimente, die sie in wenigen Tagen verbraucht. Schließlich ein letzter bezahlter Film, *Die Wildente*. Und ein unbezahlter Stummfilm von zwanzig Minuten, in dem eine Frau sich vor der Kamera mit Tabletten umbringt. Jetzt wird Jean, ihr linkes Bein nachschleppend, nach Saint-Anne eingeliefert. Eine Schlangengrube, ein Asyl für Geisteskranke. Wieder entlassen, beginnt sie eine Affäre mit dem Algerier Hamadi, dann mit dessen jungem Neffen Hasni. Auf sein Anraten verscherbelt sie die Wohnung in der Rue du Bac (»zu viele Erinnerungen«) zum halben Wert. Mit Hasni geht sie ein letztes Mal ins Kino. (Ich folge hier den Recherchen von Biograph David Richards.) Der Film heißt *Clair de femme*, von Costa-Gavras nach Garys letztem großen Roman gedreht. In der Hauptrolle – einer Rolle, die Jean hätte einmal spielen können – Romy Schneider. Früh am Morgen des folgenden Tages muß Jean dann insgeheim aufgestanden sein. Nur in eine Decke gehüllt, ein Fläschchen mit einem Vorrat von zwei Monaten Schlafmitteln in der Hand, geht sie hinaus zu ihrem Wagen. Fährt ihn um die Ecke. Schluckt die Tabletten. Verhüllt den Kopf mit der Decke. Legt sich auf den Boden zwischen die Sitzreihen. Und wird trotz polizeilichen Recherchen zehn Tage lang nicht aufgefunden … Gary, fahl und mit zitternden Händen, bei einer im Verlag zusammengerufenen Pressekonferenz: »Verantwortlich für den Tod meiner Frau ist das FBI.« Allerdings lag ja der Verlust der kleinen Nina, wenn es denn wirklich sein Kind war, schon Jahre zurück.

Irgendwann um diese Zeit müssen wir Gary zum Lunch in die Brasserie Lipp geladen haben, in Saint-Germain-des-Prés. Damals ein exklusiver Ort für Literaten und Politiker, auch Mitterrand war hier Stammgast. Auftritt Gary, über die Schultern ein dramatisches Cape, dazu schwarzen Schlapphut, wie die Bösen im Western. Gleiche sonore Stimme, gleicher Charme, aber verbitterter Mund. Er hat unserer telefonischen Einladung sofort zugestimmt. Entweder deprimiert, oder es gibt gerade kein Buch zu schreiben. Wie sich herausstellt, ist es beides. Spricht schwärmerisch von de Gaulle, der allerdings in dieses »linke« Lokal nicht recht passen will. Und daß er ihn nur verließ, weil die Umgebung des Generals, und besonders die ehrpußlige Madame, seinen freien Umgang mit der Sexualität mißbilligte. Ich berichte Gary, daß wir ihn seinerzeit bei der Beerdigung des Generals in Colombey gesehen und gefilmt hätten. Er in seiner alten medaillenbestückten Fliegeruniform, was vielleicht mit Bart und langen Haaren nicht recht zusammenging. Aber ein Anblick, der uns stark getroffen habe. Gary schüttelt das ab, bloß nichts von Tod. Vermeidet auch jeden Hinweis auf Jean Seberg. Statt dessen viel über den Inhalt seines neuen Romans, der in etwa *Jenseits der Sperre ist Ihr Fahrschein ungültig* heißt. Was sich anscheinend auf die Bettschwächen eines alternden Mannes bezieht, der seine um 35 Jahre jüngere Geliebte nicht mehr befriedigen kann. Gary fragt uns, halb witzelnd (aber was weiß man je bei ihm), ob wir nicht eine »hübsche deutsche Biene mit Vaterkomplex« kennen würden: »Die einzigen, die unsereinem verzeihen, wenn man abschlafft.« Ähnlich hat Gary kürzlich bei einer Talkshow einen anwesenden Arzt befragt, »ab wann man das Recht habe, keine Erektion mehr zu bekommen?« Ein bloßer Trick, um die Tussis ins Bett zu kriegen? Oder die nie versiegende Lust, sich die tragischen Effekte aufzuschminken? Um Gary zu reizen, übersetze ich ihm dann einen Vers von Heine, der mir genau auf ihn zu passen scheint: »Ich hab mit dem Tod in der eignen Brust den sterbenden Fechter gespielet.« Er vertieft sich aber angelegentlich in seine Käseplatte: »Ah, Heine, quel génie!« Mehr kommt dann nicht.

Einige Zeit später laden wir Gary zu einem Diner zu uns nach Hause. Selbstredend mit einer hübschen Blonden. Leider ergibt sich sofort, daß sie ihm nicht zusagt, da zu intellektuell. Ungeniert wird wieder das Thema des neuen Romans hervorgeholt: »Natürlich kann man ihnen immer den Rücken kraulen, das mögen die meisten sogar noch lieber.« Im übrigen schweigt Gary sich aus, was sonst nicht seine Art. Man hat die Empfindung, daß er – und dazu gehört etwas – sich nicht mehr wirklich mag. Auch seine Verstellungen satt hat, aber die Masken sind festgewachsen, der eigentliche Gary auch für ihn nicht mehr greifbar.

Einige Wochen später wird Gary von seiner letzten Lebensgefährtin, Leila Chellabi, tot in der Wohnung aufgefunden. Er hat sich, natürlich mit dem Wildwest-Revolver Smith & Wesson Cal. 38, den er seit Amerika stets mit sich führte, in den Mund geschossen. Angetan mit einem roten Unterhemd, auch wieder eine Western-Reminiszenz. Den Abschiedsbrief hat er unter Leilas Wäsche versteckt, wo sie ihn einige Tage danach auffindet: »D-Day. Keinerlei Bezug auf Jean Seberg. Die Anhänger gebrochener Herzen werden gebeten, sich anderswohin zu wenden. Der Grund ist vielleicht eine Depression der Nerven. Dann muß man aber zugeben, daß diese seit meiner Jugend andauert und mir gestattet hat, mein literarisches Werk zu vollenden … Ich habe mich endlich zur Gänze ausdrücken können.«

140

Letzter Abschied von Romain Gary im Invalidendom. Flieger in Uniform tragen seinen flaggenbedeckten Sarg, darauf die vielen Medaillen, zur Einsegnung in die Kapelle. Auch die Überlebenden seiner »Compagnons de la Libération« sind erschienen. Nach seinen Worten »die einzige menschliche Gemeinschaft, der ich je ganz angehören wollte«. Ein General hält die Leichenrede. Anwesend auch die Gefährtin Leila und Sohn Diego. Die Asche wird später auf seinen Wunsch bei Nizza ins Mittelmeer gestreut. Ich bin tieftraurig, aber auch verstört. Mußte der Mann wirklich gehen? Oder war, gottbehüte, auch dies noch ein Bühnentrick, bei dem er sich unsere Tränen genüßlich ausmalte?

Ein halbes Jahr später bekennt Paul Pavlowitch in der literarischen Sendung »Apostrophes«, daß Émile Ajar mit Romain Gary identisch gewesen sei. Kurz danach erscheint ein postumer Text von Gary, seinem Verleger, wie bezeichnend für ihn, nur Stunden vor dem Freitod zugesandt, in dem Gary den Nachweis seines Bluffs in geschliffener Prosa erbringt. Der Schlußsatz des Textes: »Ich habe mich gut amüsiert. Auf Wiedersehen und vielen Dank.« Die Wahrheit, oder auch nur eine finale Pose? Wer kann das noch unterscheiden?

»**Ich bin wie eine lebensgroße Marionette** mit durchschnittenen Fäden. Zuerst hielt ich meine Verwundung für interessant – fast ein Abenteuer. Jetzt ist sie kein Abenteuer mehr. Jetzt ist sie ein Schlauch an meinem Penis und ein Gummisack. Alles, was an mir zu heilen war, ist geheilt. Ich lebe weiter mit meinem eigenen Leichnam, der Krüppel, der Hinkemann, der Mann mit dem toten Schwanz, der Mördermann, der John Wayne nach Filmschluß, der Mann, der im Bett weint. Ich hätte es nie für möglich gehalten, daß es so ausgehen würde. Im Kino ist es nie so ausgegangen.«

Auszug aus dem Buch *Geboren am vierten Juli* von Ron Kovic, querschnittgelähmt in Vietnam am 20. Januar 1968, als ihm eine Kugel das Rückgrat zerschmetterte. Auf dem Titelblatt dieser verzweifelten Autobiographie, die ich jetzt aus meiner Büchersammlung ziehe, finde ich die handgeschriebene Widmung: »Für George, mit Liebe und der Hoffnung auf eine friedliche Welt«.

Eine Hoffnung, die sich leider nicht erfüllt hat. Jahrzehnte später trete ich, in der Pause von irgendeinem Schnitt, zufällig an den offenen Fernseher. Und sehe ein Bild, das ich, wie bestimmt die meisten Leute, zuerst für ein Stück Spielfilm halte. Da stürzt sich ein Flugzeug in einen Wolkenkratzer, gleich darauf ein zweites – fast so professionell gemacht ist das wie etwa *Independence Day*, nur fehlten eben die Großaufnahmen. Erst als ich die Menschen sich aus den Fenstern herauskugeln sehe, erfaßt mich die Panik. Dies ist – ich habe es seinerzeit in Amerika erlebt – wieder einmal Pearl Harbor! Worauf es anscheinend keine andere Antwort gibt als den Krieg. Und wie damals sind alle in Amerika dafür.

Nein, nicht alle. Denn da setzt doch jemand eine Message ins Internet, und die lautet: »Ich bin zutiefst beunruhigt über den blinden Patriotismus, den Haß und die Rachsucht, die ich in diesem Land aufsteigen fühle. Jetzt auf Gewalt und Intervention zurückzugreifen, wäre ein großer Fehler. Ich bin überzeugt, daß uns dies in einen katastrophalen Krieg hineinführen muß, von dem wir uns nie mehr erholen werden.« Und später, als Friedensdemonstrant gegen den Irakkrieg: »Wir müssen aufhören, den Moral-Polizisten der Welt zu spielen.« Und dann, nur Tage vor dem Einmarsch in den Irak, im Fernsehnetwork CNN: »Es steht zu befürchten, daß Präsident Bushs Krieg sich gegen uns selber wendet. Und das amerikanische Volk zur Zielscheibe eines Terrors macht, der noch viel gefährlicher sein wird als alles, was wir bisher gekannt haben.«

Der Mann, der – natürlich nicht als einziger – alle diese Dinge vorauswußte, ist nicht etwa ein Politiker, Journalist oder General. Sondern ein simpler Kleinstadtjunge, der es nie weiter als bis zum Sergeanten im Vietnamkrieg brachte. Ron Kovic, serbischer Abstammung, in einem Provinznest auf Long Island geboren. Und zwar am 4. Juli, dem Nationalfeiertag. Er hat das lebenslang als Verpflichtung empfunden. Der Vater ist Kassierer in einem Supermarkt. Ron, nicht eben ein brillanter Schüler, hofft auf eine Sportkarriere. »Ich wollte nicht wie mein Vater werden, wie er Abend für Abend nach zwölf Stunden Arbeit todmüde aus dem A & P zurückkam. Ich wollte jemand sein. Und letztlich wollte ich ein Held sein. Ein patriotischer Held, wie John Wayne. Wenn zum Schluß des Nachtprogramms im Fernsehen die Nationalhymne gespielt wurde, stand ich stramm und legte die rechte

Hand auf mein Herz.« So zu lesen in Ron Kovics einfachem Buch vom Alltag des Krieges, vergleichbar etwa Remarques *Im Westen nichts Neues*. Direkt von der Schule aus ist der Siebzehnjährige den Werbern des Marine-Korps entgegengelaufen. Mit 21 sitzt er im Rollstuhl.

So haben wir ihn kennengelernt. Er wohnte damals am Strand des kalifornischen Venice Beach, einem Weltzentrum der abebbenden Hippie-Bewegung. Ein Kumpel, Bob, und dessen kleine Familie kümmern sich um ihn. Ron ist ein ungestümer Typ von erst dreißig, aber viel älter wirkend. Hängender Schnurrbart, penetrante dunkle Augen, die alles gesehen haben, Verzweiflung im Herzen, Wut im Bauch.

Bereits unsere erste Szene ein Schocker. Ron hievt ächzend mit den Armen seinen ungelenken Körper vom Bett in den Rollstuhl. Schiebt sich ins Badezimmer. Schnallt ekelhaften Urinsack von seinem Schenkel, schüttet den Inhalt ins Klo. Dann von Bob in die Badewanne bugsiert. Eindrucksvolle Muskulatur des Oberkörpers bei verschrumpelten Beinen. Verbirgt nutzloses Geschlechtsteil hinter Seifenschaum. Zu uns: »Ich war praktisch noch unberührt, als es passierte. Hatte noch nie eine Frau richtig gehabt. Der Priester sagte, daß das verwerflich sei vor der Ehe. Und ich wollte doch edel sein, ein Held. Wir waren ja so naiv, wir jungen Soldaten, wir wußten von nichts. Alles Proleten, Schwarze, Iren, Polacken. Die Minderheiten und die Minderbemittelten. Die ganze Unterklasse Amerikas.«

Von seiner Verwundung will er nicht reden, es ist zu hart. Im Buch finde ich die Stelle. Eine der realsten Kampfbeschreibungen, die ich kenne, verfaßt von einem quasi Analphabeten, ohne Ahnung von Literatur: »Das Blut fließt über meine Flakjacke aus dem Loch in meiner Schulter, Geschosse bohren sich rund um mich in den Sand. Ich möchte meine Beine bewegen, aber kann sie nicht fühlen. Ich muß raus, irgendwie raus hier. Jemand brüllt jetzt links von mir, ich soll aufstehen. Er brüllt wieder und wieder, aber ich stecke im Sand fest. Oh, holt mich hier raus, bitte helft mir! Helft mir, bitte helft mir! Sanitäter! rufe ich, gibt's einen Sanitäter? Dann ein lauter Knall, und ich höre den Jungen schluchzen: Sie haben mir den verdammten Finger weggeschossen! Laß uns abhaun, Sarge! Laß uns verduften! Ich kann mich nicht bewegen, röchle ich. Meine Beine nicht bewegen. Ich fühle nichts! Sarge, bist du o. k.? Jemand anderer ruft mich jetzt an. Dann wieder so ein Knall, und der Junge schreit auf: Oh, Jesus! Oh, Jesus Christus! Ich höre, wie sein Körper hinter mir zu Boden fällt. Ich denke, er ist tot, aber ich fühle nichts für ihn, ich will nur leben. Ich fühle nichts. Und jetzt höre ich, wie ein anderer von hinten herankommt, um mich zu retten. Hau ab hier, brülle ich. Fuck dich hier raus! Ein großer Schwarzer mit enormen Händen pickt mich auf und wirf mich über seine Schulter, während Kugeln um unsere Köpfe knallen wie Feuerwerk. Motherfuckers, motherfuckers, brüllt er. Und die Geschosse knallen und der Himmel und die Sonne mir im Gesicht und mein Körper futsch, ganz verdreht und herunterhängend wie eine Puppe, hinschmeißen wieder und wieder in den Sand, auf und nieder, rollen und fluchen, nach Atem ringen. Gottverdammte, gottverdammte motherfuckers! Und endlich werde ich in ein Loch im Sand gezerrt mit dem Hintern meines Körpers, der nichts mehr fühlt. Der Schwarze rennt von dem Loch weg ohne ein Wort. Keine Ahnung von seinem Gesicht. Ich werde nie wissen, wer er ist. Das einzige, woran ich denke, das einzige, was mir durch den Kopf geht, ist Leben! Es gibt nichts wichtigeres auf der Welt als das.«

Es ist Rons zweiter Freiwilligeneinsatz in Vietnam. Er müßte nicht, aber er geht. »Als ich sah, wie Demonstranten unsere

Fahne verbrannten, da habe ich mir gesagt: Ich werde ihnen ein Beispiel geben, wie ein richtiger Patriot aussieht! Und ich meldete mich erneut.« Aber diesmal geht alles schief. Er erschießt irrtümlich seinen eigenen 19jährigen Corporal, der nur mal zum Pinkeln aus dem Zelt gekrochen war. Und er hilft mit, ein ganzes vietnamesisches Gehöft (»Seht ihr die Gewehre, seht ihr sie?«) zusammenzuschießen, in dem sich nur Frauen, Greise und Kinder aufhalten, nicht eine einzige Waffe zu finden ist. Nachher, beim »body count«, versuchen die Soldaten hysterisch, die zerfetzten Kindergliedmaßen wieder zusammenzusetzen wie die Puppengelenke: »Oh, Jesus! Oh, God!« Das war nicht mehr der *Strand von Iwo Jima* mit John Wayne. Auch kein Western mit Cowboys und Indianern, mit den Guten hier und den Bösen dort. Im Feldlazarett von Da Nang verpaßt ihm ein katholischer Pfarrer – sicher ist sicher – die letzte Ölung. Und falls er etwa überleben sollte, auch den guten Rat: »Dein Kampf, mein Sohn, fängt jetzt erst an. Und zumeist wird keiner hören wollen, was du durchmachst. Du mußt lernen, eine große Last zu tragen. Und was du lernst, wirst du allein lernen müssen.«

Ron verbringt anderthalb Jahre in verschiedenen Lazaretten und Hospitälern, guten und schlimmen. Dann zieht er wochenlang durch mexikanische Bordelle, um herauszufinden, ob Frauen noch etwas für ihn empfinden können, samt seinem abgeschlafften Schwanz. Danach, immer der wahnhafte Perfektionist, verliert er sich in stundenlangen Gymnastikübungen, um mit geschienten Beinen wieder laufen zu lernen. Auf einmal gibt es einen Knacks wie bei einem abgebrochenen Zweig, und da ist sein rechtes Bein, das hilflos unter ihm herumbaumelt. Wieder steckt man ihn auf sechs Monate in ein Veteranenspital, diesmal in der Bronx. »Ich liege in meiner eigenen Kacke und keiner kommt. Ich beginne zu brüllen, ich nehme den Wasserkrug und schmeiße ihn hinaus in den Gang. Aber erst nach einer vollen Stunde steckt ein Pfleger den Kopf durch die Tür. Ich bin ein Vietnamveteran, schreie ich. Ich habe das Recht, anständig behandelt zu werden! Er grinst: Vietnam? Vietnam bedeutet uns gar nix. Nimm dein Vietnam und steck es dir in den Arsch.«

Die Wut, die in ihm hochkocht, ist von nun an Rons Lebens-elixir. Warum will keiner in Amerika mehr von dem Krieg hören? Ron zu uns in die Kamera: »Warum gab es denn keine Fahnen, als wir zurückkamen? Keine Paraden? Wissen Sie was? Man hat uns einzeln vor unsere Haustür abgesetzt, in aller Stille. Vietnam – eine kleine Fehlkalkulation, am besten vergessen. Verdrängt ist das Wort.« Bezeichnend ein Ausspruch des Evangelisten und Nixon'schen Schluchzpredigers Billy Graham: »Jede Woche ster-ben tausend Menschen auf Amerikas Straßen, und die Hälfte wegen Alkohol. Wo sind die Demonstrationen gegen den Alko-hol?« Ron wird zum Aktivisten. Schließt sich den »Vietnam-veteranen gegen den Krieg« an, nimmt an Demos teil, hält Reden vom Rollstuhl aus. »Kommunistenschweine«, brüllen die Zuschauer am Straßenrand. Oder auch: »Ihr hättet dort drüben krepieren sollen!« Ein Polizist kippt ihn auf den Asphalt, zerrt seine Arme auf den Rücken, legt ihm Handschellen an. »Mit Fußtritten und Faustschlägen werde ich die Straße entlangge-zerrt. Sie reißen mir die Medaillen ab: ›Warum verschwindest du nicht!‹ Der Cop wendet sich an seinen Kollegen: ›Am liebsten würde ich diesen Typ nehmen und ihn vom Dach herunter-schmeißen.‹«

Sommer 1972: Nationalkongreß der Republikaner in Miami, der sich anschickt, Nixon mit überwältigender Mehrheit zum Präsidentschaftskandidaten zu ernennen. Beim Aufmarsch der protestierenden Veteranen die üblichen Zurufe vom Straßenrand: »Gottverdammte Rote, geht zurück nach Rußland!« Es gelingt

Ron mit einigen Getreuen, in die Versammlungshalle einzudringen. Ja sogar Nixons Rede zu unterbrechen, mit ihrem Schlachtruf: »Stoppt die Bomben! Stoppt den Krieg!« Die Szene, von einer hereingeschmuggelten Kamera aufgenommen, ist in unserem Film. Ebenso die Delegierten mit ihren »Four more years«-Bannern, von denen sich kein einziger nach diesem Krüppel im Rollstuhl umwendet. Es wird der größte amerikanische Wahlsieg aller Zeiten. Den Nixon, wie bekannt, nicht lange genießen kann, da er wegen Watergate zurücktreten muß.

1976 erscheint dann Ron Kovics Buch *Geboren am vierten Juli*. Ein kleiner Bestseller, immerhin 30 000 Exemplare. Ron im Interview: »Das zu schreiben – eine Folter. Die schon halb vergessenen Dinge zum zweiten Mal heraufholen, an den nackten Nerv des Erlebten gehen … Ich weinte, ich kotzte, ich wußte nur eines: Entweder ich mache das Buch fertig, oder ich krepiere!«

Am folgenden Tag Fahrt mit Ron nach Oceanside, einer Garnisonsstadt der Marineinfanterie. Heute große Parade, da zweihundertster Geburtstag des Korps. Wir bugsieren Ron vor die Prominentenbühne, dort zumeist elegant gekleidete Offiziersdamen mit Hüten und Handschuhen. Dann geht's direkt hin zum Paradeplatz, ohne daß sich irgend jemand um uns bekümmert. (Ron vorher zu uns: »Ihr werdet sehen, Krüppel sind im Amerika der political correctness praktisch unsichtbar.«) Sein Gesicht eine Studie: Dieser Gleichschritt dunkelblauer Uniformen mit strahlend weißen Schildmützen, diese kriegslüsternen Trommelwirbel machen Ron wirklich an: Wie stolz er einmal war auf diesen Ehrenkodex. Später, auf der Main Street, hat er sich wieder gefaßt. Holt sein Buch aus dem Ränzel, beginnt ungeniert, den vorbeiflanierenden Rekruten laut daraus vorzulesen. Bald hat sich ein Häuflein um ihn versammelt. Er: »Ich bin ein ungebildeter Typ. Kein Autor. Ich habe nur niedergeschrieben, wie es wirk-

apostrophes
apostrophes
apostrophes

Bildteil I

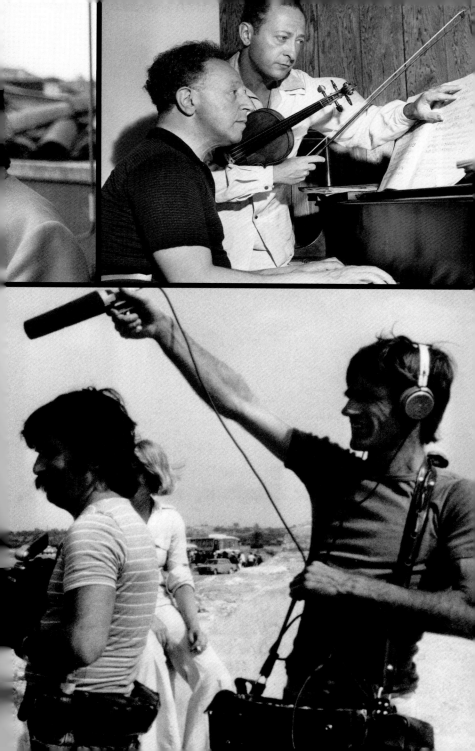

DER BARACKE IST GEWESEN EIN **KAPO** – EIN AUF-
SER. ER HAT GESCHRIEN UND GETRETEN. IMMER.

IN FÜNFERREIHEN AUFSTELLEN, IHR SCHEISSER!
STEHT GERADE!

JETZT LEGT EUCH AUF
DEN BAUCH. SCHNELL!

AUFSTEHEN!
HINLEGEN!

AUFSTEHEN!
SCHNELLER!

ER IST AUCH GEWESEN EIN
GEFANGENER, EIN BAUER
VON DEUTSCH-POLEN.

MISSING

A. SPIEGELMAN'S BRAIN
last seen in Lower
Manhattan, mid-
September 2001

NEW YORK
COM

OY!

Bildteil II

lich war.« Zwei Militärpolizisten tauchen auf, die meisten der Jungen erkennen die Lage und verdrücken sich mit eingezogenem Schwanz. Die anderen zieht Ron wie ein Rattenfänger hinter sich her zu einem benachbarten Park. Und dann bekommen wir vorgeführt, was eine Abwerbung zu sein hat! Ron: »Erinnert ihr euch an unsere Kriegspiele als Kinder? Wie wir alle geträumt haben, eine Uniform anzuziehen und ein Mann zu werden. Ich, ich hab es getan. Als Freiwilliger. Zweimal. Ich bin lang nicht hiergewesen. Damals konnte ich noch laufen. Heute bin ich ein anderer geworden. Jemand mit mehr Gefühl, der eine furchtbare Erfahrung gemacht hat, und überlebte.« Wir haben jetzt rund um uns etwa zwanzig gebannt zuhörende junge Männer, kurzgeschoren, zumeist in T-Shirts. Ein Schwarzer: »Würdest du dich heute wieder melden?« Ron: »Darüber habe ich lange nachgedacht. Seit neun Jahren sitze ich jetzt in diesem Rollstuhl. Ich pisse in einen Gummisack, kann meinen Urin nicht halten, kann meinen Stuhl nicht halten, kann mit keiner Frau schlafen. Ich war neunzehn wie ihr, stark, strahlend, das ganze Leben vor mir. Und auf einmal war ich ein Krüppel. Ich glaube, wenn ich wieder vor der Wahl stünde: ich würde nach Kanada abhaun und den nächsten Krieg auslassen. Und ihr – wieviele von euch würden da mitkommen?«

Allgemeines höhnisches Gelächter, die ganze Gruppe zeigt auf. Geschrei: »Man behandelt uns hier wie die Kinder. Wie die Schuljungen. Es ist wie im Knast. Wir sind nur Nummern.« Ein Jeep nähert sich dem Park, aussteigt ein hartgesottener Sergeant in Uniform und nähert sich unserer Gruppe. Zu Ron: »Alles was du sagst ist Scheiße. Ich mag deine Fresse nicht. Ich mag deine langen Haare nicht.« Ron: »Ich war Freiwilliger in 'Nam. Bin kriegsversehrt. Habe Verwundetenabzeichen.« Der Sergeant: »Bist du verkrüppelt? Warum verschwindest du dann nicht?« Als

wäre das die vorschriftsmäßige Phrase, die im Umgang mit
Kriegsopfern zu verwenden ist. (Wir verwenden sie nachher als
Titel unseres Films.)

Am nächsten Morgen ist Ron verschwunden, mitsamt seinem
Freund Bob. Gerade heute wollten wir mit ihm sein Spital für
Kriegsinvaliden abfilmen, wahrscheinlich hat er sich deswegen
aus dem Staub gemacht. Wir brauchen einen halben Tag, um
herauszufinden, daß er nach San Francisco ausgerückt ist, wo
zum heutigen Veteranentag ein Protestmarsch stattfinden soll.
Warum wollte er uns nicht dabeihaben? Wir werden es bald
erfahren, nachdem uns ein kurzer Shuttleflug dort hinbringt.
Kein Mensch ist heutzutage noch an den Kriegsteilnehmern
interessiert, das ist das Problem. Nicht mehr als zwei Dutzend
von ihnen sind aufgekreuzt, mit handgeschriebenen Tafeln betreffs besserer Jobs, zusätzlicher Versorgung und dergleichen.
Neben Ron noch ein weiterer Rollstuhlfahrer, der sich aber bei
näherer Befragung bloß als ein Pechvogel herausstellt, der mit
seinem Drachenflieger abgestürzt ist. Auf der Straße starrt man
uns nach wie einem Häuflein Irrer. Was wollen diese Leute
eigentlich noch? Watergate ist gesühnt, Nixon verschwunden,
Ford im Ausgang, Carter im Eingang und Vietnam … Vietnam
ist vergessen. Ein Relikt. Gehört irgendwie zu den komischen
sechziger Jahren, »Hey, who are you? What's going on?« Bald
sind wir aus dem Stadtkern heraus, und noch immer wird weiter-
marschiert, bis wir endlich vor dem Rathaus landen, das heute
total verödet ist. Denn wir haben ja Feiertag. Wir haben Veteranentag, demnach ist niemand da, vor dem die Veteranen protes-
tieren können. So baut man sich auf den leeren Treppenstufen
auf und hält langwierige Reden füreinander, und für unsere
Kamera.

Dann zurück nach Los Angeles. Und nun müssen wir Ron

dahin bringen, wovor er sich ja drücken wollte – dem Besuch des Veteranenspitals, in dem er sich als unheilbar erfuhr. Eine von 174 solcher Anstalten in Amerika. Eine halbe Stunde lang rollen wir durch einen endlosen Flügel, der ausschließlich für Querschnittgelähmte bestimmt ist. Keine Trennwände, keine Fenster, nur dieses monströse überheizte Großraumbüro unter Neonröhren. Mangels Erlaubnis werden unsere Aufnahmen im geheimen gemacht. Die Kamera in einer Tragetasche mit entsprechendem Guckloch, Ron selbst hält das Tonbandgerät auf den Knien. Einige Bewegung, zumeist von Patienten, die bäuchlings auf fahrbaren Rolltischen liegen und sich wie zum Spaß mit zwei Paddeln vorwärtsstoßen. In manchen Betten auch reglose Graubärte, vielleicht noch vom Zweiten Weltkrieg. Also dreißig Jahre hier. Vor jedem Bett ein Fernseher. Wenig Kontakt, nur stellenweise gedämpft murmelnde Grüppchen von Sportfans oder Pokerspielern, umhegt von ewig lächelnden Schwestern und Weißkitteln. Es ist alles da. Man tut, was man kann. Tragik unter der Käseglocke. Ohnehin gleicht der flache Bau von außen einem banalen Warenspeicher.

Am folgenden Tag Abschiedsgespräch mit Ron in seiner Schreibkammer. Muß ihn dazu bringen, mit den Dingen herauszukommen, die er sonst am liebsten verschweigt. Möglichst gleich mit der ersten Frage: »Was war das schlimmste bei Ihrer Verwundung?«

»Nicht darüber reden zu können. Zum einen galt doch das, was ich hatte, irgendwie als unanständig. Und dann wollte ja niemand mehr das geringste von uns hören. Ich hatte Angst, man wird mich abschreiben, isolieren.«

»Konnten Sie nicht mit Ihren Eltern reden? Ihren Freunden?«

Langes Nachdenken, vielleicht zehn bis zwölf Sekunden, im Film eine Ewigkeit: »Ich mußte ja so tun, als wäre alles in Ordnung. Auch vor mir selber. Man hat sich eben selbst betrogen. Ich wollte dran glauben, daß ich schon zurechtkam. Auch mit diesem entsetzlichen Verlust der Sexualität.«

»Haben Sie je an Selbstmord gedacht?«

»Viele Male.«

»Glauben Sie, daß Sie noch eine Frau zum Heiraten finden?«

»Ich möchte jemanden lieben. Ich möchte heiraten. Ich möchte Kinder haben. Ich kann sie ja auch adoptieren.«

Und nun die Frage, die ich, wenn ich jetzt meine ganzen Notizen durchsehe, doch ziemlich häufig gestellt haben muß: »Läßt sich, trotz allem, etwas aus Ihrem Schicksal lernen?«

Dazu Ron – das Gesicht unbeschreiblich, hier hat jemand, der gar nicht auf Verständnis programmiert war, etwas Entscheidendes begriffen: »Ich habe eine Tragödie erlebt, körperlich und emotional, und sie zu etwas sehr Schönem gemacht. Ich habe gezeigt, daß wir nicht aufgeben müssen, wenn das Verhängnis hereinbricht. Daß es eine Riesenkraft gibt im menschlichen Geist, zu überwinden, in jedem von uns. Eine Kraft, die enorm ist. Oft wissen wir gar nichts von unserer Fähigkeit zur Wandlung – unser Leben zu verwandeln angesichts der schwersten Krisen. Aber wir können es tun. Wir können wieder lieben. Der Schlüssel zur Bewältigung der Qual ist Liebe, Verzeihen, Mitgefühl. Und das habe ich gelernt.«

Anderthalb Jahrzehnte später stellt Oliver Stone seinen neuen Film *Geboren am 4. Juli* bei der Berlinale vor. Mit einem damals noch nicht verbohrten Tom Cruise in der Hauptrolle. Und, ach Gott, was hat man selbst inzwischen nicht alles gesehen und unternommen, während Ron an seinen Rollstuhl geschmiedet saß. Einmal, ein einziges Mal, hat er sich zu einer Parisreise aufgerafft, um uns und den Eiffelturm zu besuchen. Das geplante Festmahl fällt aber dann ins Wasser, weil sein Rollstuhl nicht in unseren pariserisch-engen Zweimannlift hineinging. Wir enden in einem mäßigen Restaurant. Geheiratet hat Ron nicht, wie er doch so gehofft hatte. Auch keinen neuen Bestseller mehr herausbringen können, es war eben alles gesagt. Bis ihn Oliver Stone als Sachverständigen für seinen Film anheuerte. Jetzt sind sie beide in Berlin. Stone im Interview: »Ich war beeindruckt von Rons unerschütterlichem Glauben an das Gute im Menschen, trotz allem. Und versprach ihm einen Film über sein Leben. Zwei Tage vor Drehbeginn springen dann die Geldgeber ab. Es wird zehn Jahre dauern, bis Amerika reif ist für das Thema. Und ich ihn endlich anrufen konnte: ›Ronnie, wir sind bereit!‹«

Ron Kovic kommt jetzt hinzu. Gealtert, oben weniger Haare, dafür dichten graumelierten Bart. Wir umarmen uns. Ron, der unverbesserliche Idealist: »Worum geht es letztlich in diesem Film? Einen Sinn zu finden für unser Leiden. Und der Sinn kann nur sein, daß wir dazu da sind, um ein anderes Amerika zu schaffen. Eines, das humaner und aufgeschlossener ist gegenüber den Leidenden.« Dazu Oliver Stone über den Dreh: »Ron wußte immer, wie es da unten aussah. Ganz unten, wo die eigentlichen Kämpfer herkamen. Und er begriff, wie gefährlich es ist für eine Demokratie, einen Krieg zu führen und nur die Unterklasse hinzuschicken, als wären es Söldner. Das Römische Weltreich ging zugrunde, weil es am Ende nur noch Söldner besaß, um seine Grenzen zu verteidigen.«

Gegenwärtig lebt Ron Kovic im kalifornischen Redondo Beach, auch wieder nah dem Strand. Gärtnert, spielt Klavier und stellt aus den medizinischen Produkten, die ihn am Leben erhalten, mit viel Humor eigentümliche Flugkörper und ähnliche Skulpturen her, die er an Freunde verschenkt. Außerdem spricht er, wenn aufgefordert, gegen den Krieg. Er wird aber derzeit nur mehr selten dazu aufgefordert.

FRIEDA LAWRENCE

Sie war eine geborene Freiin von Richthofen, Schwester des
berühmten »Roten Kampffliegers« aus dem Ersten Weltkrieg.
Nicht mehr ganz jung, verheiratet mit einem Professor, zwei
Kinder. Eine mächtige blonde preußische Walküre. Und eine
eingesperrte Löwin, die nach letzter ausschweifender Erfüllung
lechzt, wie manche Frauen. Und sich diese auch erobert, wie
wenige. Sie trägt den damaligen Dienstmädchennamen Frieda,
aber sie will den Krieg. Und der Krieg kommt, mitsamt der
Erfüllung, in Gestalt eines spindeldürren, rotbärtigen Bergarbei-
tersohnes aus der britischen Industriestadt Eastwood bei Not-
tingham, mit den zwei Vornamen David und Herbert. Die er
lebenslang so verabscheuen wird, daß er sie stets nur als Initialen
anführt: D. H. Lawrence. Neben Joyce und Virginia Woolf der
begabteste englische Autor seiner Zeit.

Seine Passion reißt Frieda mit sich fort. Er entführt sie, es gibt
eine skandalöse Scheidung von dem verblüfften Gatten. Frieda
läßt sich sogar von Lawrence verbieten, ihre Kinder je wiederzu-
sehen. Nach zwei Jahren der Kämpfe findet die Hochzeit endlich
am 13. Juli 1914 statt, es sind nur noch Tage bis Kriegsbeginn.
Ihre Flitterwochen haben die beiden immerhin schon vorher in
Bayern und am Rhein genossen. Während der junge Bräutigam
das verkünderische Gedichtbuch schreibt, das unter dem Titel
Look, we have come through (etwa: Schaut, wir haben uns durch-
gebissen) aufzeigen soll, wie Leidenschaft und Sexualität alle
bürgerliche Einengung zertrümmern. Frieda in ihren späteren

Memoiren: »Seine Liebe machte alle Beschämungen und Hemmungen, die Irrtümer und Nöte meiner Vergangenheit zunichte. Er erkämpfte mir die Freiheit meines Wesens, daß ich leicht wie ein Vogel leben konnte.« Hier ein Poem aus seinem Gedichtband:

Flußrosen

An der Isar, in dem Zwielicht
Gingen wir dahin und sangen.
An der Isar, jenen Abend
Erstiegen wir den Anstand, und dort schwangen
Wir in der Fichte hoch über den Sümpfen,
Während Fluß auf Fluß traf, und um uns erklangen
Ihre blaßgrünen Gletscherwasser durch den Abend.

An der Isar, in dem Zwielicht
Fanden wir die dunklen wilden Rosen
Rot am Flusse hangen; und kochende
Frösche schrien, und über der Flüsse Tosen
Roch es nach Eis und nach Rosen; und pochende
Angst war im Land. Wir flüsterten: »Sei ohne Bangen,
Laß uns tun wie entschlüpfende Schlangen
Hier in dem kochenden Sumpf.«

Die Ehe erweist sich als turbulent, aber unzerbrechlich. Der Zusammenstoß zwischen einem primitiven potenten Mannsbild (Wildhüter, Zigeuner, Indianer usw.) und einer Klassefrau, deren Körper er »zum Singen bringt«, wird dann, bis hin zu *Lady Chatterley*, ein Lawrence'sches Paradigma bleiben. Ja, im klassenbewußten England bis heute eine pikante Note setzen. In seinen

155

bekennerischen Briefen an Freunde – später von dem so anders gearteten, dünnblütigeren Freund Aldous Huxley herausgegeben – heißt es: »Man kann niemals, niemals, niemals im Voraus wissen, was Liebe ist – niemals. Gott sei Dank habe ich es erfahren.« Und dann: »Merkwürdig, wie barbarisch einen die Liebe macht. Man befindet sich im *Hinterland der Seele* (diese Worte auf Deutsch). Ich wußte gar nicht, daß ich so beschaffen bin.« Worauf er sogleich einen seiner lebenslangen Ausfälle gegen das verhaßte bürgerliche England nachschiebt: »Was für elende Kerle sind doch die Engländer, daß sie die große Wildbahn ihrer Natur so eifersüchtig einzäunen.«

Diese freie Wildbahn wird in Zukunft das Ehepaar zu einigen der urwüchsigeren Orte von vier Kontinenten führen. (Nur Afrika bleibt ausgespart. Mit dem unveredelten Kongograus etwa von Conrads *Herz der Finsternis* hat dieser Verkünder des Primitiven und der »dunklen Götter« nichts am Hut.) Der schönste Ort: ihre kleine Kiowa-Ranch in einem Indianergebiet von New Mexiko, nahe dem Pueblodorf Taos. Wo ich Jahrzehnte später eine noch immer unbezähmbare Frieda kennenlernen darf, Bewahrerin seines Erbes, die Erweckerin, aber wohl auch Killerin seiner Sexualität. Samt den zwei anderen Damen, die in diesem Satyrspiel aufkreuzen, Dorothy Brett und Mabel Dodge. Doch über diese fallweise Dreieinigkeit später.

Einstweilen – wir halten zu Anfang des Ersten Weltkrieges – lebt das junge Paar in einem Cottage an der Küste von Cornwall. Finanziell mehr schlecht als recht gestellt, da Lawrences epischer Roman *Der Regenbogen* – eine Fortsetzung seines großartigen Erstlings *Söhne und Liebhaber* – nach einem Prozeß als obszön verboten wird. Ein Pornograph und eine Deutsche, das kann nicht gut gehen! Die beiden werden beargwöhnt und bespitzelt von den patriotisch-verbohrten Dörflern, die etwa die Anordnung der Kleidungsstücke an Friedas Wäscheleine für ein Geheimsignal halten, das sie vorbeistreifenden U-Booten zuspielt! (Aber hat man uns Emigranten nicht, einen Krieg später, im französischen Internierungslager die Uhren abgenommen, weil wir ja mit ihrer Spiegelung den deutschen Stukas hätten Morsezeichen zublinkern können? Und im letzten Irakkonflikt … aber ich komme ab.) In zahllosen Briefen tobt sich Lawrence gegen diesen Krieg aus, dessen Soldaten er mit geifernden Hunden und Insekten vergleicht. Nachts singt er mit Frieda im verdunkelten Haus deutsche Volkslieder, desto lauter je deutlicher sich ihnen Schritte nähern. Und diese Schritte bleiben keineswegs draußen, sondern dringen in seine Intimsphäre ein. Polizei wird ihm an den Hals gejagt, er hat seinen Trauschein vorzuzeigen, darf nachts das Haus nicht verlassen, muß die Fenster verhängen. Verzweifelt sehnen sich die zwei Liebenden in die Ferne, in ein möglichst exotisches Paradies, auch Tahiti wird erwähnt und ein illusorisches urwüchsiges Florida, ausgerechnet. Und schon träumt er auch von einer Künstlerkommune, wie eine Generation zuvor Van Gogh. Diese Idee seines »Rananim« wird ihn lebenslang begleiten, sich aber nur in Form eines Clownspiels, einer Groteske verwirklichen lassen – eben mit den drei talentierten geilen Frauen auf der von uns besuchten Ranch in New Mexico.

Lawrence in einem Brief: »Ich möchte a) England auf alle Zeiten verlassen. b) Mein ganzes Leben nach Amerika verlegen. Glauben Sie ja nicht, daß ich irgendeine Illusion über die Leute dort und ihr Leben habe. Die Leute und ihr Leben sind monströs. Aber ich denke an einen Ort in den westlichen Bergen, von wo man den fernen Pazifik sehen kann, um dort zu leben, vor mir den Hellen Westen.« Ein mythisches Wildwest-Amerika also, das immerhin zu Lawrences Zeiten fast noch existiert.

Ende 1921 erreicht ihn eine Botschaft der steinreichen amerikanischen Kunstsammlerin (oder Künstler-Sammlerin) und Indianer-Schwärmerin Mabel Dodge Sterne. Die sich nah dem Hauptort der Pueblo-Indianer, Taos, ein Adobehaus im indianischen Lehmstil erbaut hat und jetzt gleichgesinnte Mitkämpfer sucht. Mabel, diese »strapazierte Amazone«, dieser »kosmopolitische Snob« (laut dem frühen Lawrence-Biographen René Schickele) hat bereits mehrere Gatten verschlissen, darunter einen jungen polnisch-russischen Maler, Maurice Sterne, der bei ihr – und später bei Lawrence – hauptsächlich als »der Jude« fungiert. Auch mit Gertrude Stein verband sie einst in Florenz eine enge Beziehung. Ja, diese hat sogar – zur Eifersucht ihrer Lebensgefährtin Alice Toklas – ein literarisches Porträt über sie verfaßt. Mabel ihrerseits scheint vor allem Gertrudes Freßsucht imponiert zu haben. Sie ist schwer beeindruckt, als diese einmal bei Tisch fünf Pfund rohes Steak auf einmal herunterschlingt. Nun ist die inzwischen fünfzigjährige Abenteuerin dabei, ermutigt durch mehrere Psychoanalysen, sich den dicken und schläfrigen Indianerhäuptling Tony Luhan als weiteren Gatten unter den Nagel zu reißen. Und damit nicht genug: Sie hat einen Aufsatz von Lawrence über das patriarchalische Sardinien gelesen und ist sofort Feuer und Flamme, hier ihren Seelengefährten gefunden zu haben. Und tatsächlich, das Ehepaar folgt ihrem Ruf, wenn auch auf Umwegen über Australien und Ceylon. Sie will ihm »das wahre, ursprüngliche, unentdeckte Amerika zeigen, das lebendig aufgehoben ist im indianischen Blutstrom«. Lawrence, kein Verächter solcher Begriffe wie »Ursprung« und »Blutstrom«, hat dennoch ein untrügliches Gespür für Dekadenz: Mabel ist »sehr clever für ein Weib – eine Art Kulturträgerin – spielt gern die Patronesse – haßt die weiße Welt, und liebt die Indianer aus diesem Haß heraus, ist sehr edel, möchte sehr gut sein und ist sehr böse – hat einen schrecklichen Willen zur

Macht – Frauenmacht nämlich … Wir nehmen diese Schlange nicht an unseren Busen.«

Der Hauptschock für Mabel, die sich sonst mit allen Idiosynkrasien des bewunderten Dichters und Propheten abfinden wird, ist natürlich Frieda. Sie hat die beiden am Bahnhof von Santa Fé im Auto abgeholt. Und, so Schickele, »wer eilte da auf sie zu, groß, blühend, gut gebaut, in hellem Kleid? Die Bestie namens Frieda … ihr Mund wie die Mündung einer großen Kanone.« Und Mabel begreift: Dieser Mann, dieses »zarte Lamm«, nähert sich den Menschen ausschließlich über die Vermittlung Friedas. Tatkräftig beschließt sie, Lawrence vor Frieda zu »retten«, indem sie ihn ihrer patentierten Indianerwelt zuführt (wozu sonst hat man diesen trägen Tony geheiratet?). Da gibt es Geständnisse, gemeinsame Autofahrten, Ausritte, schließlich das Geschenk der kleinen Kiowa-Ranch, von nun bis zu seinem frühen Tod Lawrences Lieblingsaufenthalt auf Erden. Dafür soll er nichts weiter als ein Buch über Mabels beispielhaften Werdegang schreiben: »Ich wollte, daß Lawrence die Dinge für mich verstand. Daß er *meine* Erfahrung, *mein* Material, *mein* Taos nahm, und das zu einer fabelhaften Schöpfung umgoß.« Die Zusammenarbeit beginnt in Mabels Schlafzimmer. Schon am nächsten Tag allerdings bemerkt Lawrence, daß es vielleicht doch besser wäre, in seinem Haus zu arbeiten. Aber da ist Frieda, die herumstapft, sauber macht, vor sich hinträllert und dafür sorgt, daß die »spirituelle Verbindung« der beiden, »einander in einer leuchtenden Vision der Wirklichkeit zu sehen«, nicht zustande kommt. Es bleibt beim ersten Kapitel eines nie vollendeten Romans, worin uns vor allem die Beschreibung Mabels auffällt, »gefährlich wie die Scheinwerfer einer großen Maschine, die nachts auf dich zurast«.

Und dann ist da auch noch Dorothy Brett, die eine eigene

kleine Hütte auf der Ranch bezogen hat. Eine englische Malerin, begabt, nicht schön, ein Skorpion im Grase. Aber letztlich ungefährlich, da stocktaub. Sie ist die einzige, die Lawrences Lockruf, eine Künstlergemeinde zu gründen, von London aus gefolgt ist. Auch sie wird den Dichter – wir dürfen ihn jetzt, wie ja alle drei Damen, Lorenzo nennen – für sich in Anspruch nehmen. Lorenzo herablassend: »Die Brett ist ein bißchen simpel, aber harmlos, und hilft immer gern aus.« Das beste bildnerische Lawrence-Porträt, das man kennt, ist von Dorothy gemalt: Lorenzo rotbärtig als Faun oder Pan, mit Hufen und gefleckten Pelzbeinen, mit Blumenkranz und Blumenschweif ... und auf einen Gekreuzigten hinweisend, der auch wieder Lawrences Züge trägt. Auch mit Brett gibt es Intimitäten, wenn auch vielleicht mehr geistiger Natur. Frieda, Lorenzos »Bienenkönigin«, verkraftet das alles spielend. Nie wird ihr Lorenzo verloren gehen, da offenbar sexuell von ihrer königlichen Erscheinung und ihrem mütterlichen Busen abhängig.

Der willensstarken Mabel gelingt es immerhin, Lorenzo ihren Indianern nahe zu bringen. Und einige seiner schönsten Erzählungen (*Die Frau die wegritt*, *Die Prinzessin*), sein großer mexikanischer Roman *Die gefiederte Schlange* und nicht zuletzt sein einfühlsames Gedichtbuch in frei schweifenden Rhythmen, *Vögel, Blumen und wilde Tiere*, zeugen von einem Eingehen auf – damals noch ungreifbare – indianische Seelenlandschaften, wie sie meines Wissens kein anderer europäischer Romanautor je zustandebrachte. (Nur der kleine deutsche Jude Aby Warburg hat mit seinen intuitiven Erkenntnissen ähnliches geschafft.) Lawrence, so sein Schriftstellerfreund Aldous Huxley, »schien aus eigener Erfahrung zu wissen, wie ein Baum sich fühlte.« Nicht mehr als drei jeweils halbjährige Aufenthalte auf seiner Ranch zwischen 1922 und 1925 sind Lawrence gegönnt. Aber dieses primitive Dasein in großer Landschaft verwandelt tatsächlich – wie Mabel es erhofft hatte – den chronisch Unzufriedenen, den notorischen Raunzer und Nörgler gegen die moderne Zivilisation samt ihrer Demokratie, ihrem Reichtum und wissenschaftlichen Fortschritt, zu einem Verkünder der Herrlichkeit des Lebens (zumindest seines mit Frieda auf der Ranch). Er baut Ställe und Korrals, einen großen Backofen, in dem die beiden ihr eigenes Brot herstellen, er reitet mit seinen Frauen durch diese grandiose Berglandschaft der Rocky Mountains, und zu den Indianern. Dazu eine Anekdote, mir später von Frieda berichtet: Da hätte sie sich beim Ausritt übermütig gebrüstet, wie mächtig sie doch die »dunklen Götter« des Pferdes zwischen ihren Schenkeln pulsieren fühle, worauf Lorenzo trocken bemerkte: »Du hast zuviel in meinen Büchern gelesen, Frieda!«

Was die Indianer betrifft, so hat Frieda ihren Widerstand gegen Mabel verständlicherweise auch auf sie ausgedehnt. Während Lorenzos Bemühungen um sie jetzt mythische Formen annehmen: »Der Indianer, solange er rein bleibt, kennt nur zwei große Verbote: Du sollst nicht lügen. Du sollst kein Feigling sein. Und ein einziges positives Gebot: Du sollst das Wunder anerkennen.« Mabel bringt ihn in das Pueblo von Taos, damals, und auch noch als ich es 1946 zum ersten Mal besuchte (Eintritt ein Dollar), ein hochgetürmter Haufen von quaderförmigen Lehmbauten mit Flachdächern, ihre Eingänge oft nur über Leitern zu erreichen. Draußen, zwischen der Siedlung und dem Städtchen Taos hin- und herpendelnd, kleine zweirädrige Pferdekutschen, darauf thronend die stolzen Besitzer mit den damals gängigen spitzen, schwarzen Indianerhüten samt Adlerfeder, heute alles verschwunden.

Aber noch viel tiefer ins Indianerland leitet ihn die unersättliche Mabel, so auf die riesige Reservation der Navajos in

Arizona. Mitten unter ihnen, und im Dauerclinch um Anbauland, der noch urwüchsigere Stamm der Hopis. Ihr Zentrum die drei *mesas* oder Tafelberge, eigentlich nur abgeplattete Hügelspitzen, auf die enge steinige Dörfer aufgesetzt sind. Noch in den achtziger Jahren, als ich sie besuchte, war hier etwas von dem widerständigen Geist zu spüren, der einst, zum Schrecken der Pioniere, die freien Indianer Nordamerikas beseelt haben mußte. Jetzt, am äußersten Gipfel einer rosafarbenen Mesa, überwölbte das Dorf Oraibi, vielleicht das älteste der ganzen USA, das darunterliegende Land. Dieses verfallene Bergnest, auf einen 200 Meter hohen Steinbrocken geklebt, schien so etwas wie das spirituelle Zentrum der Hopis zu sein. Und noch zu meiner Zeit weigerten sich die letzten hundert Uralten, elektrischen Strom oder Fließwasser einzuführen, auch jetzt wollte man mit der amerikanischen Zivilisation nichts zu schaffen haben. Aber einem unvergeßlichen Tanz auf einem benachbarten Dorfplatz durfte ich doch beiwohnen, urplötzlich in ein fernes Jahrhundert zurückversetzt. Da stampften dicht gedrängt, mit eingeknickten Kniekehlen hintereinander aufgereiht, die Dörfler mit ihren Lehmmasken, ledernen Gamaschen und perlenbestickten Mokassins zu monotonem Singsang und Klappermusik, unter Anrufung des Regengottes, über die steinige Plaza. Während die Frauen auf den flachen Dächern regungslos interessiert zusahen … und neben ihnen die Jugend bereits mit Walkman und Gettoblaster hantierte. Und sah man genauer hin, so merkte man auch, daß dem Zeremonienmeister schon viele der echten Bekleidungen ausgegangen sein mußten. Weil manche der Masken nur mehr aus Stückwerk bestanden, Gamaschen durch Jeans ersetzt waren und lederne Mokassins durch Nike oder Adidas. (Obwohl jene doch im Trading Post den Touristen massenweise angeboten wurden.) Lorenzo seinerseits hatte – man weiß es aus seinen Schriften – sechzig Jahre zuvor das alles noch einigermaßen echter und unverfälschter studieren können, und doch: Was hatte sich eigentlich in dieser Zeit und in unserer eigenen Welt weniger verändert als dieses?

Nur der einst berühmte Schlangentanz, den er selbst noch beobachten und hingerissen beschreiben durfte, war jetzt verpönt und verschwunden. Ein Schamanenwunder – in Indien noch ähnlich praktiziert –, bei dem die Tänzer lebendige Klapperschlangen (Symbol des Blitzes, laut Aby Warburg) im Mund schaukeln ließen. Und es angeblich keine Bisse gab, weil man eben selber eins mit dem Tier geworden war. Dazu Lorenzo 1924: »Die animistische Religion, wie wir sie nennen, ist nicht die Religion des Geistes. Der Geister, ja. Aber es gibt nicht einen Geist. Es gibt nicht einen Gott. Es gibt keinen Schöpfer, überhaupt keinen Gott. Da *alles* lebendig ist.« Und so sind auch die Schlangen für ihn »seltsam freundlich, naiv, fragend und fast einverstanden, fast in Harmonie mit den Männern. Was ja das heilige Ziel war.«

Im Jahr 1925 drängt es Lorenzo nach Mexiko, wo er noch ursprünglichere Indios zu finden hofft: »Ich möchte nach Süden, zu den Zapotecas und den Mayas.« Da er nie Reiseführer konsultiert – so wenig wie einen B. Traven –, weiß er nichts von den Huicholes, den Tarahumaras, den Chamulas und vor allem den Lakandonen, den letzten Wald-Mayas des südlichen Chiapas. Sondern endet in Oaxaca, einer zivilisierten Töpferstadt, überdies längst amerikanische Künstlerkolonie (wie ja auch das Städtchen Taos). Im Februar erleidet Lawrence hier einen schweren Malariaanfall. Frieda schleppt ihn nach Mexiko-Stadt, wo ein Dr. Uhlfelder ihm Tbc im Endstadium attestiert: »Bringen sie den Mann auf die Ranch zurück; es ist seine letzte Chance. Ein oder zwei Jahre, mehr nicht.« Weil Amerika keine Kranken ins Land läßt, muß sie ihm vor der Grenze die Backen gesund schminken. (Nur kurze Zeit später taten wir es als Neueinwanderer nicht anders.) Ein halbes Jahr ist ihnen noch auf der Ranch gegönnt. Dann wird Lawrence die Höhenluft zu eisig, man liegt ja über 2000 Meter hoch. An seinem vierzigsten Geburtstag schifft sich das Paar nach Europa ein, um dort den Winter zu verbringen. »Natürlich bin ich ein Narr, die Ranch zu verlassen«, schreibt er an Brett. Aber »à la guerre comme à la guerre«. Er ahnt, daß es um seinen Todeskampf geht.

Seine verschlimmerte Lunge führt Lawrence am Ende nach Südfrankreich. Eines seiner letzten Fotos zeigt ihn in Nizza, ein Pferd streichelnd (wer denkt nicht an Nietzsche in Turin?). Es ist das Rennpferd »Sunstroke« des amerikanischen Playboys Harry Crosby. Lawrence, ausgemergelt, trägt dicken grauen Paletot, steifen Hut, langen Bart, nichts mehr von Cowboykleidung. Ein spießiger alter Jude, so sieht er aus. 1930 stirbt dann der Dichter in dem Sanatorium »Ad Astra« (Thomas Mann hätte keinen besseren Namen erfinden können) in Vence. Das schmale Grab – obwohl angeblich noch vorhanden – war seinerzeit für mich nicht mehr auffindbar. Es soll auch keinen Namen getragen haben, nur als Relief Lorenzos Lieblingstier, den sagenhaften, aus seiner Asche wieder aufsteigenden Phönix ...

Frieda heiratet nicht lang darauf zum dritten Mal, nämlich ihren italienischen Liebhaber Angelo Ravagli. (Lawrence war wegen seiner Krankheit zuletzt impotent gewesen.) Mit ihm zieht sie auf die Ranch zurück, auch zu Brett und Mabel. Dort habe ich die drei Parzen – wie Brett sie in einem Gemeinschaftsporträt ironisch nannte – besucht, ich glaube es war im Sommer 1948. Waren sie wirklich alle drei vorhanden, wie mir meine Erinnerung vorgaukelt? Ich könnte es nicht mehr beschwören. Und doch meine ich mich an Brett zu erinnern, jetzt weißhaarig und mit Hörgerät. An Mabel, wie ein statuesker Buddha. Und natürlich Frieda, nun reichlich stark geworden, aber, hilf Gott, in ein bayrisches Dirndl gezwängt.

Ich hatte – romantisch veranlagt und beeinflußt durch ein Semester Lawrence-Lektüre an der Universität von Kalifornien – vom Busbahnhof Taos aus ein Leihpferd genommen und war nun stolz vorgeritten, denn das gehörte ja dazu. Vertat mich aber beim Absteigen. Nicht schlimm, meinte Frieda ... welche kein Pferd der Welt je mehr gestemmt hätte, es sei denn das trojanische. Sie stellt mich dann, mit ihrer Stimme wie eine Kriegsdrommete, den zwei anderen Damen vor. Hier herrscht eitel Burgfrieden und Harmonie. Wie ja Mabel auch schon in ihrem Memoirenwerk verkündet hatte: »Frieda und ich hätten die besten Freundinnen sein können, wenn nur Lawrence weggeblieben wäre.« Na ja. Überhaupt diese Memoiren! Mabels Buch von 1932 heißt *Lorenzo in Taos* und ist – wie denn sonst – das hochgestochenste aus den Federn der drei Grazien. Folgt Dorothy 1933 mit einem Werk, das sie reichlich anspruchsvoll *Lawrence und Brett* nennt. Schließlich erscheint 1935 Friedas Autobiographie, die sich – da die Autorin schließlich des Dichters Namen trägt – mit dem bescheidenen Titel *Nur der Wind* begnügen kann. Daß in allen drei Werken nicht Lorenzo, sondern die jeweilige Autorin die Hauptrolle spielt, ist nach dem Gesagten selbstverständlich.

Zurück zu Frieda, die uns nunmehr, unablässig Zigaretten paffend, zum Tee einen Teller mit winzigen Brötchen vorsetzt, die sie für »europäisch« ausgibt. Auch versucht sie mit mir, zu Mabels Empörung (die schwerhörige Brett kapiert ohnehin kein Wort), deutsch zu konversieren. Zum Abschluß – da ich ihr am Telefon meine Herkunft verraten habe – ein waschechter Wiener Apfelstrudel. Anschließend Führung ins Schlafzimmer, nicht des

Doppelbettes wegen, sondern der dort aufgehängten Gemälde, die Lawrence, zumeist in jungen Jahren, gemalt hat. »Gräßliches Zeug, verwilderter Böcklin griffe schon zu hoch«, schreibt darüber Biograph René Schickele, was ich übertrieben fand. Nun ja, es sind zumeist Nacktbilder von sich und auch Frieda und anderen weiblichen Wesen, in allen möglichen Naturszenerien, ein bißchen Monte Verità und FKK, mit einem Schuß Gauguin, alles eher naiv als unanständig. (Lawrence mißbilligte Obszönitäten à la Française – »Sex im Kopf anstatt zwischen den Beinen«, wie er es nannte.) Unbegreiflich, daß man ihm einst dieser Bilder wegen den Prozeß machen wollte, aber so stand es eben damals um sein Heimatland und die ihm so verhaßte angelsächsische Prüderie.

Später habe ich mich manchmal gefragt, was ich von Frieda Lawrence und ihren Gespielinnen eigentlich mitbrachte, diesen ersten Interviews meines Lebens. Ja, was? Ich hatte im Kolleg der UCLA von Lorenzos Ideen geschwärmt, seiner Zivilisationskritik, seiner Sehnsucht nach Ursprung, seinem Haß auf das selbstgefällige weiße Amerika, seiner Vergötterung der Sexualität. Nun sah ich hier sozusagen die praktische Anwendung davon. Es war eine heilsame Entzauberung, vermischt mit viel Hochachtung aber auch Mitleid. Und eine erste Ahnung, daß sich große Ideologien und Lehrgebäude vorab daran erweisen, wie weit sie das Verhältnis von Mann und Frau vertiefen können. Lawrence war immun gegen Nazi-Ideen, weil es ihm, anders als den damaligen Deutschen, bei all seiner Vergötterung des Primitiven und Unbewußten in der Hauptsache um das Zusammenleben der Geschlechter ging. Bezeichnenderweise steht in seinen großen Erzählungen und Romanen fast immer eine Frau im Mittelpunkt.

Inzwischen erweist sich Frieda leider auch als Verehrerin von

Karl May, wohl eine Kindheits-Reminiszenz. Ich versuche das Gespräch von Winnetou weg und auf Lorenzos Indianer zu bringen. Auch in Mexiko, wohin ich jetzt, von ihm beeinflußt, per Anhalter unterwegs bin. Frieda winkt ab, mit einer Geste, die ich später bei sämtlichen Weltreisenden (einschließlich meiner selbst) kennenlernen werde: »Alles nur mehr Touristenrummel.« Was, wie sich herausstellte, zu jener Zeit gar nicht zutraf. Zum Abschied darf ich noch einen Blick auf Lorenzos letzte Ruhestätte werfen, 1936 nach Friedas Angaben von ihrem Liebhaber Angelo errichtet: Mitten unter Bäumen, leider mit einem properen Kiesweg versehen, ein kleines weißgestrichenes Häuschen, eine Art Almhütte. Seitlich vom Eingang ein Kreuz (das der Dichter verabscheut hätte). Die hübsche Inneneinrichtung stammt dann von Brett: Eine Grabplatte mit aufgemalten Ahornblättern, darüber als Ikone sein geliebter Phönix. Ganz oben ein hübsches Rundfenster in Form eines aufgerissenen Auges. Als einzige Inschrift nur das von ihm bevorzugte »DHL«.

Von einem männlichen Wesen spüre ich nichts im Hause. Weder Angelo noch Tony sind heute offenbar vorhanden, ich wage nicht nach ihnen zu fragen. War es dann Mabel oder Brett, die mir − während Frieda in der Küche rumorte − spitzbübisch die schöne Geschichte von Lorenzos letzten Überresten zuraunte? Wie es scheint, hatte Frieda vor Anlegung dieser Grabstätte ihren Angie beauftragt, die Urne des schon in Vence eingeäscherten Dichters insgeheim von Frankreich auf die Ranch zu schaffen. Er habe auch alles brav ausgeführt, nur sei ihm auf der letzten Etappe ein kleines Mißgeschick passiert. Als er nämlich vom Bahnhof aus per Kutsche zur Ranch fahren wollte − noch zu meiner Zeit ein Waschbrett von einer Holperstraße −, sei ihm, da nicht mehr ganz nüchtern, in einer Kurve die Urne aus den Händen geglitten und kopfüber auf den Weg geplumpst. Worauf ihm nichts anderes übrigblieb, als das ganze Zeug mitsamt Kot und Pferdeäpfeln wieder einzusammeln. Was heute von Lawrence-Fans als Dichterasche verehrt werde, sei also nichts weiter als gemeiner Straßendreck. Kurz vor seinem Tod gestand dann Angelo noch ein weiteres: Nämlich daß er, um bei den amerikanischen Einwanderungsbehörden nicht anzuecken, die Asche schon in Marseille ins Meer geschüttet und die leere Urne dann erst in New York wieder mit irgendwelchen Schlacken aufgefüllt habe. In der neuangelegten Grabstätte mußte der Gute dann auf Friedas Geheiß diese Reste auch noch in einen Betonblock eingießen. Wozu? Offenbar, weil die mißtrauische Witwe befürchtete, Mabel könne sich irgendwie der heiligen Reliquie bemächtigen. Bei ihrem eigenen Tod 1956 ließ sich Frieda dann, darf man sagen wie ein Wachhund, dicht vor dem Eingang der Grabstätte beerdigen, und hier liegt sie meines Wissens noch heute.

Angelo selbst lebte bis 1976. Er verstarb mit 84 Jahren im italienischen Spotorno, dem Ort, wo er auch einst die Lawrences kennengelernt haben wollte. Und wo – nach eigener Aussage – Frieda seinem jugendlich-südländischen Charme nicht hätte widerstehen können ... bis sie der Gatte in flagranti erwischte. Der Roman *Lady Chatterleys Liebhaber* sei in der Folge nichts anderes gewesen als die literarische Aufarbeitung dieses Ereignisses. Nach Lorenzos Ableben habe er dann sogleich an Frieda geschrieben: »Ich warte auf dich.« Sie kam. Worauf er seine Frau und drei Kinder verließ und zwei Jahrzehnte mit Frieda zusammenlebte, bevor die beiden 1950 heirateten. Nach ihrem Tod wurde Angie dann ein Viertel ihres Erbes zugesprochen. Einschließlich der Tantiemen für *Lady Chatterley* (ein Buch, das man sich jahrelang eigens aus Schweden bestellen mußte, bis das Verbot 1959 endlich aufgehoben wurde). Danach ging der Absatz erst richtig los, und Angelo Ravagli verdiente ein Vermögen an seinem Ehebruch. Man darf hoffen, daß Lorenzo, längst als seliger Geist aus der Asche wieder auferstanden wie sein geliebter Phönix, über diese ganzen Machenschaften nur grimmig gelacht hätte.

Ach ja, diese Julia! Vorzeiten hieß ja der Film *Julia, du bist zauberhaft*, und Lilli Palmer war die Zauberhafte. Jetzt, vierzig Jahre später, darf man ihn auch hier schon auf Englisch betiteln: *Being Julia*. Und Annette Bening spielt die unwiderstehliche Schauspielerin, die anderen Schauspielern etwas vorschauspielert. Während Gatte Jeremy Irons … Aber wer hat da gesagt, Autor Somerset Maugham sei veraltet? Oder wie viele sagten es schon zu seinen Lebzeiten, und es ist immer noch nicht wahr! Tragödien veralten vielleicht, auch die besten, weil unser Schicksalsbegriff sich wandelt. Gutgemachte Komödien selten. Sie befassen sich ja mit unseren menschlichen Schwächen und Unredlichkeiten, und die sind unwandelbar. Am besten ist freilich die Mischung der beiden. Und dazu noch das kitzlige Verhältnis von Realität zu ihrer Darstellung, Lieblingsthema des Verfassers von dreißig erfolgreichen Theaterstücken. Theater im Theater – was muß doch »Willie« Maugham sich damals amüsiert haben, als er den Roman *Theater* schrieb, auf dem dieses »Juwel« (*New York Post*) in »Pantheon-Nähe« (*New Yorker Magazine*) basiert. Und der im Jahr 1938 spielt, genau zu dem Zeitpunkt, als uns eigentlich, dank Hitlers Einmarsch in Österreich, das Weinen näher lag. Aber hatte nicht auch der feierliche Erlösungsglaube, mit dem die Österreicher ihren »Führer« empfingen, etwas unwiderstehlich Komisches? Maugham später, darauf von uns angesprochen: »Wie konnte jemand dieses Chaplinbärtchen nur ernst nehmen? Es ist doch der totale Schiffbruch des Humors.«

Wir befinden uns im Park der »Villa Mauresque« auf Cap Ferrat, einem der schönsten Anwesen der französischen Côte d'Azur. In Empfang genommen, mit etwas pomadigem Charme, von Sekretär Alan Searle. Ein, zwei Generationen zuvor hätten ihn die prüden Briten wahrscheinlich auf die Tretmühle geschickt wie Oscar Wilde, und seinen Herrn dazu. Deswegen hat Maugham sich auch im toleranteren Frankreich diese Domäne erworben, deren Orangen- und Pinienhaine allein vier Gärtner beschäftigen. Zuvor gehörte das Ganze dem König Leopold II. der Belgier, dem berüchtigten Vollbärtigen von vor hundert Jahren. Berüchtigt nicht nur, weil er im »Herzen der Finsternis«, dem gigantischen Kongostaat, der ihm persönlich gehörte, das Auspeitschen, die Sklaverei und ähnliche »Kongogräuel« zuließ und sogar förderte. Sondern auch wegen seiner schönen Mätresse, der renommierten Pariser Luxuskurtisane Cléo de Merode, deretwegen er unvermeidlich als »Cléopold« in die Geschichte einging. Und die uns noch als uralte, karottenrot eingefärbte Greisin erzählte, der König habe ihr seinerzeit den Kongo als Hochzeitsgeschenk angeboten, falls sie ihn heiraten wolle … was sie jedoch ausschlug. Die Villa hätte sie aber doch einmal bewohnt, berichtet Searle stolz und zeigt uns sogar ihre Fenster. Und wie sich hinterher ein einfacher Autor das alles habe leisten können? Nun ja, meint der Sekretär wegwerfend, schon in den Zwanzigern bezog ja der »Maître« von amerikanischen Zeitschriften einen Dollar für jedes goldene Wort. Während ein Hemingway noch für einen Cent pro Wort malochen mußte.

Auf dem steinernen Gartentisch, an dem wir uns in Erwartung des »Maître« niederlassen dürfen, liegt ein Exemplar seiner Autobiographie aus, *The summing up*, was etwa »Das Fazit« bedeutet. Offenbar für uns zum Durchblättern bestimmt. Nun ja, das Fazit kann sich sehen lassen: 80 Bücher, etwa 80 Millionen Mal verkauft, heißt es, dank makelloser Erzählkunst (»meine Geschichten gehen auf«) und nie veraltender skeptisch-urbaner Lebensansicht. Natürlich wird er von seinen zahlreichen Neidern und Verächtern gern als Snob verunglimpft, als Reisender in Exotik, als Sammler von Berühmtheiten (bis er selbst zur Sehenswürdigkeit wurde). »Maugham und seine Geschichten, das bedeutet Ehebruch in China, Mord in Malaisien, Selbstmord in der Südsee, bunte Begebnisse voller Gewalt«, so sein Freund Graham Greene etwas herablassend, obwohl er ja selbst aus ähnlichen Tüten nascht. Hingegen D. H. Lawrence: »Ein glänzender Beobachter. Menschen und Umwelt gewinnen bei ihm höchste Präsenz.«

Warum mußte dann der längst klassisch gewordene Autor seine verstorbene Frau Syrie neulich in der Zeitung verunglimpfen, seine Tochter enterben, dafür den Sekretär adoptieren und zum Alleinerben einsetzen? Der sich nun so selbstverständlich mit dem Maître identifiziert wie nur irgendein Boxmanager mit »seinem Fighter«. Weist jetzt auf das Dach der Villa, wo man ein hochragendes Teleskop ausmachen kann, denn »*wir* sehen gerne nach den Sternen«. Auf dem Gartentisch auch ein neumodischer Transistor-Winzling, »*unser* jüngstes Spielzeug«.

»Hätte ich alle Gefühle, die ich spiele, wäre ich ein Wrack«, erklärt Julia lachend in dem Film. Hat Maugham alle Gefühle, die er so dramaturgisch wirksam in seinen Charakteren beschrieb, selber ausgekostet? (Im Grunde mußte es diese Frage gewesen sein, die den romantischen Jungreporter zu ihm hintrieb!) Aber war das überhaupt nötig, dieses Durchkosten? Maugham selbst berichtet ja nur zu gern – auch in dem Buch, das jetzt vor uns liegt –, daß er zwar manchmal aus eigenem Erleben schöpfe. Aber »öfter noch habe ich Menschen, die ich kennenlernte, dazu verwendet, aus ihnen die Charaktere meiner Erfindung zu schnitzen«. Maughams Genie: das Allgemeingültige, besser: das allgemein Erwünschte aus diesen Zufallsbekanntschaften seiner zahlreichen Weltreisen herauszudestillieren. Wahrscheinlich ist er deswegen so häufig verfilmt worden wie kaum ein anderer Autor der Literatur mit Ausnahme von Simenon. Teils abendfüllend, dann wieder im Dreierpack oder als Quartett. Den Rekord hält bestimmt *Regen*, »eine Geschichte, die ich wortwörtlich auf der Überfahrt nach Ponga-Ponga hörte, ich brauchte sie bloß aufzuzeichnen«. Und so beginnt auch die Story auf Maughams Lieblingsschauplatz, an Bord eines Dampfers auf dem Weg in die Südsee. Wo der solide und selbstverständlich verheiratete Missionar ein liederliches Frauenzimmer, das durch ihr anstößiges Benehmen und ihre schrille Kleidung unangenehm auffällt, zu bekehren unternimmt. Dies gelingt ihm auch, dank zahlreicher Hausbesuche. Und Miss Sadie Thompson ergeht sich hinfort in züchtiger Lebensweise. Bis zu jenem fatalen Abend, als sie nach einer letzten Visite ihres Mentors plötzlich, zu allgemeiner Empörung, ihr früheres Gehabe wieder aufnimmt. Und, nach dem Grund befragt, nur die zwei Worte herausstößt: »Männer ... Schweine ...!« Bisher viermal verfilmt, darunter mit drei der größten Hollywood-Diven ihrer Zeit: Gloria Swanson, Joan Crawford und Rita Hayworth ...

Hierauf endlich ein grandseigneuraler Auftritt von Somerset Maugham die Gartentreppe herunter. Mit Stock, aber – trotz neunzig Lebensjahren – gelenkiger als erwartet. Da, laut Searle, von einer Frischzellenkur in der Schweiz kommend. Elegant gekleidet mit britischem Sportsakko. Der breite zynische Mund herabgezogen, das braungebrannte Gesicht durchfurcht von Runzeln, die aber irgendwie an der falschen Stelle zu sitzen scheinen. Kein edles Altersantlitz, eher ein verschlagener, weltgewandter Asiate, der mehr Lebensklugheit als Weisheit ausstrahlt, weniger Vervollkommnung als Resignation. »Ich weiß, wohin ich gehöre« (dies sein bekanntester Satz): »In die erste Reihe des zweiten Gliedes.« Gibt uns allen demokratisch die etwas weibliche Hand, dazu mit mokantem Grinsen: »Vor drei Jahren hätten Sie kommen müssen. Da hatte ich noch alle meine Sinne beisammen.« Zieht dann zu unserer Verblüffung ein Buch aus der Tasche. Und rezitiert in gutem Deutsch, an der Universität Heidelberg erlernt (mein Gott, denkt man, das muß ja noch tief ins 19. Jahrhundert zurückreichen, Alt-Heidelberg, was sonst), einen Vierzeiler von Goethe, angeblich dort für sich entdeckt: »Alles geben die Götter, die unendlichen / ihren Lieblingen ganz. / Alle Freuden, die unendlichen, / alle Schmerzen, die unendlichen, ganz.« Woraus, unter Streichung meiner vorbereiteten Notizen (Was halten Sie von der französischen Küche? Welche Farben ziehen Sie vor?), sich die nächste Frage wie von selbst ergibt: »Sind Sie einer dieser Lieblinge der Götter?«

»Ja, aber ich habe immer mehr gelitten als ich mich gefreut habe, viel mehr. Wenn ich mein Leben neu leben könnte, würde ich sagen: Nie wieder! Ich hatte ja dieses Stottern, das mir mein ganzes Leben ruiniert hat. Ich bin ausgelacht worden, weil ich stotterte. Einmal stand ich an einer B-B-Bushaltestelle und konnte nicht den Namen des Ortes herausbekommen, zu dem ich wollte. Und man schickte mich an das Ende der Schlange zurück!«

»Aber das ist doch achtzig Jahre her! Und sowas schmerzt noch immer?«

»Oh ja, noch heute. Nur jetzt, jetzt liegt mir nicht mehr so viel daran. Je m'en fiche … Ich nehme an, Sie verstehen F-F-Französisch?«

»Aber ist es nicht gerade dieses Elend, das Ihnen Ihre besten Bücher herausgepreßt hat?«

»Ich glaube schon. Das ist gewiß wahr. Aber ... hat es sich gelohnt?«

Bei diesem komplizierten Wort »worthwhile« bricht jetzt sein Stottern endgültig durch. Das er aber geschickt zu dem berühmten »äh äh« der britischen Oberklasse ummünzt, das Wort-Verachtung signalisieren soll. Spüre trotzdem bei ihm wachsende Alterslust am Geständnis: Soll doch alles aufs Tapet, jetzt können sie dir nichts mehr anhaben!

»Mr. Maugham, Sie haben eigentlich immer gelebt, wie Sie wollten?«

»Oder wie ich mußte. Geschlecht ist Schicksal, wer hat das gesagt? Ich glaube, Ihr Nietzsche. Ursprünglich dachte ich ja, ich wäre zu neunzig Prozent wie andere Männer, und zehn Prozent homosexuell. Während es sich in Wirklichkeit eher umgekehrt verhielt. Nur vergessen Sie nicht, ich war schon ein junger Mediziner in London, als Wilde verurteilt wurde. Und zum Märtyrer fühlte ich mich nicht berufen.«

»Sie haben einmal gesagt, Glück sei der einzige Sinn des Lebens.«

»Habe ich das wirklich so gesagt? Nun, vielleicht ist es wahr. Sie kennen ja wohl den Ausspruch von Baudelaire, er bedaure, daß zwei Freiheiten nicht in die Erklärung der Menschenrechte aufgenommen seien: Das Recht, sich zu widersprechen, und das Recht zu gehen.« Zitiert dann einen Satz aus seinem großen autobiographischen Jugendroman *Der Menschen Hörigkeit:* »Kann sein, es war eine Niederlage, sich dem bloßen Glück zu ergeben. Aber diese Niederlage war größer als viele Siege.«

Ist erstaunt, daß ich den langen Roman gelesen habe. Die Geschichte eines Medizinstudenten, eines Waisenkindes mit Klumpfuß, der sich in die primitive Kellnerin Mildred verliebt und ihr verfallen bleibt, bis sie ihn fast zugrunde richtet. (1946, in

175

der besten dreier Verfilmungen, von Bette Davis gespielt.) Es ist klar, daß es sich hier um den jungen Willie Maugham handeln muß, der Klumpfuß nichts anderes als eine Umsetzung seines Stotterns. Ob sich hinter der verschlagenen Mildred etwa eine männliche Figur verbirgt – wie so oft bei Tennessee Williams oder Edward Albee – muß offenbleiben. Maugham selbst hat es immer abgeleugnet.

Der Meister jetzt sichtlich ermüdet, wir beginnen unseren Abschied. Dazu Maugham, er hoffe, genug unterhaltsam gewesen zu sein. »Vergessen Sie nicht, Kunst will vorab unterhalten. Nur daß viele diese Wahrheit schockierend finden, weil unsere Kultur das Vergnügen mit Argwohn betrachtet.« Dann, während er uns schon zum Parkausgang geleitet, unsere letzte Frage nach seiner Lebensphilosophie. Er antwortet mit dem orientalischen Märchen aus einem seiner Bücher: Ein junger Diener sieht auf dem Marktplatz von Bagdad den Tod stehen, in ein Laken gehüllt. Und bittet seinen Herrn: »Leih mir dein schnellstes Pferd, damit ich nach Samarra entfliehe, wo der Tod mich nicht finden wird.« Es geschieht, und der Herr begibt sich auf den Markt, wo er den Tod an der nämlichen Ecke stehen sieht. »Mein Diener ist jung und gesund, warum hast du ihn zu dir gewunken?« »Ich habe deinen Diener nicht herbeigewunken«, spricht der Tod. »Es war nur eine unwillkürliche Geste der Überraschung, ihn noch in Bagdad zu finden. Während ich doch heut nacht mit ihm verabredet bin in Samarra.«

Zwei Jahre später ist Maugham dann gestorben. Nicht ohne vorher seinen wissenschaftlichen Freund, Sir Alfred Ayer, an sein Bett zu rufen, um sich bestätigen zu lassen, es gebe kein Leben nach dem Tode … Da wir gerade an der Südküste drehten, fuhren wir mit dem Teamwagen hinüber. Die Feierlichkeiten waren bereits zu Ende. Vor dem schwarz verhängten Eingang der anglikanischen Kirche standen noch ein paar britische Familien. Man sprach über seine verleugnete Religiosität − er hatte immerhin *Auf Messers Schneide* geschrieben: die Geschichte eines spirituellen Wahrheitssuchers (im Film spielte auch Kortner eine Episodenrolle) und ein erstaunlicher Vorläufer der New-Age-Bewegung.

Bin deprimiert und schlage Kinobesuch in Nizza vor. James Bond natürlich. Beim Zuschauen fallen mir die ganzen notierten Fragen ein, die ich damals Maugham nicht gestellt hatte. Auch über sein Buch *Ashenden* (es wurde erst viel später unter dem Titel *Ein Abstecher nach Paris* ins Deutsche übersetzt). Eine Sammlung der realen Abenteuer eines britischen Kriegsspions, aus denen sich dann Alfred Hitchcock für seinen *Secret Agent* reichlich bediente. Zum ersten Mal wird hier ein Geheimagent nicht − wie noch bei Joseph Conrad − als politischer Wirrkopf und Blindgänger dargestellt. Sondern als überlegener Gentleman der Oberklasse, sexy und weltmännisch. Und als solcher Vorbild für den James Bond von Maugham-Freund Ian Fleming. Maugham selbst war ja im Weltkrieg, als Reporter getarnt, britischer Spion gewesen, zuerst in Genf, danach in Petrograd. Wo er anno 1917 sogar dazu ausersehen war, die russische Oktoberrevolution zu hintertreiben, nur eben durch sein verräterisches Stottern um den Erfolg seiner Bemühungen kam. Da Maugham in seinem Buch den Spion Ashenden natürlich nach seinem eigenen Image formte, ergibt sich die eigentümliche Gleichung, daß James Bond in Wirklichkeit nichts anderes sei als ein glorifizierter Somerset Maugham! Während der Heimfahrt taucht dann die Frage auf, welcher von den zwei Aspekten des Dichters, der elegante Haudegen oder der mokante Skeptiker, länger beim Publikum überleben werde. Ich tippe auf letzteren.

Eigentlich war es ja das Kleine Schwarze, das mich nach Paris brachte. Und natürlich die Frau, die darin stak. Dieses einfache tiefschwarze Kleid, Symbol und Zusammenfassung der hoffnungsvollen Verzweiflung, die damals das Psychoklima der Nachkriegsjugend beherrschte. Obwohl ja die meisten von uns vom gängigen Existentialismus nicht viel anderes mitgekommen hatten als den Begriff. Aber da gab es dieses irgendwie hirnrissige Leben, das man jahrelang geführt hatte als Emigrant und als Soldat. Und danach war man in Gottes Namen Student geworden in diesem sonnigen Narrenparadies Südkalifornien. Was etwa so zu einem paßte, so auf die eigene Seelenform zugeschnitten war wie alles Bisherige. Und jetzt also dieses Kleid, und die kleine Frau darin mit ihrem pathetischen Organ, das direkt aus den Eingeweiden zu stammen schien. Auf einer Schallplatte, gekauft am Hollywood Boulevard, die aber natürlich aus Paris kam. Eine Stadt, welche man ja in allerhand Lebenslagen schon kennengelernt hatte, mehr schiefen als geraden. Die sich aber jetzt unter diesen rauhen, anschwellenden, ausgegossenen Tönen, diesem gewaltigen schmerzzerrissenen Vibrato (»eine Welle schwarzen Samtes«, laut Jean Cocteau) in pure Romantik verklärte. Das hier war Europa, da war das wahre Leben, nirgendwo sonst! Und dahin mußte man zurück.

Das Kleine Schwarze – sie trug es, nach eigenen Worten, wie eine Uniform: »Ich bin Soldat.« Niemand hat die Piaf je weinen sehen – außer einmal, in ihrem Todesjahr, als sie vorübergehend die Stimme verlor. Und auch die »Paras«, die berüchtigten französischen Fallschirmjäger im Algerienkrieg, irrten sich nicht, als sie nach zusammengebrochenem Putschversuch auf Lastwagen in die Verbannung zogen, unter Absingung des letzten großen Chansons der Piaf, »Non, je ne regrette rien«, nein, ich bedaure nichts, weder das Gute, das ich tat, noch das Böse, es ist mir egal …, irgendwo muß ich die Aufzeichnung davon noch besitzen. Obwohl das Lied ja, wie – mit geringen Ausnahmen – alle ihre Chansons, gar nicht von ihr selber stammte, sondern von professionellen Textern und Komponisten. Aber es war ihr eben auf den Leib geschrieben, unserer kleinen Soldatin, die nach diesem Rezept gelebt hat und auch gestorben ist. Mit ungebrochener Bravour noch im Höllental der Verzweiflung, und immer lächelnd, solange ich sie gekannt habe.

Zu ihrem Begräbnis auf dem Père-Lachaise-Friedhof sollen so viele Menschen erschienen sein wie nicht mehr seit Victor Hugos Staatsakt: mehrere Hunderttausende. So daß es am Grab zu tumultartigen Szenen kam und die Polizei eingreifen mußte, um die trauernden Prominenten zu schützen. Darunter auch eine gealterte Marlene Dietrich, dicht neben Ediths letztem knabenhaften Gatten, Théo Sarapo. Sowie eine ganze Riege früherer Gefährten und Geliebter, wie etwa Aznavour, Bécaud, Brialy, Yves Montand und unzählige andere. Es fehlte ihre vielleicht einzige wahre Liebe, der frühverstorbene Boxer Marcel Cerdan. Es fehlte ihr lebenslanger »erster Sekretär« und Hofnarr Claude Figus, der sich kurz zuvor das Leben nahm. Und es fehlte auch ihr Bewunderer Jean Cocteau, der das Pech hatte, am selben Tag wie sie, am 11. Oktober 1963, das Zeitliche zu segnen. Und daher mit einer weit geringeren Anzahl von Trauergästen vorliebnehmen mußte. Wie Edith das alles genossen hätte! Als ich nach stundenlangem Kampf endlich zu ihrem Grab vordringen kann, bemerke ich, daß in der ausgebauten Gruft auch schon die zwei Menschen liegen, die ihre frühe Jugend bestimmt haben mußten: Der Vater Louis Gassion, seines Zeichens Akrobat und Gummimensch (die Ehefrau, Straßensängerin, verschwand bald aus der Familie). Und Ediths uneheliche Tochter Marcelle, die sie mit siebzehn irgendeinem Pariser Straßenjungen gebar und die schon mit zwei Jahren an einer Meningitis starb, ihre Mutter wahrscheinlich mit lebenslang unfruchtbarem Schoß zurücklassend.

Edith Gassion: Der Vorname stammt von der kurz vor ihrer Geburt 1915 von den Deutschen als britische Spionin erschossenen Edith Clavell. Der Zuname dann wieder eigentümlich gemischt aus Gassenhauer und Passion! Ist sie wirklich im Pariser Proletarierviertel Belleville auf einer Polizeipelerine geboren, weil ihre Mutter es nicht mehr ganz zum Kommissariat schaffte? Oder haben wir hier eins von Ediths vielen zusammenphantasierten Lebensmärchen? Wie etwa auch das von den zehn Franken, die sie für das Begräbnis der kleinen Marcelle nur aufbringen konnte, indem sie einem fremden Mann aufs Zimmer folgte? (Später dahingehend bereinigt, daß der gerührte Freier ihr nach Aufzählung ihrer Kümmernisse das Geld ohne Gegenleistung geschenkt habe.) Oder die Geschichte von der Großmutter, bei der sie aufwuchs und die im normannischen Bernay als Bordellmutter tätig gewesen sei (in Wirklichkeit war sie Köchin). Oder daß Edith dort blind geworden und nur nach einer Pilgerfahrt zur Heiligen Therese von Lisieux geheilt worden wäre (in Wirklichkeit verdankte sie die Heilung von einer Augenkrankheit der Vorschrift des Arztes, sechs Monate lang eine schwarze Augenbinde zu tragen – der wahrscheinliche Grund ihrer lebenslangen panischen Angst vorm Alleinsein im Dunkeln).

Keine Auskunft gibt es darüber, ob Edith je von einer anderen im selben Jahr geborenen Sängerin viel gehört hat, die einen vergleichbaren Kampf gegen Armut, Alkohol, Drogen und schlechten Sex zu führen hatte. Die wie sie niemals allein sein konnte. Deren Texte oft auch von der Piaf hätten gesungen sein können (»ich hab sie satt, die Tricks, die du mir spielst!«). Und von der man sagte, ihre Songs erfüllten sie mit solch wilder Freude, daß sie »die Umwelt gar nicht wahrnahm, solang das Lied dauerte«. Ich spreche natürlich von Billie Holiday. Die ja noch auf dem Totenbett bei einem Drogentrip verhaftet werden sollte. Während Edith ihrerseits ins Koma fiel, als sie, schon schwer leberkrank, gegen alles ärztliche Verbot sich und ihren Freunden eine reichliche spanische Paella samt dazugehörigem Wein auftischte (»meint ihr, ich werde mich genieren?«).

Gesehen habe ich die Piaf, meiner Erinnerung nach, zum ersten Mal im Sommer 1940, als sie in den Bouffes Parisiens, oder war es das Marigny, in dem Stücklein *Der schöne Gefühllose* spielte, das Cocteau auf ihre Bitte für sie und ihren damaligen Geliebten Paul Meurisse geschrieben hatte. Kann es sein, daß man in Paris nur Wochen nach dem deutschen Einmarsch schon wieder Komödie spielte? O ja, um so eher als Cocteau sich wenig um Politik scherte. (Hatte er nicht seinerzeit, als Lebensgefährte Jean Marais mit den Worten »Der Krieg ist ausgebrochen!« ins Zimmer stürzte, völlig entgeistert gefragt: »Krieg gegen wen?«) Meurisse – ehemaliger Boy in der Tanztruppe der Blue Bell Girls – bleibt dann einer von Piafs »Kurzfristigen«. Gefolgt von (nicht notwendigerweise in dieser Reihenfolge, die nicht immer leicht zu etablieren ist) Yves Montand, damals ein »Cowboysänger«, den sie, wie so viele ihrer Liebhaber, mit verbissener Energie zum Star macht. Dito Charles Aznavour, für den sie überdies die Nasenoperation bezahlt, die ihm erst das öffentliche Auftreten ermöglicht. Er wird sie durch acht Jahre ihres Lebens begleiten, ohne je ihr Bett zu teilen – sie gab nichts auf kurzbeinige Männer. Immerhin konnte er den Walzer verkehrt herum tanzen, ohne von der Stelle zu rücken, wie es in den Ganovenlokalen ihrer Jugend Usus war. Dann gab es den Schwergewichtsboxer Marcel Cerdan, der leider 1949 bei einem Flugzeugunglück umkam, auf dem Weg zu einem Revanchekampf gegen den »wütenden Stier«, Weltmeister La Motta. Seine Boxhandschuhe führte sie lebenslang in ihrem Reisegepäck mit sich. Und bewog sogar aus lauter Liebe seine Witwe samt drei Kindern kurzfristig zu einer Wohngemeinschaft. Hätte sie ihren Marcel schließlich auch abgestoßen wie alle übrigen? Möglich ist es schon. Da er aber nun tot war, mußte ein spiritistisches Medium angeheuert werden, um mit ihm in jenseitige Verbindung zu treten. Sowie ein rundes Nipptischchen (»guéridon«), das sich auf Klopfsignale verstand und über Jahre hinweg bis nach Amerika mitgeschleppt wurde. Die Botschaften befaßten sich dann erstaunlich oft mit höheren Geldbeträgen, die an Seanceteilnehmer auszuzahlen waren. Darob vom skeptischen Charles Aznavour zur Rede gestellt: »Ihr seid arme Schweine, ihr glaubt an gar nichts!« Auf Cerdan folgte, wenn ich mich recht erinnere, der junge Chansonsänger Moustaki, ein erster griechischer Hirtenknabe. Der ihr immerhin das Chanson »Mylord« schrieb. Und einer der wenigen blieb, die ihr je den Laufpaß gaben: »Ich hab eine Jüngere, zähl nicht mehr auf mich.« Worauf Edith – laut ihrem Leibjournalisten Jean Noli – alle Ringe, Armbänder, Ketten, Diamanten, die der Entschwundene ihr je geschenkt hatte, zusammenraffte und unter Protest der Umwelt die Klomuschel hinunterspülte: »Den sind wir los!«

Wir, das betraf ja nicht nur sie selber, sondern die ganze wechselvolle »Familie«, mit der sie sich zeitlebens umgab (so wenig zum Alleinsein geschaffen wie etwa Muhammad Ali). Zu dieser Familie gehörte, neben dem Liebhaber »en titre«, als wichtigster Mann ihr hingebungsvoller Impresario »Loulou« Barrier. Dem es immer wieder, und häufig durch Griff in die eigene Tasche, gelang, die Barke dieser enragierten Verschwenderin vor dem Untergang zu bewahren. Hatte sie ihn nicht gar beauftragt, monatliche Überweisungen an sechs Bedürftige ihrer Bekanntschaft vorzunehmen, dazu unzählige weitere an die Absender der Bettelbriefe, die tagtäglich bei ihr eintrafen? Und hatte er nicht Ersatz zu schaffen für ihr Auto, das sie einem mittellos im Lokal auftauchenden Bühnenartisten spontan geschenkt hatte, oder auch – aber hier sind wir wohl schon im Mythos – für auf der Straße verteilte Pelzmäntel? Nicht zu reden von den Gegenständen, mit denen sich jeder Besucher ihrer Wohnung eindecken durfte, von Büchern und Schallplatten bis hin zu Handtaschen und Radios. Nie hat Edith irgend etwas zurückverlangt, nie verliehenes Geld eingefordert. Sie kannte keinen Besitzerstolz – es sei denn auf die stattlichen und zunehmend jugendlichen Männer des Augenblicks. Die an Théo vererbte Wohnung, die ich nach ihrem Tod besichtigen durfte, enthielt nur die simpelsten, um nicht zu sagen spießigsten Möbel und Gebrauchsgegenstände (und selbst die schienen alle mit Gerichtsvollziehermarken beklebt).

Neben Loulou Barrier war es vorzugsweise der Chef der Olympia Music Hall, Bruno Coquatrix, dem sie lebenslang treu blieb. Wenn der historische Saal heute nach ihm genannt wird, rührt das den Besucher um so mehr, als man inzwischen weiß, daß nur Ediths Auftritt ihn mehrfach vor dem Konkurs bewahrte. Und sie deshalb ihren »tour de chant« auch noch im Zustand der totalen Erschöpfung immer wieder zustandebrachte ... Auch Aznavour und diverse Musiker wie Francis Lai gehören zur Familie, die Komponistin Marguerite Monnot und der erwähnte »erste Sekretär« und Mädchen für alles Claude Figus. Dessen Traum Edith seit seinem zwölften Lebensjahr darstellt. Wann immer ein neuer Liebhaber auftaucht, verschwindet er taktvoll und kehrt erst später zurück als Tröster nach dem Abschied. Sein größter Coup: Um Edith zu beeindrucken, hockt er sich mit einer Bratpfanne zur ewigen Flamme unter dem Triumphbogen, brät darauf zwei Spiegeleier. Das Resultat: acht Monate Santé-Gefängnis und eine weiter nicht bekümmerte Piaf. Ein Jahr nach ihrer Heirat mit Théo Sarapo, die diesmal etwas endgültiges hat, wird er sich in Saint-Tropez ums Leben bringen. Hat er je mit Edith geschlafen? Nach eigener Aussage nur ein einziges Mal.

Weiters gehören noch zur »Familie« ein Zimmermädchen, eine Köchin, ein Chauffeur, später dann eine Krankenschwester. Und wann immer sie im Lande ist, die große Freundin Marlene Dietrich. Die Edith bekocht, beschenkt, mit Ratschlägen sowie spiritistischen Lehren versorgt … und auch einmal eine ihrer Hochzeiten für sie ausrichtet. Marlene ist Ediths Ideal. Nicht so sehr um ihrer Sangeskunst willen als ihrer imposanten Figur und langen Beine! Die besagte Hochzeit – auch das wird nicht lange dauern – gilt übrigens dem Chansonsänger Jacques Pills, einem hochgeschossenen Mannsbild, gutaussehend, viril, sowie ihrer professionellen Hilfe bedürftig, kurz der ideale Gatte. Den sie ganz in weiß heiraten wird. Nicht zu Unrecht, denn diese Despotin tritt ja jedem neuen Mann wie jungfräulich gegenüber. Immer wieder in der rührenden Zuversicht, daß sie diesmal ihr Gefühl zu Recht investiert, daß der Erwählte sich als fähig erweisen wird, lebenslang sowohl ihr Schüler zu bleiben als auch ihr Beherrscher – ein unmögliches Unterfangen.

Dazu Charles Aznavour später in einem Interview zum

Autor: »Sie war auf der Höhe ihres Ruhmes. Denken Sie nur: Mon légionnaire, L'accordéoniste, La vie en rose … Man strömte ins Olympia, in die Tourneen, Amerika lag ihr zu Füßen, eine Plattenauflage von 100 000 verkaufte sich in fünf Tagen. Nur mit den Männern schien es nie richtig zu klappen. Immer wieder präsentierte sie uns einen Neuen: ›Das ist von heute an der Patron!‹ Und eine Minute später flüsternd zu mir: ›Hoffentlich hält der über den Winter!‹ Dann bekam er sein goldenes Feuerzeug verpaßt, seine goldene Uhr von Cartier, seine goldenen Manschettenknöpfe, seine Krokoschuhe. Und natürlich seinen blauen Anzug. Und ob Sie es glauben oder nicht: Einmal hat diese Schmetterling-Sammlerin acht blaue Anzüge zu einem Diner zusammengebracht, acht! Und wer immer der Auserwählte war – er mußte für sie zum Star werden: Weltmeister im Singen, im Boxen, im Radrennfahren, im Schreiben, ganz wie bei Hemingway. Es herrschte ein Dauerklima der Hochspannung, der Kreativität. Privatleben war ausgeschlossen. Ob der Arme nun anderweitig verheiratet war oder nicht, er hatte jeden Augenblick für sie da zu sein. Und Edith entschied über alles, sie allein. Was sie bei Tisch bestellte, hatten alle übrigen zu bestellen. Eine Woche aßen wir nur Kalbsleber, dann wieder vegetarisch. Was sie liebte, hatten wir zu lieben. Sie liebte *Arturo Ui* von Brecht – wir sahen es sechsmal hintereinander. *Die Stühle* von Ionesco: elfmal! Sie liebte ein Landhaus und kaufte es für 17 Millionen, wir hatten es auch zu lieben. Die Tatsache war aber, daß sie das Landleben verabscheute, einschließlich Berge, Seen, Meer, sogar Schwimmbassins. Sie verkaufte das Landhaus für neun Millionen, und das war's dann.

Einmal bewohnen wir ein Wolkenkratzerhotel in New York, sie im feinsten, obersten Stockwerk, wir natürlich tiefer. Es war die Zeit, als sie mit dem amerikanischen Sänger und Schauspieler Eddie Constantine zusammen war, also auf nach Amerika! Mitten in der Nacht bekommt sie es mit der Angst zu tun, daß der Turm im Wind wackelt. Sie rüttelt Eddie wach, dann schrillt auch mein Telefon: ›Tausch dein Zimmer mit mir!‹ Eine halbe Stunde lang hatten wir ihr Zeug hinunter zu transportieren und unseres hinauf. Kaum ist man endlich eingeschlafen, erneuter Anruf: ›Dieses Zimmer ist ein Krampf, wir tauschen zurück. Ich geh wieder zu den Reichen!‹ Was sollten wir tun?«

Dann Aznavour über ihre unerbittliche Ausdauer: »Sie probte unaufhörlich. Jede Betonung, jede Kopfbewegung, jede Geste, jeder Blick, jeder Beleuchtungseffekt war bis ins kleinste ausgeknobelt: ›Wenn die hier nicht heulen, dann haben sie Herzen aus Stein!‹ Später, bei der Vorstellung, füllte sie die Routine mit diesem ungeheuren Seelenschrei! Die Proben dauerten Stunden, manchmal bis tief in die Nacht hinein. Sie selbst konnte ja nachts nicht schlafen. Daß sich Menschen, die schon den ganzen Tag gearbeitet hatten, nach ihrem Zeitplan richten mußten, schien ihr selbstverständlich. Wie bei Hitler, wenn Sie den Vergleich entschuldigen. Wer gähnte war draußen. Wer protestierte, verschwand. Lange hielten es nur wenige aus …«

Mit Eddie Constantine, dem gutmütigen Amerikaner aus Los Angeles, später ein Krimiheld, sah ich sie dann in dem Musical *La p'tite Lili*. Ihr auf den Leib geschneidert von dem Bühnenroutinier Marcel Achard. Ein furchtbarer Schmarrn, aber Edith so herzergreifend, daß ich nachher wie verzaubert durch die Nacht vom Montmartre quer durch Paris zum Montparnasse hinübermarschierte, wo ich damals beheimatet war … und was ich nie wieder gemacht habe. Ich war stolz, Pariser zu sein, diesem volkhaften »Paname« anzugehören, das sie verkörperte. Und das inzwischen längst verschwunden ist, wenn auch seine Spuren noch da und dort sichtbar bleiben.

Habe ich noch andere ihrer Liebhaber vergessen? Nun ja, da war kurzfristig der amerikanische Schauspieler John Garfield, der amerikanische Maler Douglas Davis, der Chansonsänger Felix Marten, der Liedermacher Charles Dumont. Der ihr das Chanson »Nein, ich bedaure nichts« schenkt, die Bilanz ihres Lebens, und der erst in ihren Händen richtig schöpferisch wird. So daß sie zu ihrem nächsten Auftritt im Olympia fast sämtliche Lieder ihrer Uraltfreundin Marguerite Monnot ungeniert hinauswirft, um statt dessen vierzehn Stücke von Dumont zu bringen. Der sich jedoch, anderweitig verheiratet, ihrem Bett verweigert. Dumont später: »Edith ist ein Empfänger, und wir sind die Sender. Sie lebt von unseren Batterien. Sie laugt uns aus, danach kann sie uns umstandslos wegwerfen ...«

Mairie des 16. Arrondissements, um die Ecke vom Trocadéro. Wie bei mir üblich, sind wir zwei Stunden zu früh vorgefahren. Weil ich nichts so fürchte wie die »pagaille« – den Kampf bis aufs Messer, wenn die ewig aufgeladenen Pariser ihre Nerven verlieren. Da endlich Edith, aus dem Auto kletternd, ein winziges Persönchen, umdrängt von jauchzenden Menschentrauben! Fest an ihrer Hand, als könnte er ihr noch im letzten Moment entschlüpfen, dieser großäugige griechische Hirtenknabe mit dem Bacchusgesicht, der um die Hälfte jüngere und doppelt so lange Théo Sarapo, den sie heute ehelichen will.

Dies ist ihr großer Moment ... fast so groß wie der jüngst gesehene zwanzigminütige trampelnde Applaus nach ihrem Auftritt. Nach ihren tragischen Klageliedern, die ja auch, wer spürt das nicht, ein Triumphgeheul sind über das Leben. Über diese ewigen Unfälle, Krankheiten, toten und verlassenen Geliebten, Operationen, Alkohol- und Rauschgiftorgien, Entziehungskuren, Rückfälle, diese sich immer enger ziehende Spirale von Selbstzerstörung und Wiederauferstehung: Laut Ärztebefund eine Tote auf Urlaub. Aber dazu immer dieses spöttische, sardonische, auch befreiende Gelächter. Nie habe ich sie, außer beim Singen oder den Werbefotos, feierlich gesehen. Heute nun ihr neuestes Comeback, gewiß auch ihre letzte Chance: Heirat der Frühverblühten mit dem kindlichen Friseurgehilfen Théodore Lamboukas, diesem knabenhaften Epheben, den sie Sarapo nennt, nach dem Griechischen für »ich liebe dich«. Und zweitausend Menschen drängen sich jetzt an sie heran, um sie mit den Fingern zu berühren, weil das Glück bringen soll, wie bei einem Buckligen. Frauen vor allem, die in ihr das Märchen verkörpert sehen von der ewigen Gänseliesel oder Schweinehirtin, dem Aschenbrödel, das es zur Prinzessin gebracht hat. Eine Prinzessin allerdings, die jetzt gerade noch ein Jahr leben darf.

Kurze Ansprache des Bürgermeisters in blauweißroter Schärpe, der den beiden dann das Jawort abverlangt. Das Théo bescheiden flüstert, Edith trotzig herausschmettert, gegen die ganze Welt. Denn daß ihr Publikum sie als lächerlich empfinden könnte, ist jetzt ihre einzige Sorge, die sie aber tapfer niederkämpft. Noch am selben Abend Auftritt im Olympia, in einem Duett mit dem, trotz aller ihrer Lektionen, niederschmetternd unbegabten Théo: »Wozu dient die Liebe…« Wobei sie den kindlichen Riesen von unten herauf dermaßen verliebt anhimmelt, daß man ihr alles verzeihen muß. Nachher gefilmtes Interview in der Kulisse, das die beiden Hand in Hand über sich ergehen lassen. Edith wieder mit ihrem herausfordernden Lachen, das in diesem verwüsteten Clownsgesicht geradezu gespenstisch wirkt, ein gealterter Pierrot.

»Edith, in Ihrem Leben, hat da Glück oder Unglück überwogen?«

»Es gleicht sich aus. Aber ich bin immer zehnmal so glücklich und zehnmal so unglücklich wie alle andern.«

»Wenn Sie neu anfangen könnten, würden Sie ein anderes Leben haben wollen?«

»Nein, haargenau dasselbe Leben.«

»Wissen Sie, daß viele Leute sich über Ihre Heirat lustig machen?«

»Sollen sie bloß. Ich heirate ihn ja, nicht sie.«

»Was lieben Sie am meisten auf der Welt?«

»Die Liebe. Und meinen Beruf.«

»Und was hassen Sie?«

»Alles übrige.«

»Wenn Sie nicht Sängerin wären, was möchten Sie sein?«

»Tot.«

Ein Jahr später, nicht lang nach ihrem Begräbnis, Besuch in der Wohnung am Boulevard Lannes, die der Witwer geerbt hat. Und sonst wenig, außer ihren gewaltigen Schulden. Was konnten die zwei einander wirklich bringen, fragt man: »Wir waren zwei verlorene Kinder, wir haben uns gegenseitig die Rettungsringe zugeworfen.« Jetzt tingelt Théo brav durch die Lande, nimmt jedes Engagement an, lebt, um Geld zu sparen, von Sandwiches, schläft, wenn es sein muß, im Auto. (Es ist der weiße Mercedes, den Edith ihm zur Hochzeit geschenkt hat, obwohl er eigentlich eine Spielzeugeisenbahn erhoffte.) Er hat sich geschworen, alle Gläubiger zu befriedigen, wird es aber nie schaffen, da er schon wenige Jahre später bei einem Autounfall ums Leben kommt.

Etwa um die gleiche Zeit verabredet mit dem Schauspieler Eddie Constantine. Sein Vermögen eingebüßt am Pferderennplatz, seine Filmkarriere beendet durch Jean-Luc Godards Science-Fiction-Film *Alphaville*. In dem die zerschundene Haut des Krimihelden dank eines neuen, hochempfindlichen Materials leider so zutage trat, als wäre er ein aknezerfressener Bukowski. Eddie bitter über Edith: »Die körperliche Liebe bedeutete ihr nichts. Nie spürte ich sie reagieren. Ich glaube, sie ging nur ins Bett, um die Männer zu demütigen, vielleicht, weil man sie in ihrer Jugend dermaßen mißbraucht hatte. Sie wollte den Mann im Augenblick seiner Schwäche sehen – das war ihre Rache.«

Kurz darauf muß ich schließlich Auguste LeBreton kennengelernt haben, Autor solch berühmter Polizeifilme wie *Rififi* oder *Der Clan der Sizilianer*. Abgedankter Ganove, freundlich aber undurchsichtig. Zeigt uns Tanzlokale hinter der Bastille, wie das Balajo, wo früher die »truands«, die Pariser harten Jungs verkehrten, die sich so gerne Apachen nennen hörten. Und wo wir auch heute erst drehen dürfen, nachdem uns alle Männer und ihre Miezen den Rücken zugekehrt haben. Der Bretone – dies sein Spitzname im Pariser »Milieu« – ist einer von Ediths frühen Liebhabern, als sie noch ihre Nächte am Pigalle verbrachte. Seine Erinnerungen: »Der Mann, der sie da herausholte, und sie auch ›Piaf‹ taufte, also der Spatz, hieß Louis Leplée. Er hatte ein Nachtlokal bei den Champs-Elysées. Endlich stand sie auf dem richtigen Pflaster. Leider war der Mann ein notorischer Homosexueller, und wurde bald darauf aus undurchsichtigen Motiven ermordet. Einer der Killer war ein Geliebter von Edith, sie verkehrte ja damals mit Vorliebe in der Unterwelt. Jahrelang war es dann Essig mit ihrer Karriere, bis alles in Vergessenheit geriet. Sie hat auch das überlebt. Edith, die konnte einkassieren, die konnte wegstecken! Aber die Seele eines Vorstadtflittchens, die Sehnsüchte einer Midinette. Und sie selbst fischte sich eigenhändig diese ganzen Männer heraus, baute sie auf, lebte ihre große Passion mit ihnen, nur um sie nachher prompt wieder fallen zu lassen. Warum? Vielleicht, weil nie ein Mann fähig war, sie auf Touren zu bringen, sie wirklich zu befriedigen. Frigid wie ein Eisschrank, um es deutlich zu sagen. Aber was sonst gab ihr diesen ungeheuren Auftrieb beim Singen? Es war doch alles Kompensation! Sie erlebte ihren Orgasmus, von Lied zu Lied, da oben auf der Bühne mit dem Publikum. Es war die totale Hingabe, und die totale Besitzergreifung. Aber ist das nicht die Definition der Liebe?«

Zeit seines Lebens, sagte Polizeisergeant Clorman, hatte er nichts Vergleichbares gesehen: Auf dem Rasen der herrschaftlichen Villa in Bel-Air die Leichen eines Jungen in Hippieaufzug und einer Frau im Baby-Doll, beide mit dem Revolver erschossen. Im Wohnhaus selbst zwei weitere Leichen, erwürgt und aneinander gefesselt mit einer Nylonschnur, die man über einen Dachbalken gezogen hat. Der Mann ist kastriert, die junge Frau, offenbar hochschwanger, von 15 Messerstichen durchbohrt. Auf einem Sofa die amerikanische Flagge, an der die Mörder ihre blutigen Hände abwischten. Erst später wird man in der Auffahrt noch auf einen fünften Toten stoßen. Er hatte schon den Gang seines Autos eingelegt, als ihn der Genickschuß erreichte.

Es ist der 9. August 1969. Die im achten Monat schwangere Frau erweist sich als die junge amerikanische Schauspielerin Sharon Tate, verheiratet mit dem polnischen Regisseur Roman Polanski. Dieser, aus Europa herbeigerufen, sagt aus, daß seine Frau nie Orgien veranstaltete, nie Alkohol oder Rauschgift zu sich nahm, ja nicht einmal Zigaretten rauchte. Und daß seine kurzen Jahre mit ihr die glücklichsten seines Lebens waren. Es hilft alles nichts. Von nun an gilt dieser Mord als Auswuchs seines lockeren Lebensstils im Herzen der »swinging sixties«, und damit letzlich als seine Schuld. Ein Typ, der so dämonische Filme macht wie *Tanz der Vampire* oder *Rosemaries Baby* – was läßt sich von dem anderes erwarten? Bestimmt hat er, wenn auch unbewußt, das Drama selbst heraufbeschworen! Noch Jahre später verweigert ihm ein Sportklub in Gstaad den Eintritt: »Der war doch in den Mordfall von Hollywood verwickelt!« Nicht der Mörder, der Ermordete ist schuldig, lautet schon ein Vorkriegstitel des Autors Franz Werfel. (Und nebenbei die Überzeugung zahlloser Deutscher und Österreicher, den Holocaust betreffend.) Und noch während ich diese Sätze niederschreibe, erfährt man von einer Verleumdungsklage, die Polanski kürzlich gegen die Zeitschrift *Vanity Fair* gewann (samt 50 000 Pfund Schmerzensgeld). Weil diese behauptet hatte, er wäre schon auf dem Weg zu Sharons Begräbnis einem schwedischen Model an die Wäsche gegangen, mit dem Satz: »Ich mache aus dir eine neue Sharon Tate!« Dazu Polanski in seiner Aussage: »Nichts als Lügen. Ich hatte damals noch etwas Ehre. Ich habe sogar jetzt noch welche!«

Und wer sind Sharons wirkliche Mörder? In einer Zelle des Santa-Monica-Gefängnisses von Los Angeles sitzt ein neunzehnjähriges Hippiemädchen ein, das man, splitternackt aber bewaffnet, mit einer Gruppe Gleichgesinnter, auf einer glühendheißen Ranch in Death Valley aufgegabelt hat. Ihr Name: Susan Atkins. Sie wird verdächtigt, zwei Monate zuvor an der Erstechung eines jungen Musikers, Gary Hinnman, beteiligt gewesen zu sein. Mangels Beweisen kommt sie frei. Als man sie nach dem Tate-Mord wieder aufgreift, gehört sie zu einer Bande von Chaoten, deren Prophet und Sklavenhalter Charles Manson heißt. Die Gefängnisverwaltung sieht sich leider aus Platzmangel genötigt, in Susans Zelle eine weitere Verdächtige unterzubringen, die zufällig Polizeispitzel ist. Diese fleht Susan an, sie doch gnädigst in ihre »Familie« aufzunehmen. Die Antwort: Dafür müßte man aber hörige Sklavin ihres Satans und Erlösers Charlie Manson werden. Die Spionin erklärt sich zu allen Schandtaten bereit. Auch zu solchen Dingen wie …? Und der Tate-Fall wird minutiös vorgeführt, einschließlich blutrünstiger Details. Schon im Dezember kann man »Tex« Manson verhaften, nach und nach auch die übrigen Mitglieder des psychotischen Teufelskultes. Es stellt sich heraus, daß Manson nicht nur Sektenführer und Mörder ist, sondern er sieht sich hauptberuflich als Liedermacher (wie etwa Hitler als Maler und Architekt). Leider wurden ihm seine Songs nicht nur von den Beach Boys abgelehnt – wiederum wird man an Jung-Hitlers Zurückweisung durch die Kunstakademie erinnert –, sondern auch von dem Musikproduzenten Terry Melcher, einem Sohn der Schauspielerin Doris Day. Wie sich rächen? Manson und seine Bande beschließen, den Mann auszuradieren. Bloß daß dieser inzwischen übersiedelt ist. Und ein junges Paar in die Villa eingezogen, das Polanski heißt ...

Allerdings nicht wirklich Polanski, sondern, wenn man's genau nimmt, Liebling. Raimund Liebling lautet ja der Geburtsname des »genialen kleinen Bastards«. Oder, da er in Paris geboren ist, Raymond. 1937, der Knabe wurde gerade drei Jahre alt, zieht die Familie nach Vaters Geburtsland Polen zurück. Warum? Wegen des anwachsenden Antisemitismus in Frankreich, sagt er. Und nach Polen, ausgerechnet. Eine von diesen mörderischen Ironien, die Polanskis Leben von nun an bestimmen. Und zweifellos die Quelle seiner Faszination für die monströseren Grenzbereiche menschlichen Seelenlebens. »Hitchcock entläßt einen mit der Welt versöhnt«, lese ich irgendwo. »Polanski mit dem beunruhigenden Gefühl, daß diese makabren Vorgänge auf der Leinwand etwas mit unserem wirklichen Leben zu tun haben.« Nach dem deutschen Einmarsch in Polen werden die Lieblings bald ins Krakauer Getto eingemauert, dessen Spuren ja noch heute zu besichtigen. Als der Junge acht ist, vergast man die Mutter in Auschwitz. Sie war im vierten Monat schwanger.

März 1943, bei der Liquidierung des Gettos, durchschneidet der Vater den Stacheldraht, läßt seinen Sohn entkommen. Der sich bei diversen polnischen Familien durchschlägt, immer auf der Kippe, immer in Gefahr, denunziert zu werden. Ein polnischer Pfarrer: »Du bist nur ein kleiner Lügner, du bist nie getauft!« Zerrt den Jungen vor einen Spiegel: »Schau dich bloß an. Diese Augen, dieser Mund, die Ohren. Du bist keiner von uns!« Dabei hat der Racker mit seinem blonden Haarschopf, seiner Stupsnase und Fuchsschnauze wirklich nichts Jüdisches im landläufigen Sinn. Nur die kleine Statur, die macht ihm zu schaffen. Wird er je eine Freundin finden? Sein erstes Abenteuer mit einem vierzehnjährigen Hexlein fixiert ihn dann auf Lebenszeit: »Die Schnelligkeit, mit der sie sich auszog, ließ mir den Atem stocken.« Er wird nie wieder an diesem Problem leiden. Folgt Filmschule in Lodz (um dem Militärdienst zu entgehen). Schon sein zweiter Probefilm, *Das Messer im Wasser*, erhält eine Oscar-Nominierung: Ein frecher Halbstarker, der einem gereiften Jachtbesitzer die Frau abspenstig macht. Natürlich unter viel offizieller Anfeindung in Polen, weil erstens die Jugendlichen zu kuschen haben. Und es zweitens keine Privatjachten mehr geben darf. Den jungen Romek − wie er jetzt genannt wird − zieht es ins Filmland Frankreich. »Ich war voller Hunger. Begierig, meinen Platz auf der Welt zu finden.« Außerdem besitzt er das wichtigste Attribut dazu: jene jüdische Fähigkeit, oder Lebensnotwendigkeit, sich in alle möglichen Menschen und Völkerschaften einzufühlen. Ja sogar − wie selten erreicht − ihren Humor! …

Schon einfacher: ihre Gastronomie! Wir sitzen im Chez André, seinem Stammlokal nahe den Champs-Elysées. Er mir gegenüber. Alles an ihm quick, scharf, lebendig, ohne Winkelzüge, ohne Angeberei. Ist viel zu beschäftigt, um was von sich herzumachen. Bestellt spontan, ißt und trinkt dann mäßig. Will vorab nach seiner Arbeit befragt werden, »nicht gleich die Bettgeschichten« (histoires de cul). »Wie würde es Ihnen gefallen, wenn man sich mehr für Ihre Hose interessiert als Ihr Herz?« Auch wahr. Wir reden hier französisch – später wird er aufs Englische umschwenken –, und irgendwann verwende ich ganz unschuldig die einheimische Phrase »sans blague«, etwa: Scherz beiseite. Polanski sofort in Wallung: »Warum meinen Sie, daß ich scherze? Wir kennen uns erst ein paar Minuten, und schon zeihen Sie mich der Lüge!« Muß allerhand mit Journalisten erlebt haben. »Stimmt. Ich habe nie ein gutes Interview gegeben. Wenigstens wie es herauskam.« Will trotzdem nichts von Kamera oder Tonbandgerät wissen: »Nicht in der Öffentlichkeit. Wie komme ich mir da vor?«

Die Filme zuerst. Er steht zu allen, auch und besonders den seltenen Mißerfolgen. Aber nicht mit stumpfsinnigem Eifer, sondern immer um rationale Erklärung bemüht: »Ich glaube ja nicht im Traum an Vampire, Hexerei, den Teufel oder Dämonen, irgendwas Übernatürliches. Das gibt mir nur das bessere Material.« Ich bemerke, daß solche Rechtfertigung, wie bei Hitchcock, ein bißchen nach Rationalisierung riecht, die Unschuldsbeteuerung allzu geleckt. Er wirft sein Messer hin, behauptet, keinen Appetit mehr zu haben: »Gewalt, was für Gewalt? Was ich zeige, ist purer Realismus. Die Welt *ist* so!« Zieht Zeitungsausschnitt aus seiner Brieftasche mit einem Cartoon, darauf zu sehen Shakespeares Rundtheater im siebzehnten Jahrhundert. Mit Ankündigungen von *Macbeth* und *Othello*. Ein elisabethanisches Paar geht vorüber. Sagt die Frau zu ihrem Mann: »Schrecklich, nichts als Sex und Crime heutzutage!« Dazu Polanski: »Ich habe in meinem Leben wahrscheinlich mehr Gewalt erlebt als irgendein anderer Filmregisseur. Ich weiß, wovon ich rede.«

Was man ihm uneingeschränkt abnimmt. Wenn er sich auch lange gesträubt hat, aus seiner eigenen Vergangenheit zu schöpfen: »Holocaust ist doch seit *Schindlers Liste* abgehakt. Außerdem: Wer über sich selber Filme macht, der steigt ins Selbstmitleid ein. Und dann kann er zusperren.« Das Buch von Wladyslaw Szpilman, nach dem er seinen erfolgreichen Film *Der Pianist* drehte (Goldene Palme, Oscar), gab ihm schließlich die – vielleicht lang ersehnte – Chance, seine Kindheit aufzuarbeiten. Bei der Arbeit in Warschau mit Adrian Brody bestand dann Polanski der Perfektionist darauf, daß jedes Gettobrot, jedes Streichholz seinen Erinnerungen entsprach. Die Gaslaternen mußten mit echtem Gas betrieben werden. An der richtigen Konsistenz der Marmelade wurde tagelang gearbeitet. Ähnlich hatten bei einem seiner wenigen Flops, dem Kinderfilm *Piraten* mit Walter Matthau, 4000 Arbeiter 200 000 Arbeitstage damit verbracht, die von ihm geforderte Galeone zu konstruieren … die dann prompt bei einem Sturm zerschellt. Dazu Polanski: »Wer Angst vor Pech hat, wird nie etwas riskieren. Also auch nie lebendig sein.« Er habe aber doch auch häufig sein eigenes Geld in den Sand gesetzt? Dazu Polanski, das alte Schiffsmodell streichelnd (wir sind jetzt im Produktionsbüro am Concordeplatz): »Ich bedaure nie die Summen, die ich verschwendet habe. Nichts abstoßender für mich als die Vorstellung, der reichste Mann am Friedhof zu sein.«

Drehbuchautor des Films, wie auch seiner ersten weltweiten Erfolge *Ekel* (mit der männermordenden Psychopathin Catherine Deneuve) und *Wenn Katelbach kommt* (einer unheimlichen Transvestitenkomödie), war der Franzose Gérard Brach. Ein Autor mit Platzangst, dafür bekannt, daß er jahrelang nie seine Wohnung verließ. Dazu Polanski: »Und wenn schon. Jeder lebt doch nach seiner eigenen Wahrheit. Was schließlich der Stoff aller großen Literatur ist – und aller guten Filme.« Eine Regel, die dann auch *Chinatown* mit seiner Geschichte von Mord, Bestechung und Inzest zu umstrittenem Ruhm verhilft. (Ein Film, der jetzt zur Sammlung der 250 wichtigsten Filme aller Zeiten in der Library of Congress gehört.)

Leider packt den nicht mehr ganz jugendlichen Filmemacher – der nach Sharon Tates Ermordung sein Leben gerade wieder auf gleich gebracht hat – von neuem die Provokationslust. Er läßt sich von der Modezeitschrift *Vogue* anheuern, für sie eine ganze Nummer mit neu zu entdeckenden jungen Schönheiten aus Amerika zu fotografieren. Eine von ihnen heißt Samantha Geisner und ist ihm von ihrer Mutter zugeführt worden, die von einer Model-Karriere für ihr Schätzchen träumt. Es ist wieder einmal die für ihn so unwiderstehliche »kleine Hexe« seiner Jugend. Allerdings zählt sie gerade erst dreizehn, als er zu ihr ins heiße Bad steigt. Die Mutter zeigt ihn wegen Vergewaltigung an (er hat ihr angeblich auch Drogen verabreicht). Der Beschuldigte sitzt 42 Tage ab, flieht dann aus Amerika unter Zurücklassung der Kautionssumme, und kann seitdem nicht mehr nach Hollywood zurück. Auch nicht ins auslieferungsbereite Großbritannien. Sein von Grund auf englischer Film *Tess* (mit Nastassja Kinski) muß danach in Frankreich gedreht werden. Der *Pianist* in Polen. *Oliver Twist*, sein bislang letzter Film, in Prag (wo das Drehen natürlich auch billiger ist). Polanski – wir sind jetzt in seiner Wohnung gelandet – läßt mir nun doch ein Tonbandgerät durchgehen. Nimmt mir aber das Versprechen ab, ihm meine fertige Story vorzulegen. Und, da er kein Deutsch versteht, mündlich ins Englische zurückzuübersetzen. Allerdings reicht sie einige Jahre zurück. Ob er heute, als glücklicher Ehemann und Familienvater, so offen sprechen würde, darf man bezweifeln.

»Kennen Sie den Satz von Freud: Glück ist die Erfüllung

eines Kindertraumes; Geld ist kein Kindertraum, darum macht Geld nicht glücklich?«

»Der muß sich aber ausgekannt haben, Ihr Vorfahr Freud, denn das ist genau, was ich fühle. Und Geld war nie mein Hauptinteresse.«

»Viele Künstler, die ich gesprochen habe, sagten mir: Kreativ sein ist wie das Aufräumen meines Schreibtischs. Man schafft Ordnung aus Chaos, man gibt den Dingen eine Präferenz. Trifft das auch auf Sie zu?«

»Das ist mir zu hoch.«

»Sie bestehen immer darauf, daß Sie kein Eierkopf sind, daß Sie nie über sich nachdenken. Ist das einer Ihrer Tricks?«

»Das ist kein Trick, das ist meine Art zu sein! Warum suchen Sie dauernd etwas hinter den Dingen? Wir kennen uns kaum, und schon verdächtigen sie mich, daß ich nicht aufrichtig bin. Ich glaube einfach nicht an Theorien. Wenn ein Schauspieler mich nach dem Grund für irgendeine Dialogzeile angeht, so antworte ich meistens: Der Grund ist deine Gage! Und wenn Sie mich fragen, warum ich Filme mache: Ich mache Filme, weil ich bestimmte Dinge auf der Leinwand sehen will, und wenn sie mir niemand sonst hinzaubert, muß ich sie selber auf die Beine stellen.«

»Denken Sie dabei auch an die andern, ans Publikum?«

»Je älter ich werde, desto mehr denke ich ans Publikum. Aber wer leitet das Publikum? Mit *Tess* hatte ich in England, in Amerika den größten Erfolg meines Lebens, beim Publikum und bei den Kritikern. Und in Deutschland war der Film ein totaler Reinfall. Die Kritik hat mich in der Luft zerrissen, es wäre ein Kulturfilm über die Landwirtschaft. Ein kompletter Irrsinn.«

»Sie gelten als Perfektionist. Einer, der die anderen und sich selbst bis zu den Grenzen des Erträglichen antreibt.«

»Ich war immer schon so. Ich mag gut gemachte Dinge. Auch wenn ich mir meine Stiefel putze.«

»Sie haben sich auch schon größenwahnsinnig genannt. Ist das eine zutreffende Definition Ihres Charakters?«

»Wahrscheinlich. Ich glaube, ein Schuß Größenwahn ist unabdingbar für einen schöpferischen Menschen.«

»Sie gehen immer ins Extrem?«

»Bei allem.«

»Und Sie müssen auch alles selber ausprobieren?«

»Es gibt eben Menschen, die leben so (zieht mit der Hand eine flache Linie), so ein horizontales Leben. Und andere (er zeichnet eine Zickzack-Linie), bei denen geht es so. Ich bin für die Höhen und Tiefen. Die höchste Höhe und die tiefste Tiefe. Klar: Je höher man steigt, desto tiefer fällt man. Nur weiß man's meistens nicht, wenn man oben ist, haha. Eher das Gegenteil.«

»Man redet sich ein, man wird ewig oben bleiben?«

»Na ja, eigentlich nicht. Nicht ich. Ich hab sehr früh in meinem Leben lernen müssen, daß das Oben sich nicht hält. Und daß nichts gratis ist. Daß man seinen Preis zu zahlen hat.«

»Wenn ich Sie mir anschaue, kommt mir der Gedanke, daß die einen bereit sind, die Erfahrung zu erfahren, und die anderen nicht. Und möglicherweise macht das den Hauptunterschied zwischen den Menschen aus?«

»Sagen Sie das nochmal, ich krieg das nicht mit. Vielleicht sollten Sie mir Ihre Adresse dalassen, ich denke dann drüber nach und schicke Ihnen die Antwort schriftlich.«

»Manche Menschen sind bereit, sich immer neuen Erfahrungen auszusetzen, also zum Beispiel neuen Liebesaffären. Und andere kneifen. Und Sie gehören zu denen, die nicht kneifen, auch wenn's manchmal verdammt weh tut. Und das ist auch Voraussetzung für den Künstler.«

»Auf was Sie alles kommen! Aber jetzt, wo Sie's sagen, scheint es mir einleuchtend.«

»In vielen Ihrer Filme bauen Sie eine Streßsituation auf, bei der am Ende den Leuten die Maske vom Gesicht gerissen wird. Und was dabei sichtbar wird, ist meistens was Scheußliches.«

»Was Scheußliches?«

»Und nie was Angenehmes. Warum?«

»Sie werden mir das nicht glauben, aber ich bin ein Moralist! Ich habe starke Überzeugungen und sehr strenge moralische Grundsätze. Da hält man mich immer für einen Ausbund an Unmoral, lächerlich! Sie sind der erste Mensch, dem ich das sage, wirklich der allererste. Und ich weiß gar nicht, warum ich es Ihnen sage. Aber ich fühle mich für die Menschheit verantwortlich! Ich möchte, daß sie auf eine bestimmte Art handelt. Und das kann ich nur erreichen, wenn ich die Masken abreiße, um dieses Böse zu zeigen.«

»Sie tun es aber mit Lust?«

»Hören Sie, wenn ich die Fernsehnachrichten sehe, dann dreht sich mir der Magen um, dann will ich was tun! Ich will, daß die Leute was fühlen! Ich möchte, daß sie das Leben sehen, wie es ist, in seiner ganzen entsetzlichen Nacktheit.«

»Dazu dient Ihnen auch der schwarze Humor, das Groteske, das in allen Ihren Filmen vorkommt?«

»Ich glaube eben, daß jede Sache im Leben ihre komische Seite hat, auch die Tragödie. Noch am Friedhof gibt es Bananenschalen zum Ausrutschen. Ich hab das am eigenen Leib erfahren. Mein Vater ist ja in Paris gestorben, und sein letzter Wunsch war, in Krakau beerdigt zu werden, in der Familiengruft. Wir haben also seine Leiche nach Krakau geschafft, und ich gehe auf diesen kleinen romantischen Friedhof. ›O ja, Herr Polanski, wir kennen Ihren Vater, keine Sorge, ich habe die Gruft aufschließen lassen.‹

Und dann kommt der Tag des Begräbnisses. Wir ziehen mit dem Sarg durch diese Allee, die ich schon als Kind gekannt habe, und ich sage: ›Hier sind wir.‹ – ›Nein, hier.‹ – ›Schei-eiße!‹ sagt er. ›Ich hab die falsche Gruft geöffnet. Ein anderer Polanski ...‹ Verstehen Sie jetzt, was ich meine?«

»Daß Sie das, dieses Doppelbödige des Lebens, auch aus Ihren Schauspielern herausholen können – hat das mit Ihrer eigenen Haltung während des Filmemachens zu tun? Also daß Sie sich in diesem Moment für allmächtig halten? Ein Zustand, in dem Sie einfach alles verlangen dürfen?«

»Absolut. Das macht den Unterschied aus zwischen Erfolg und Fehlschlag. Die eigene Haltung: Wie man sich selbst in diesem Moment sieht und empfindet. Und das läßt sich nicht vortäuschen. Es muß echt sein, sonst kann es nicht funktionieren.«

»Ist das nicht auch so mit den Frauen? Wenn man nicht davon überzeugt ist, daß man eine Frau in diesem Augenblick haben kann, dann klappt es nicht?«

»Richtig. Sinnlos, sie zu fragen, ob sie mit dir heimkommen will, wenn du nicht genau weißt, daß sie es gerade in Betracht zieht. Sobald du nur die geringste Unsicherheit zeigst, ist es Essig. Aber wie man diese Vibration herstellt, in der eine Frau nicht mehr nein sagen kann ... dafür gibt es kein Rezept.«

»Ich möchte zuerst noch von der Gewalttätigkeit in Ihren Filmen reden, der Brutalität. Jeder fühlt doch, daß auch das in Ihrer Natur liegt.«

»Bisher haben Sie originelle Fragen gestellt. Jetzt latschen Sie auf einmal in der Schablone, die mir die Presse aufzwingt. Ja, ich habe grausame Filme gemacht, ich hab aber auch humorvolle gemacht.«

»Wenn Sie Gewalt zeigen, was ja oft der Fall ist, dann gehen Sie gern bis zum Äußersten?«

»Ja, ich hasse es, wenn man sich drückt.«

»Trotzdem finde ich das Argument nicht einleuchtend, daß Sie, indem Sie Gewalt zeigen, die Leute von der Gewalt abhalten.«

»Und ich finde das Argument unerträglich, daß ich sie, indem ich Gewalt zeige, zur Gewalt anhalte! In Bosnien, in Beirut, im Kongo … glauben Sie, daß diese Leute meine Filme gesehen haben? Oder irgendwelche Filme? Was ich für verbrecherisch halte, ist, die Gewalt zu zeigen, wie sie üblicherweise im Film gezeigt wird, sauber und schmerzlos. Bei mir bluten die Nasen! Bei mir wird vorgeführt, wie schwer es ist, jemanden umzubringen! Oder zu sterben.«

»Sie geben sich als absolut furchtlos. Aber in Ihren Filmen scheinen die Leute von nichts besessen als von Angst?«

»Ich bin überhaupt nicht furchtlos. Aber ich mag nun mal Abenteuer. Schnelle Autos, im Schuß den Berg runterfahren. Und vielleicht ist die Angst das Schönste daran.«

»Sie haben einmal gesagt: So wie einer sich sieht, so wirkt er auf andere. Nun sind Sie ja kleingewachsen, aber Sie sehen sich nicht als klein?«

»Ich hatte mal zwei Hunde, einen Terrier und einen gigantischen irischen Wolfshund, das größte Haustier überhaupt. Und der Terrier hat den Wolfshund absolut beherrscht. Warum konnte er das? Er hat einfach nie in den Spiegel geschaut. Er hat sich nicht klein gefühlt, also war er nicht klein.«

»Haben Sie, irgendwann in Ihrer schrecklichen Kindheit, sich unbewußt entschlossen, es der Welt zu zeigen? Polanski gegen den Rest der Welt? Und deshalb müssen Sie so dick auftragen?«

»Ich bin nicht gegen die Welt, und die Welt ist nicht gegen mich. Zum Beispiel ist das wichtigste in meinem Leben die Freundschaft. Leben ohne Freundschaft wäre sinnlos.«

»Die meisten Ihrer Freunde sind aber Männer?«

»Männer und Frauen.«

»Weil Sie nämlich als Mann gelten, der zwar mit Männern Freundschaft hält, aber Frauen als Sex-Objekte behandelt.«

»Ich kann nichts für meinen Ruf ... Na ja, nicht ganz. Was soll ich dazu sagen als Amen? Ich weiß, was ich weiß. Ich habe wunderbare weibliche Freunde.«

»Sie haben aber selbst gesagt, Sie machen einen Unterschied zwischen Liebe und Sex.«

»Was hat das damit zu tun?«

»Es ist meine nächste Frage.«

»Auch gut. Liebe und Sex ... Manchmal gehen sie zusammen, manchmal nicht. Und wenn sie zusammengehen, dann ist es – wie sagt man das im Deutschen? Dann ist es Spitze!«

»Warum gehen sie nicht häufiger zusammen?«

»Warum? Weiß ich auch nicht. Sex hat viel mit Ihrer Phantasie zu tun. Ihren mehr oder weniger sauberen Begierden, die irgendwo im Unterbewußtsein schlummern. Die decken sich nicht unbedingt mit dem Gegenstand Ihrer Bewunderung. Manchmal aber ja.«

»Kommt es häufig vor, daß man eine Frau liebt und eine andere begehrt?«

»Hängt vom Stadium ab. Ich glaube nicht, daß es in dem Stadium passiert, wo man erst noch verliebt ist. Sondern nur im Stadium der eigentlichen Liebe. Man trifft jemanden, man spürt Schmetterlinge im Bauch, und versteht nicht, warum man auf einmal so stark an den anderen ran muß, nichts haben will als diese eine Person. Aber dieses Verliebtsein verschwindet, löst sich in Luft auf, oder es wird eben zur Liebe. Und dann ist man wieder fähig, untreu zu sein.«

»Hat Liebe für Sie etwas mit Treue zu tun?«

»Nicht unbedingt. Du liebst eine Frau, vielleicht deine eigene Frau, und eine andere regt dich auf, gibt dir eine Erektion. Das heißt doch nicht, daß du auf einmal deine Frau nicht mehr liebst. Aber Sie stellen mir da Fragen, die so läppisch sind, daß man sich fast schämt, darauf zu antworten.«

»Sie glauben nicht, daß Untreue die Liebe verändert?«

»Ich glaube, daß ein gesunder Mensch, der nicht von irgendwelchen religiösen Tabus verunstaltet ist, daß der mit der einen Frau ins Bett gehen und doch die andere Frau lieben kann, ja.«

»Sie meinen nicht, daß es gefährlich ist, Liebe von Begierde zu trennen?«

»Das ist ein rein kulturelles Problem. In unserer Kultur und Religion will man, daß der Mensch sich schuldig fühlt. Manche schneiden sich sogar den Schwanz ab vor lauter Schuldgefühlen.«

»Und was würde passieren, wenn eine Frau, die Sie lieben, Sie selber hintergeht?«

»Ich besitze alle Schwächen der Menschheit, also bin ich auch irrsinnig eifersüchtig. Aber Untreue kann man verzeihen. Nur wenn der Partner damit auftrumpft, das verzeiht man nie!«

»Haben Sie das Gefühl, daß bei der Frau das Geschlechtliche leichter zu Liebe wird als beim Mann? Man denkt, man fummelt bloß herum, und auf einmal wird man geliebt.«

»Das stimmt. Deswegen muß man sich's genau überlegen, bevor man in so ein Verhältnis einsteigt. Und manchmal ist es verflucht schwer, seinen Egoismus zu zügeln.«

»Wie ist das also mit den Sex-Objekten, als die Sie die Frauen behandeln?«

»Aber ich hab ja selber nichts dagegen, als Sex-Objekt behandelt zu werden! Daß man mich ausquetscht und wegwirft, wie einen alten Strumpf. Wenn Sie das publik machen, um so besser. Ich steh zur Verfügung.«

»Würde Sie das nicht demütigen? Die Frauen sagen immer, daß sie sich dabei gedemütigt vorkommen.«

»Nicht im geringsten. Sollen sie mich bloß für meinen Körper lieben!«

»Aber eine Frau wird doch wirklich gedemütigt, wenn man ausschließlich ihren Körper begehrt?«

»Warum sind sie dann so verdammt eitel auf ihren Körper? Warum gucken noch die militantesten Frauen laufend in den Spiegel?«

»Würde es Sie locken, eine Feministin zu verführen? Wie die Frauen angeblich davon träumen, sich einen Priester zu schnappen?«

»Nein. Bei mir findet der Sex nicht im Kopf statt, alles ist direkt und geradeheraus.«

»Wissen Sie, was es ist, das eine Frau für den einen begehrenswert macht und den andern nicht?«

»Es ist die Summe der eigenen Erfahrungen. Was man gelebt und gefühlt hat von Kindheit auf, das prägt den Typ, den man begehrt. Und ich bin da ein für allemal auf sanfte, unschuldige junge Mädchen programmiert worden. Ich habe Freunde, die mögen nur fiese Weiber, Gebieterinnen. Und andere, die mögen Muttis mit dicken Busen und viel Herz. Ich, ich suche die Märchenprinzessin meiner Kindheit.«

»Sie meinen, aus Ihren Märchenbüchern?«

»Nein, die kleinen Hexen, in die ich mich zuerst verliebt hab, so mit acht oder neun Jahren. Das ist das Image, das dir bleibt.«

»Sie haben sich einmal den König der Onanierer genannt?«

»So etwas habe ich nie gesagt! Ich hab nur gesagt, daß ich mir in der Kindheit vorkam, als hätte ich das Onanieren erfunden.«

»Sie haben ziemlich spät mit dem Geschlechtsverkehr angefangen?«

»Sehr spät. Ich war siebzehneinhalb.«

»Und seitdem bemühen Sie sich aufzuholen?«

»Richtig, richtig.«

»Sind Sie ein Sexheld? Ein Weltwunder der Sexualität?«

»Sind Sie verrückt? Warum glauben Sie das? Ich wollte, ich wär's.«

»Ich meine, können Sie zehnmal hintereinander?«

»Lächerlich. Mein Rekord ist achtmal, und damals war ich nicht älter als zwanzig und sehr verliebt.«

»Später sinkt das dann ab?«

»Ja, aber ich glaube, es kommt ohnehin nicht auf die Quantität an, oder? Was zählt, ist nicht das Wie oft, sondern das Wie. Die Intensität.«

»Hat die Begierde der Frau etwas mit der Größe des männlichen Geschlechtsorgans zu tun?«

»Ich habe viele Frauen danach gefragt. Sie alle sagten übereinstimmend, daß nicht.«

»Vielleicht waren sie nur höflich.«

»Vielleicht waren sie nur höflich. Weil das, was ich habe, nicht an die große Glocke zu hängen ist.«

»Liegt der Vorteil, nur mit jungen Mädchen zu schlafen, für Sie nicht auch darin, daß man Sie nicht mit früheren Erfahrungen vergleichen kann?«

»Sie reden immer von einer Art Vorstellung oder Leistung, mit der man die Frauen beeindruckt. Vergleichen, nicht vergleichen, darauf kommt's doch gar nicht an. Man will doch gar kein Held sein. Man will eine Beziehung zwischen zwei Menschen.«

»Sie haben sich aber auch schon etwas anders über Frauen ausgelassen. Etwa, daß sie nicht soviel Intelligenz hätten wie die Männer, Vogelhirne …«

»Ich habe nie Vogelhirn gesagt! Sie vermischen die Dinge, die ich sage und die sich die Presse aus den Fingern saugt. Die Frau hat eine andere Art Intelligenz als wir, das ist alles. Aus biologischen Gründen sind wir verschieden gebaut, auch im Verstand. Da schimpfen die Feministinnen immer darüber, die Männer wollten die Frauen beherrschen. Aber um zu beherrschen, muß man doch aufs Beherrschen getrimmt sein, aufs Unterjochen meinetwegen, muß man dazu fähig sein. Und das hat die Evolution gemacht, sie wird schon wissen, warum.«

»Lieben es die Frauen, unterjocht zu werden?«

»Ich glaube schon. Ich glaube, das gehört zum Sex-Appeal eines Mannes, egal, was sie behaupten. Schon der Geschlechtsakt ist eine Unterwerfung der Frau durch den Mann, außer sie sind beide auf perverse Spiele aus.«

»Also für Sie ist die Frauenbewegung kein Thema?«

»Aber natürlich ist sie ein Thema, denn da haben sich ja eine Menge Ungerechtigkeiten eingeschlichen. Soll sich die Frau von ihrem Mann schlagen lassen oder in einen Harem sperren? Natürlich nicht. Soll sie für dieselbe Arbeit den gleichen Lohn bekommen? Selbstverständlich. Jeder zivilisierte Mann wird gegen solche Ungleichheit rebellieren.«

»Haben Sie sich je gefragt, warum die Frauen Sie mögen?«

»Ich glaube, meine schlechte Reputation trägt einiges dazu bei.«

»Wenn man nicht wüßte, wer Sie sind, hätten Sie nicht denselben Appeal?«

»Nein. Aber wer man ist, ist ja, was man ist. Man ist, wozu man sich gemacht hat.«

»Ich meine, wenn die Frauen nicht wüßten, daß Sie Polanski sind, der große Verführer …?«

»Ich bin kein Verführer! Jesus, das ist fast eine Beleidigung!«

»Verzeihung, ich meine der große Anbeter und Liebhaber des

weiblichen Geschlechts. Also wenn man Ihren Ruf nicht kennen würde, und natürlich auch Ihre Fähigkeit, berühmt zu machen – hätten Sie dann soviel Erfolg?«

»Aber mein Ruf ist ja total lädiert. Das ist schon gar kein Ruf mehr, das ist Verruf!«

»Die Frauen mögen das aber?«

»Ja. Es reizt ihre Neugier. Frauen sind immer neugierig auf das Böse. Oder den Bösen. Sie wollen das ausprobieren. Sind Sie nie in einem Lokal gesessen, und es kommt ein attraktiver Typ daher, der aber ein mieses Renommee hat als richtiger Gigolo? Und kaum ist er weg, so fangen sie an zu tuscheln: Wer war das? Und dann ziehen alle über ihn her. Und das nächste Mal, was sieht man? Eine der Frauen am Arm von diesem Typ.«

»In Ihrem Fall, sind die Frauen dann enttäuscht, wenn Sie sich als besser herausstellen als Ihr Ruf?«

»Natürlich sind sie enttäuscht.«

»Ich möchte noch eine Frage stellen zu dem 13jährigen Mädchen, das Sie in Los Angeles verführt haben.«

»Wir haben aber ausgemacht, daß wir nicht davon sprechen.«

»Das Mädchen hatte schon Geschlechtsverkehr gehabt?«

»Hat sie jedenfalls behauptet. Das sagte sie auch vor Gericht aus.«

»Wenn Sie noch ein paar Wochen gewartet hätten, wäre Ihnen nichts passiert?«

»Wochen später wäre sie 14 gewesen, und ich hätte nicht diesen ganzen Trouble am Hals.«

»All diese Dinge haben Sie stark verändert. Ich fand das Ende Ihrer Autobiographie sehr ergreifend, wo Sie Ihren inneren Zustand beschreiben. Als wäre das, wovon sie gelebt haben, also eine Art schöpferische Unschuld, jetzt ausgelaufen. Ist das wirklich der Fall?«

»Natürlich. Warum glauben Sie schon wieder, daß ich lüge?«

»Aber ist nicht alles, was uns zustößt, auch eine Chance, uns zu verändern? Mehr über uns selbst herauszufinden, als wir vorher gewußt haben? Wenn Sie es bloß als dummen Zufall ansehen, oder als die Bosheit der Welt, dann war alles vergebens, und vielleicht müssen Sie es dann nochmal erleben?«

»Da haben Sie recht. Man muß aus allem, was einem widerfährt, dem Guten wie dem Bösen, etwas lernen, sonst hat man umsonst gelebt. Ich möchte sogar noch weiter gehen. Ich bin überzeugt, daß es nichts Schlechtes gibt, daß sich nicht in etwas Gutes verwandeln läßt, auch diese entsetzliche Tragödie, die mir zugestoßen ist. Ich glaube, wir haben da eine Art Alchemie in uns, die das Böse in Gutes umschmilzt, die aus Scheiße Gold macht. Es kann schon sein, daß das der Zweck unseres Daseins ist.«

»Und Sie haben diesen Zweck erfüllt?«

»Vielleicht. Jedenfalls habe ich nicht die Absicht, mich für mein Leben zu entschuldigen. Habe ich nie und werde ich nie. Ehrlich gesagt: Ich bedaure weit weniger Dinge, als die Leute mir unterstellen. Mein Leben ist, was es ist. Ohnehin glaube ich, es ist alles Zufall. Und wir sind nur zufällige Passanten auf einer fremden Straße.«

»Die aber fähig sind zu lernen?«

»Ja. Zum Beispiel, wie man über Verzweiflung hinwegkommt. Vielleicht das Thema für einen zukünftigen Film, ich weiß nicht …«

Eine Zufallsgeschichte hat das Leben der vier Menschen bestimmt, die ich hier zusammenfasse und alle mehr oder weniger
gekannt habe. Die Geschichte spielt kurz nach Kriegsende in
Rom, soeben befreit von unserem »outfit«, der 45. amerikanischen Infanteriedivision. Und wo Roberto Rossellini, bislang
eher unrühmlich als halbherziger faschistischer Propagandist
bekannt, seinen dokumentarischen Spielfilm *Rom, offene Stadt*
dreht, den Weckruf des Neorealismus. Weder der Regisseur noch
seine Co-Autoren, darunter Federico Fellini, haben eine ausrei-
chende Finanzdecke zur Hand. Macht nichts: Rossellini, dieser
eingefleischte Frauenheld und Don Juan, leiht sich das Geld einfach von den diversen Damen der Gesellschaft, die er zu Fall
bringt. Sowie auch von seiner darob nicht wenig eifersüchtigen
Geliebten und Hauptdarstellerin Anna Magnani (er selbst ist
anderweitig verheiratet). Gedreht wird auf minderwertigem, am
schwarzen Markt gekauften Material. Einmal sperrt ihm die
Elektrizitätsgesellschaft den unbezahlten Strom in der Wohnung, wo aus Kostengründen ein Großteil des Drehs stattfindet.
Tut nichts, der Regisseur zapft insgeheim den Zähler seines
Nachbarn an, eines amerikanischen Sergeanten. Dieser kommt
eines Nachts unerwartet nach Hause, überblickt die Lage und
will Kohle sehen. Kohle gibt es keine. Der Soldat erweist sich als
Sprößling eines Hollywoodproduzenten und schlägt ein Tausch-
geschäft vor: Strom gegen die amerikanischen Rechte an dem
entstehenden Film. Rossellini muß klein beigeben. Der fertige

Streifen wird in Italien zum Mißerfolg. Den verdammten Krieg hat man voll satt, erwünscht sind jetzt Nerzstolen, Sex und weiße Telefone. Der Amerikaner, inzwischen in die USA zurückgekehrt, verlangt den Film und seine Rechte daran. Die amerikanische Premiere wird zum Bombenerfolg, der dann auch wieder nach Europa zurückstrahlt. Ein neuer Filmstil ist geboren, mitsamt seinem neuen Regisseur. Welcher nur selber nicht viel von dieser Theorie des Neorealismus hält. Schon gar seine knappen Geldgeber, von denen einer ihn anmotzt: »Unser Kontrakt sieht einen Film vor. Das hier ist Realität. Warum machen Sie nicht einen Film?« Da schreibt ihm eine der angesehensten Filmdiven Hollywoods, längst schon auf der Suche nach neuen künstlerischen Erprobungen, Ingrid Bergman, einen schwärmerischen Brief …

ANNA MAGNANI

Diese vulkanische »Mamma Roma«, eben erst auf dem Höhepunkt ihrer Laufbahn angelangt, ist die große Verliererin rossellinischer Passionen. Berühmt geworden ist sie ja durch die herzergreifende Szene in dem Film, wie sie, als Proletariermädchen Pina, sinnlos schreiend und gestikulierend dem deutschen Militärwagen hinterherrennt, in dem ihr Verlobter, der Partisan Francesco, eben abtransportiert wird. Sie läuft ins tödliche Maschinengewehrfeuer. Nie wieder wird sie die Intensität dieser Szene erreichen. Wird sich, längst von ihrem Roberto getrennt, in allen möglichen Rollen versuchen, auch noch als – schwer vorstellbare – Liebespartnerin von Marlon Brando in Tennessee Williams' *Der Mann in der Schlangenhaut*.

Dann bleibt diese hocherotische Talentbestie jahrelang ohne internationale Resonanz. Ist in Rom zuletzt gerade noch als »cat woman« bekannt – als eine dieser durchgedrehten Fütterinnen der zehntausend Katzen des Römischen Forums. Bis man sie für eine armselige Dienstbotensaga nach Frankreich holt, deren Namen ich lieber verschweige.

Jetzt lehnt der alternde Star dick vermummt und mißmutig in einem Klappstuhl. Kommt dann der Einsatz, so werden ihr hochhackige rote Pumps angezogen, eine Minute lang sprüht sie Feuer, Lava und Bimsstein, als ginge es um die letzten Tage von Pompeji. Gleich darauf reicht man ihr wieder die Pantoffeln, und sie sackt unter Ächzen und Krächzen in sich zusammen. Ich habe meinen irischen Setter an einen Baum gebunden, damit der nicht irrtümlich ins Bild gerät. Plötzlich ein durchdringender Wutschrei: »Wer ist der Esel, der das verbrochen hat?« Ich melde mich mitsamt dem Team. Galavorstellung exklusiv für unsere Kamera. Es ergibt sich, daß sie die Tiere mehr liebt als die Menschen. Daß es besser ist, einen schlechten Charakter zu haben als gar keinen. Daß die Welt feiner raus wäre, wenn sie von Frauen regiert würde, obwohl auch die meisten Weibsbilder nichts taugen. Daß man es vorziehen muß, Runzeln im Gesicht zu haben als Runzeln im Hirn. Und so immer fort: ein superbes Bravourstück, großes italienisches Straßentheater. Zuletzt läßt sie sich erschöpft wieder in ihren Stuhl fallen. Und zeigt, mit entschuldigendem Lachen, einen Moment lang dieses herrliche strahlende Gebiß, als wollte sie sich ein Riesenstück von der Welt herausbeißen.

Vorsichtig bringe ich das Gespräch auf Film im allgemeinen, schließlich auf den Mann und Regisseur ihres Lebens: Rossellini. »Ein italienischer Großbürger. Große Familie, großes Geld. Er kannte nur Italiener. Er kannte noch nicht einmal das italienische Volk, das mußte ich ihm erst beibringen. Und dann auf einmal will er mit dieser Blonden filmen, dieser Ingrid. Una bionda! Wozu? Um sich zu erneuern, sagt er. Ein Künstler muß sich erneuern. Wenn Sie mich fragen, wollte er ihr bloß Kinder machen. Ein Italiener muß Kinder produzieren, erst dann kommt er von seiner Mamma los, erst dann fühlt er sich als Mann. Nachher kann er wieder anderswo wildern gehen. Arme Ingrid Bergman. Ich hätte ihr das alles vorher verraten können, aber mich fragt ja keiner!«

Vielleicht sei sie damals aber auch nicht in der Stimmung gewesen für gutgemeinte Ratschläge? »Wieso, wie meinen Sie das?« Nun ja, man höre doch von der Schüssel Spaghetti, die sie Rossellini, als er versteckt ein Telegramm an Ingrid aufgeben wollte, über den Kopf geschüttet habe. Sie kichert: »Nur auf seinen Anzug. Und genützt hat es auch nichts. Schauen Sie sich doch die Filme an, die Roberto jetzt macht. Oder die Filme, die ich mache. Nur Ingrid schwimmt obenauf wie ein Fettauge. Die kühle Blonde. Keinerlei Temperament, aber dieser eiserne germanische Siegeswille. Sie werden sehen, sie überlebt uns alle.«

INGRID BERGMAN

Ein Liebesfilm, so heißt es, kann nur klappen, wenn es eine »Chemie« gibt zwischen den beiden Hauptdarstellern. Im Fall *Casablanca* von 1942 gab es keine, nämlich nicht zwischen Humphrey Bogart und Ingrid Bergman. Darüber waren sich alle einig, die den sechzigsten Jahrestag des Films in New York gemeinsam feierten. Da war Bogey-Witwe Lauren Bacall mit Sohn Stephen Bogart, auch Ingrids Töchter Pia Lindström sowie Isabella und Isotta Rossellini, und viele andere. Wie es scheint, hielten weder Bogey noch Ingrid viel von dem Filmwerk oder, um die Wahrheit zu sagen, von einander. Pia Lindström über ihre Mutter: »Ihre Augen wurden glasig, wenn man den Streifen auch nur erwähnte. Es war nicht ihre bevorzugte Filmerfahrung.« Allerdings erhielt Ingrid damals auch bloß den Hungerlohn von 25 000 Dollar als Gage. Bei dem Schmachtfetzen *Wem die Stunde schlägt* war der Star immerhin schon 31 000 Dollar wert. Und um eine Antwort nicht verlegen, nachdem Autor Hemingway sie vorgewarnt hatte, sie müsse sich für die Rolle ihre Haare abscheren: »Für diesen Film würde ich mir auch den Kopf abscheren lassen.« Das Publikum gab ihr Unrecht: *Casablanca* stieg zum Kultfilm auf, das Hemingway-Melodram ist vergessen. Fünf Jahre später konnte sie, als eine nicht mehr ganz taufrische – weil 33 Jahre alte – Jungfrau von Orleans bereits 245 000 Dollar einheimsen. War makellos-moralischer Liebling der Nation geworden, im Sündenpfuhl Hollywood eine beispielhaft saubere Figur, samt ärztlichem schwedischen Gatten und kleiner Tochter.

Zwei Jahre später erhob sich Senator Edwin C. Johnson von Colorado im Hohen Haus zu den Worten: »Mr. President, selbst in unserem modernen Zeitalter der Überraschungen ist es empörend, daß unsere populärste Hollywood-Kino-Königin – die allerdings schwanger ist, Folge einer sittenwidrigen Affäre –, daß die also die Rolle einer billigen Schmarotzerin spielt, um einem albernen Film Würze zu geben … Aus ihrer Asche möge ein besseres Hollywood erwachsen.« Es war das direkte Resultat von Ingrids Brief von 1949 an Roberto Rossellini, in dem sie sich für seinen nächsten Film als gelehrige Jüngerin anpries und anderes nicht ausschloß. Rossellini griff zu (beide waren noch verheiratet), und kurz darauf wurde sie nicht nur seine Hauptdarstellerin, sondern – zur Empörung Amerikas – seine Geliebte, sowie Mutter des unehelichen Sohnes Robertino. Dem später noch die Zwillinge Isabella und Isotta folgten.

Der erwähnte Film hieß *Stromboli*. Und zeigt Ingrid als tschechische Emigrantin der Nachkriegszeit, die in einem Lager für »displaced persons«, wie das damals hieß, langsam verkommt. Eine von Millionen. Um sich da herauszuwinden, heiratet sie einen Italiener, einen einfachen Fischer von der Insel Stromboli.

Sie kommt dort an, versteht nicht die Sprache, fühlt sich zurück-gewiesen, so verloren, so unangepaßt … wie sich auch der Hollywoodstar in Italien gefühlt haben muß. Rossellini steht zwar im Film auf ihrer Seite, begreift aber auch die Einheimischen mit ihrem beinharten Leben und eingefressenen Vorurteilen. Und erreicht, vor allem in den dokumentarischen Aufnahmen vom Thunfischfang und vom feurigen Ausbruch des Vulkans, fast mythische Größe. Überdies spielt hier – Rossellinis Atheismus in allen Ehren – wie auch in *Rom, offene Stadt* ein tapferer katholischer Priester eine Hauptrolle. Leider bleibt Ingrid, trotz vollem Einsatz ihrer nicht unbeträchtlichen Mittel, als leicht hysterische Westlerin auf urtümlicher Scholle hinter den Möglichkeiten des Films zurück. Allzu oft greift sie sich verzweifelt an die schöne Stirn, bürstet nervös ihre blonde Frisur. Und allzu deutlich in solchen Momenten die Verlegenheit einer Schauspielerin, die von sich gesagt hat: »Ich bin das schüchternste Wesen, das je erfunden wurde. Aber ich habe einen Löwen in mir, der nicht schweigen will.« Ihre letzte, endlose Flucht hinauf zum dampfenden Krater, wobei sie nach und nach Koffer, Geld und Contenance verliert, gerät unter Rossellinis kundiger Hand fast zur Herausforderung Gottes. Bleibt aber zuletzt doch an dem kunstvoll zurechtgemachten Gesicht seiner Geliebten hängen. (Allerdings geriet ein prätentiöser Gegenentwurf mit Anna Magnani, *Vulcano*, auch nicht überzeugender.)

Einige weitere gemeinsame Filme folgen, von denen wohl nur die subtile *Reise in Italien* ihre beidseitige Sehnsucht nach Erneuerung erfüllt. Hier präsentieren Ingrid und George Sanders ein modernes Ehepaar, das zwischen Liebe und Scheidung unentschlossen hin- und herpendelt. Steht man zuerst eher auf Ingrids Seite gegenüber dem allzu weltmännischen Gatten, so ändert sich langsam unser Verständnis, je tiefer die zwei in das volkhaft-elementare Süditalien vordringen. Zunehmend wird Ingrid im Bild mit den Grundtatsachen des Lebens konfrontiert, mit Liebenden, schwangeren Frauen, Kinderwagen und Leichenzügen, zuletzt noch einem neuausgegrabenen Liebespaar in Pompeji. Wird ihr vor Augen geführt, daß ihre stetige Weigerung, Kinder zu gebären, sich ihrer Liebe auszuliefern, ja überhaupt sich vom Leben hinreißen zu lassen, Zeichen einer eingefleischten Gefühlsarmut und eines Mangels an Lebenskraft sind, die den Gatten verstören müssen. Wobei sich auch jeder fragen durfte: War dies schon eine Analyse der abbröckelnden Ehegemeinschaft zwischen Rossellini und Ingrid selber?

Etwa um diese Zeit habe ich die Actrice im Pariser Hotel Raphael zu interviewen. Grande Dame eher als Schauspielerin, makellos im grauen Tailleur, zuvorkommend aber unbestimmt. Während im Nebenraum die Zwillinge herumtollen, auf die ich nur durch die Tür einen flüchtigen Blick werfen darf (erst vierzig Jahre später erneuert). Wie gerne hätte ich, als passionierter Fotograf, Ingrid nach ihrem Verhältnis zu Kriegsreporter Robert Capa befragt, angeblich die Vorlage für Hitchcocks *Fenster zum Hof*. Wie gerne nach dem Flieger Howard Hughes, der einst sämtliche Tickets von New York nach Los Angeles aufgekauft haben soll, nur um die Bergman in seiner Privatmaschine mitnehmen zu dürfen. Und nun gar diese romantische Liebschaft mit Rossellini, ging es da wirklich um die kühle Blonde aus dem Norden und den leidenschaftlichen Südländer? Oder war es nicht – undenkbar fast – eher das Gegenteil? Also die flammende, lang zurückgehaltene Inbrunst einer alternden Frau gegenüber dem nur strohfeuererwärmten routinierten Verführer? Nichts davon durfte natürlich zu jener Zeit abgefragt werden, solche auflagenträchtigen Tabubrüche kamen erst später in Mode. Statt dessen blieb es bei der üblichen Plauderei um bevorzugte Rollen und Lieblingspartner. Wobei sich übrigens herausstellte, daß Ingrid am begeistertsten die (bei Autor Robert Louis Stevenson gar nicht vorgesehene) Prostituierte in *Dr. Jekyll und Mr. Hyde* gespielt hätte:»Mein Image ging von der Heiligen zur Hure und wieder zurück.« Ihr bevorzugter Partner? Gary Cooper in *Wem die Stunde schlägt*. Und warum?»Er war der einzige, der hochgewachsen genug war, daß ich mir beim Drehen nicht dauernd die Schuhe auszuziehen brauchte. Oder man mein Gegenüber auf ein hölzernes Podest aufbauen mußte, wie in *Casablanca* die Winzlinge Bogart oder Claude Rains.«

Schließlich letzte Frage nach ihrem Motto?»Glück ist gute Gesundheit und ein schwaches Gedächtnis«, nicht schlecht. Sieben Jahre dauerte das Gedächtnis des amerikanischen Kinopublikums, bis man Ingrid − nunmehr von Rossellini geschieden − wieder in Gnaden aufnahm. Ohne daß sie sich, trotz Oscar für *Anastasia* und allerhand anderer Treffer, je wieder auf der Leinwand hätte voll ausleben können. War sie etwa dazu nicht geschaffen? Ihre großartige Rolle in *Herbstsonate* von Ingmar Bergman, als eiskalt-triumphierende Konzertpianistin gegenüber der lebenslang unterdrückten Tochter Liv Ullmann, zeigte uns das Gegenteil. Was hätte Ingrid Bergman nicht alles werden können in der Hand dieses seelenkundigen Magiers aus dem Norden!

ROBERTO ROSSELLINI

Wir beginnen mit Napoleon, damals noch General Bonaparte, bei der Belagerung des Kriegshafens Toulon. Er bebt an allen Gliedmaßen. Ein Adjutant bemerkt es und sagt abfällig:»Sie zittern ja vor Angst.« Darauf Napoleon:»Wenn Sie so Angst hätten wie ich, Sie wären schon längst davongelaufen.« Rossellini erzählt die Geschichte mit sichtlichem Wohlgefallen. Jeder Dreh ist ja ein Wagnis, bei dem man Kopf und Kragen riskiert. Es gibt keine zweiten Chancen im Film. Comebacks sind Wunder. Hat Rossellini eins geschafft? Wir sind bei furchtbarer Hitze im tunesischen Monastir, wo er gerade seinen Film *Der Messias* abdreht, nach dem genauen Wortlaut der Evangelien. Das Risiko noch verschärft durch die Tatsache, daß »wir hier keine Orgien zeigen, keine Mirakel, keine Spezialeffekte, keine blutige Geißelung, keine Charlton Heston und Elizabeth Taylor. Sondern nur ganz sachliche Ereignisse, wie es eben die Zeitgenossen wahrgenommen haben. Und ich registriere das als Reporter. Mische mich nicht ein. Bin bloßer, fast zufälliger Zeuge.«

Der »Maestro«, wie man ihn zu titulieren hat, jetzt älter und dicker geworden, dennoch von einem Troß anbetender Glucken umrahmt, die seinen Ruhm bewirtschaften. Und ihn vor jedem bösen Blick abschirmen, also vorzugsweise gegen uns. Die oberste Vestalin dieses Personenkults heiß Silvia d'Amico, die aber vielleicht nur mehr die Asche des Vulkans auskehren darf, der einst Anna Magnani und Ingrid Bergman entflammte. Muß auch hier mal wieder läppischen Vertrag unterzeichnen, daß ich den Meister höchstens drei Tage »belästige« und dergleichen. Endlich kurze Aussprache. Rossellini, nach Herzinfarkt, sieht dem Ende gefaßt entgegen, will »nur mehr nützlich sein«. Kino ohne Kintopp machen, Lehrfilme, Authentisches: »Ich bin doch viel uninteressanter als das, was die Herren Sokrates, Jesus oder Mohammed zu sagen haben.«

Sein Traum anscheinend: die ganze Kulturgeschichte der Menschheit abzulichten, von Karl Marx über Franz von Assisi zurück bis zum Heiligen Augustin, ja über Christus hin zum Neandertaler. Die einschlägige illustrierte Glanzbroschüre *Der Kampf des Menschen um sein Überleben* liegt schon vor, bleibt nur noch, die Finanzierung zu finden. Was keiner von uns ahnen kann: In diesem Moment hat Rossellini gerade noch zwei Jahre zu leben, wird nichts von seinen Plänen je mehr realisieren. Einzig ein psychologisch scharfgefaßtes Porträt des Aufsteigers Ludwig XIV. fand damals beim Publikum Anklang.

Auch dieser heutige *Messias* scheint mir als Film eher eine Schnapsidee, mit dem unerfahrenen Studenten Pier Maria Rossi als Jesus, der betonungslos seine Parabeln herunterleiert, und einer siebzehnjährigen Gottesmutter aus der Kinderbewahranstalt. Bloß die tunesischen Komparsen überzeugen. Da sie ja nichts anderes zu tun haben, als wie eh und je ihre Fische zu fangen, ihre Kamele aufzuzäumen und ihre Esel zu prügeln ... die ewigen Statisten der Weltenbühne.

Nach Tisch unter kreidebleichem Mittagslicht eine Szene am Tiberiassee. Rossellinis Hauptaugenmerk gilt nicht etwa den Jesuswundern, sondern den Aposteln, und ob sie auch ihre Netze fachgerecht auswerfen. Gedreht in einer minutenlangen, also endlosen Einstellung, dem »plan séquence«. Wobei der Meister persönlich mit einem selbsterfundenen Fernlenkgerät die Optik dirigiert, während der Kameramann nur die ihm aufgezwungenen Bewegungen ausgleichen darf. Alles bleibt in Totalen: »So hat der Zuschauer die Freiheit, sich wie auf einem Riesengemälde auszusuchen, welchem Detail er seine Aufmerksamkeit schenkt.« Anschließend hängt Rossellini in wenigen Tagen diese Sequenzen zusammen, und der Film ist fertig. In der Theorie revolutionär. In der Praxis stinklangweilig. So fad war Jesus nie. Unbegreifliche Verirrung eines Romantikers, dem das Temperament ausgegangen ist. Und der sich jetzt auf die unhaltbare These zurückzieht, daß Schauspielkunst, Großaufnahme oder Montage nichts anderes seien als Vergewaltigung des mündigen Zuschauers.

Dann wird die nächste Szene vorbereitet: Hungrige Jünger

sicheln Getreide am Schabbes, was anscheinend gegen die Vorschrift ist, der aber Jesus widerstrebt: »Das Gesetz ist für den Menschen da, nicht der Mensch für das Gesetz.« (Nicht viel anders als Einsteins Merkspruch, der zu dessen fünfzigstem Todesjahr auf dem Berliner Kanzleramt prangte!) Dazu der Maestro: »Jesus sträubt sich gegen alle Konformismen, Dogmen und Ideologien, auch die der Religion. Kein Sozialrevolutionär, wie heute gern gesehen. Sondern einer, der mit seiner Moral das Individuum gegen sämtliche Machtstrukturen verteidigt. Wenn man mit der Moral anfängt, kommt man damit vielleicht zu einer neuen Gesellschaftsordnung. Fängt man mit der Gesellschaft an, so endet man unvermeidlich im Dogma, im Zwang.« Also Essenz kommt vor Existenz, im Widerspruch zu Sartre? Er nickt befriedigt.

Ob er nun selbst an diesen seinen Jesus glaube? »Ich bin Atheist. Ich berichte einfach, was war.« Aber mache er es sich damit nicht etwas zu einfach? Der Filmer als ungläubiger Thomas, der in den Wunden des Herrn nach Facts herumwühlt? Er grinst: »Thomas ist eine der interessantesten Figuren des ganzen Evangeliums.« Dabei wird ja berichtet, daß Rossellini selbst bei Papst Paul VI. vorgesprochen habe, um sich sein Unternehmen absegnen zu lassen. Auch soll es da einen amerikanischen Reverend Payton geben, der allerhand Moneten im Namen einer »Theater Family« investiert, welche mit diesem Christus die Dritte Welt berieseln will. Später werde ich zu meinem Erstaunen sogar feststellen, daß der Film seine französische Uraufführung in der Pariser Trinité-Kirche erlebt. Also offenbar nicht gerade auf dem Index steht.

Trotzdem wird natürlich aufs billigste produziert. Rossellinis Sohn Renzo stellt den Hilfsregisseur, sein Bruder, der auch Renzo heißt, komponiert die Musik, Schwester Marcella ist

Scriptgirl, seine allererste Frau – heute ist er mit der Inderin Sonali Das Gupta verheiratet, oder war es bis vor kurzem – kümmert sich um die Kostüme, fallweise zusammen mit der Tochter Isabella Rossellini. Während das Drehbuch von Produzentin Silvia d'Amico stammt, die ihrerseits mit dem Meister liiert ist und vielleicht sogar schon verheiratet. Und deren Schwager nicht nur Regieassistenz macht, sondern gleichzeitig auch Johannes den Täufer. Kurz, wir sind hier in einem Familienbetrieb, wenn auch einem nicht ganz durchschaubaren, und soweit möglich bleibt das knappe Geld in der Mischpoche.

Nachmittags Dreh an einer alten Römerbrücke. Plötzlich ist da eine Abordnung der Glucken, die feierlich auf uns zugeschritten kommt. Was ist los? Einer der (schlechtbezahlten) Schauspieler hat sich nach Tunis abgesetzt: das Haupt der Pharisäer. Ob ich nicht selbst mit meinem dunklen Typus bereit wäre … Wer, ich? Kurze, heftige Identitätskrise, nur mit Humor zu bewältigen. Dann bin ich bis zur Kenntlichkeit zu einer Art orthodoxem Juden verkleidet, mit Schläfenlöckchen und Gebetsriemen auf der Stirn. Und habe – Sprache natürlich nebensächlich, es wird ohnehin alles nachsynchronisiert – die Jünger anzupflaumen, weil sie trotz beginnendem Sabbat auf dem Feld ihre Ähren einsammeln. Dazu furioser Sonnenuntergang, den Rossellini mit Gewalt ausklammert: »Auch die Apostel haben sich in diesem Moment bestimmt nicht vor der Sonne aufgebaut.« Schon. Aber dann dürfte in letzter Konsequenz auch nur Jesus den Jesus darstellen.

Am nächsten Morgen Übersiedlung des ganzen Unternehmens zur Oase Kairuan. Gewaltige pittoreske Stadtmauern, aus der Römerzeit nehme ich an. Tetrarchin Herodias – oder ist es die berüchtigte Poppäa, wer kennt sich da noch aus – wird quer über den Platz in einer Sänfte herangetragen. Gespielt von einer leichtgeschürzten Signora Marcello Mastroianni, die hier zufällig gerade Urlaub macht. Und die Sänfte getragen von anderen Urlaubern, nämlich ausgewählt blonden und massiven deutschen Touristen, die germanische Sklaven vorstellen. Alles schön bunt, wie in Hollywood, und nur in Totalen gedreht. Also doch Kintopp? Gar öde Historienmalerei, wie bei Cecil B. DeMille? Warum läßt sich der Mann auf dergleichen ein? Er, bei dem Fellini ein kleiner Assistent war, von dem Antonioni alles gelernt hat, über den jemand einmal sagte: Man kann nicht *leben* ohne Rossellini! Macht es überhaupt Sinn, die ganze Welthistorie so herunterzunudeln? Und: Hat diese distanzierte Betrachtungsweise wirklich mehr Realität als die Tränen der Anna Magnani? Zuletzt die Frage, die uns doch alle in diesem Geschäft umtreibt: Wird nicht auch die real existierende Realität, indem man ihr dabei zuguckt, schon wieder zum Spektakel? Warum dann nicht gleich echtes Kino machen?

Rossellini sträubt sich, verbohrt und eigensinnig, umgurrt von der hübschen Silvia: »Ich filme, wie das Auge sieht. Ich schaue nicht, ich lasse mich schauen. Ich will mich nicht mehr auszeichnen, nur noch dienen. Alterswahn? Meinetwegen.« Erhebt sich mühsam, geht hinüber zur Kamera: »Tutti pronti? Motore! Actione!« Weniger Aktion sah man nie: ein nachdenklicher Jesus, der stundenlang auf Eselsrücken über die Felder dümpelt. Dabei der Meister zu uns: »Man wirft mir vor, daß ich die Dinge nur zeige und keine Lösungen anbiete. Aber was ich zeige, ist doch authentisch. Und ermöglicht uns, eben dadurch zu unserer eigenen Authentizität durchzudringen. Das ist bereits eine Lösung!«

»Maestro, wären Sie nicht lieber doch Phantast geworden, wie die Fellinis und die de Sicas und Antonionis?«

»Ich kenne die alle gut. Ich mag sie. Jeder ist eben verrückt auf seine Art. Was mich persönlich auffrißt, ist die Neugier. Mein

Wissensdrang, geradezu morbide. Wir leben doch im Zeitalter der Dekadenz. Der Auflösung der westlichen, christlich-marxistischen Zivilisation. Und was könnte faszinierender sein?«

Abends endlich Abkühlung. Rossellini, im Faltstuhl das morgige Pensum studierend, spielt mit den zahlreichen Kindern, die das Camp bevölkern. Und von denen das ein oder andere auch mit ihm verwandt sein muß. Frage an den offensichtlich Neuverliebten: »Haben Sie die Kunst, Mann zu sein, inzwischen gemeistert?«

»Noch nicht. Das einzige, was ich gelernt habe: mit meinen früheren Frauen in Frieden zu leben. Es gibt da ein, zwei Jahre Krise, man haßt sich, man beschimpft sich. Und dann kann man wieder befreundet werden.«

»Nichts hat Ihnen je das Herz gebrochen?«

»Aber hunderte Male! Nur – was einem heute tragisch vorkommt, ist es übermorgen nicht mehr. Man wird wieder bereit, noch ein bißchen zu leiden. Und dieses Bereitsein macht das ganze Glück des Menschen aus.«

»Ist der Beruf, Mann zu sein, schwer zu erlernen?«

»Sehr. Man bringt Ihnen den Filmberuf bei, oder die Medizin. Der Beruf, Mann zu sein, kümmert die Gesellschaft wenig. Dabei ist er der einzige, den man ernsthaft studieren sollte.«

»Sie kannten ja einige der interessantesten Frauen unserer Zeit, haben sechs Kinder und –«

Da aber kommt die schöne Signora d'Amico wie eine Viper herangeschossen mit der – nicht unerwarteten – Nachricht, daß jemand dringend den Maestro zu sprechen wünscht. Dabei kann ich weit und breit keinen Menschen entdecken, der nach Gesprächspartner aussieht. Notgedrungen erklären wir uns zum Abbruch bereit. Mit der Bitte, uns wenigstens noch schnell den Titel unseres Films zu ergänzen: »Rossellini, ein Mann der – «.

Er sprudelt heraus: »Ein Mann der Dummheit – man beginnt immer mit einer Dummheit. Ein Mann, der sein Leben voll ausleben will – das ist ja unsere Pflicht. Ein Mann, der sich amüsiert – ich amüsiere mich wirklich.« Der letzte Filmtitel, den ich vorschlage, erfüllt ihn dann geradezu mit Begeisterung: »Rossellini, ein Mann wie jeder andere.«

ISABELLA ROSSELLINI

Herkunft ist Schicksal. Auch wenn sie sich noch so dagegen sträubt: Isabella wird lebenslang Tochter bleiben. Mische eine schwedische Schönheit mit einem italienischen Genius, heißt es, und was kommt dabei heraus: Isabella Rossellini. Und wem gilt die erste Frage jedes Interviewers (auch meine): den Eltern natürlich, und Isabellas Haltung zu ihnen. Dabei war sie gerade drei, als die Ehe auseinanderging. Die Mutter nach Hollywood und zu ihrer lang vermißten Karriere zurückkehrte, verzehrt von schlechtem Gewissen, und die Tochter dem liebenden Vater in Rom überließ. Mit dem sie natürlich auf Italienisch heranwuchs ... was ihr lebenslang die Chance verbaute, ohne fremdländischen Akzent zur amerikanischen Diva aufzusteigen.

Hat also Ingmar Bergman die Sache schon ganz richtig gesehen, als er in *Herbstsonate* eine Mutter und Tochter miteinander konfrontierte? Isabella, schönes Weib, wenn auch etwas zu gedrungen und mit fast zu rundlichem Gesicht, schlägt ihr rauhes, sardonisches Gelächter an, hohoho, das ein bißchen an die Weihnachtsmänner am Times Square erinnert (obwohl wir ja auf dem Steinbalkon eines venezianischen Palazzos stehen):

»Also, darauf sind Sie aus! Ich bin schön, ich bin talentiert, ich habe alles, aber ich bin voller Ressentiments, ich komme nicht los von meinen Eltern! Lachhaft! Wir alle vertrugen uns wunderbar, vor der Scheidung, nach der Scheidung, Stiefmütter, Stiefväter, Halbgeschwister … eine einzige große Familie! Niemand haßte irgendwen.«

»Und Ihr Vater war der Patriarch?«

»Wie in Italien üblich. Fürsorglich, liebevoll, tyrannisch. Er sagte immer: Schade, daß ich keine jüdische Mamme bin. Oder: Am liebsten würde ich euch alle mit den Zitzen füttern. Aber natürlich hatten wir auch zu parieren. Bis 18 durfte ich überhaupt nicht ausgehen. Nachher gerade bis Mitternacht. Und jede halbe Stunde bei ihm anrufen.«

Isabella ist eben vom heimischen New York nach Venedig eingeflogen, um mit dem Schmuck einer italienischen Juwelierfirma zu posieren. Das Modeling macht sie seit zwanzig Jahren, zum Teil parallel zu ihrer Filmkarriere. Obwohl ja die Filme nicht immer vom schicklichsten waren, manchmal eher das Gegenteil. Aber irgendwie hat sie das geschafft, gleichzeitig ein tugendhaftes Image auszustrahlen und ein verrücktes, ohne daß sich das Publikum daran störte. Eine reife Leistung! Einerseits galt sie als »die schönste Frau der Welt« und war als solche das offizielle Gesicht des Lancôme-Konzerns mit fürstlichem Gehalt, zu finden auf den Titelblättern von geschätzten 500 Modemagazinen und Illustrierten. Und andererseits diese perversen und fallweise splitternackten Halbweltfiguren des verrufenen Filmregisseurs David Lynch!

Als sie es dann wagte, 40 Jahre alt zu werden, kündigte ihr der Parfümhersteller den Vertrag. Worauf Isabella mit ihrer typischen Freimütigkeit reagierte: »Unzumutbar! In diesem Alter fangen die Frauen doch überhaupt erst an, der Kosmetik anheimzufallen.« Danach machte sie sich unabhängig und kreierte ihre eigene Linie: »Das Zeug muß vor allem praktisch sein – praktisch, klein, in jede Handtasche zu verpacken. Ich war immer praktisch, ganz wie meine Mama.«

Wir sitzen derzeit im Café Florian, Isabellas Make-up wird erneuert für die Fotografin, wobei wir aber nicht mitfilmen dürfen. Es ist ein magisches Ritual. Wir beglückwünschen sie zu ihrem Aussehen – sie geht jetzt immerhin auf die Fünfzig zu –, was Isabella sofort mit Hohn quittiert: »Ich bin gar nicht schön. Ich fotografiere mich bloß schön!« Und wie lange es brauche, um vom einen zum andern zu kommen? Isabella prompt: »Zwei Stunden.« Offenbar ist das, was sie wirklich interessiert, die Neuerfindung ihres Gesichtes. Sie will sich zuletzt vom eigenen Glamour überraschen lassen, wie ein Maler von seinem fertigen Bild. Wir erkundigen uns, warum von hundert perfekten Gesichtern höchstens eines zum Covergirl taugt? Isabella, zum ersten Mal angeregt von einer Frage:

»Was mich betrifft, weil ich Schauspielerin bin. Auch das Modefoto muß eine Geschichte erzählen, wenn auch mit beschränkten Mitteln. Ein Gefühl ausdrücken. Eine Idee. Es hat etwa die Bandbreite eines Stummfilms. Das was sich in deinem Kopf abspielt, das kommt im Foto heraus. Denkst du an gar nichts, oder nur an dein Aussehen, so bleibt es leer, und der Leser blättert gelangweilt weiter. Ein Meisterfotograf wie Richard Avedon wußte immer beim Posieren, woran ich gerade dachte. Manchmal sagte er: Mir gefallen deine Gedanken nicht, denk an was anderes. Dann erst machte er seinen Schuß.«

Draußen in den Loggien des Markusplatzes drängen sich jetzt allerhand Paparazzi, um Isabella gratis als Traumfrau zu erwischen, in einem Moment, wo sie sich gerade selbst neu zu erfinden hat. Dazu sie mit ihrem unbezähmbar dreisten Mundwerk: »Wissen Sie, daß mich die Leute auf der Straße nie erkennen, da ich ja im täglichen Leben kein Make-up trage?«

»Warum nicht? Weil Sie nur die Verwandlung lieben?«

»Richtig. Jetzt gerade ist der schönste Moment.« Stützt nachdenkliches, ja geradezu ätherisches Gesicht in ihre Hand, wobei sie natürlich darauf achtet, daß das goldene Armband, um das sich letztlich alles dreht, ins rechte Licht rückt.

Nachher weiteres Gespräch auf dem Hoteldach unter Abendsonne. Im Blickfeld auch das Gebäude des venezianischen Filmfestivals. Das – wann war es, 1986? – die Vorführung des großartig-ausschweifenden Films *Blue Velvet* von David Lynch nach 20 Minuten abbrach, »um nicht das Ansehen Roberto Rossellinis zu schänden«. Worin ja seine Tochter die Hauptrolle einer verkommenen Nachtklubsängerin spielt, die von einem Psychopathen (wer anders als Dennis Hopper) gedemütigt und mißbraucht wird, was sie aber zutiefst zu genießen scheint. Eine sadomasochistische Glanzleistung, mit der Isabella ihre Epiphanie erlebte … und sich endgültig freischwamm vom Erbe der Eltern. Als Film nur noch erreicht von desselben Regisseurs *Wild at heart – Die Geschichte von Sailor und Lula.* Wo Isabellas Rolle als verrückte Hure allerdings auf drei Episoden beschränkt blieb. Nach solchen Orgien wurde ihr dann von ihrer entsetzten Schauspielagentur gekündigt … während sich ironischerweise der Erfolg bei Lancôme noch weiter steigerte. (Sie war jetzt das höchstbezahlte Model der Welt.)

Isabella über ihre Nacktauftritte in *Blue Velvet*: »Der Kinokritiker Rex Reed schrieb damals, wenn Ingrid das sehen könnte, würde sie sich im Grab umdrehen. Ehrlich gesagt, ich glaube, sie hätte sich eher gefragt, warum man ihr nie solche Bombenrollen anbot! Meine Mama war ja krankhaft schüchtern. Nur vor der Kamera konnte sie sich voll ausleben, dann fühlte sie sich am lebendigsten. Aber was ihr im Weg stand, war eben, daß sie so vernünftig war, so praktisch veranlagt. Als sie sich mit Papa einließ, war das, glaube ich, die einzige Verrücktheit ihres Lebens.«

»Meinen Sie, daß sie es je bedauert hat?«

Sofort schlägt uns rossellinischer Ingrimm entgegen: »Natürlich nicht! Es gab ja uns! Ihre drei Kinder mit Papa, die sie über alles liebte.«

Auf die Frage, ob sie selbst diese praktische Anlage ihrer Mutter geerbt habe, kommt vehement die Gegenfrage: »Haben Sie nicht meine Autobiographie gelesen?«

Da das Buch erst diese Woche erscheinen soll, muß ich verneinen.

Isabella ungerührt: »Man hat doch Vorausexemplare!«

Folgt Bericht über den Dreh der grausigen Vergewaltigungsszene in *Blue Velvet*: »Ich sollte die ganze Zeit über nackt daliegen, während lauter Dinge passieren, die man seinem ärgsten Feind nicht wünschen möchte. Ich verlangte, daß man mich irgendwie verhüllt, aber David fiel nichts Logisches ein. Da sagte ich zu Dennis: Du kannst mir ja die Unterwäsche in die Vagina stopfen und mich dabei zudecken. Und genauso wurde es gemacht. Das war doch praktisch, oder?«

Daraufhin der Reporter, etwas konsterniert: Ob nicht die ganzen Römer seit 2000 Jahren ein ziemlich realistisch veranlagter Menschenschlag wären, entgegen dem ewigen deutschen Traum, der bloß die eigene Romantik auf Italien projiziert?

Dazu Isabella: »Richtig. Ich verwalte mein Geld, ich steuere meine diversen Karrieren, ich erziehe meine zwei Kinder, alles praktisch, alles allein. Ich kann das, ich bin der Boß.«

Nach welchem Prinzip sie denn ihre Tochter erziehe, auch wieder praktisch? »Ich sage ihr: Sei wie die Männer, tu immer, was du willst. Nur so bringst du es zu etwas!«

Folgt unvermeidlich die Frage, wie praktisch denn der Papa veranlagt gewesen sei?

»Ach was, er lebte zeitlebens von der Hand in den Mund. Nehmen Sie nur seinen letzten Film, *Der Messias*. Jeder hat ihm abgeraten, das auf diese halbdokumentarische Art zu machen. Laß doch dein Temperament schießen, zeig wie du wirklich zu Jesus stehst. Und er: Wer bin ich, daß ich mich vor ihn ins Licht stelle? Und was war das Resultat? Die Leute urteilten: Ein kalter Film, der Film ist absichtlich kalt gedreht, er ist antireligiös. So kam er nie richtig in den Verleih. Und das war es, was Papa letztlich das Herz brach.«

»Sie selbst lebten ja jahrelang mit einigen Großen der Filmgeschichte zusammen, zuerst mit Martin Scorsese, später mit David Lynch, dann dem Schauspieler Gary Oldman. Dazwischen eine kurze Ehe mit dem Dressman Jonathan Wiedemann. Mit dem Sie auch Ihre Tochter Elettra hatten, später kam noch ein adoptierter Sohn hinzu. Warum eigentlich der Name Elettra?«

»Ach so, Sie meinen, Elektra wie in der griechischen Sage, die ihren Vater liebt und daher ihre Mutter ermordet? Ach was, es war einfach der Name meiner Großmutter. Natürlich liebte ich meinen Vater, ich war auch sein Liebling. Aber ich liebte ebenso meine Mama. Da dachte man immer, Ingrid Bergman sei so reserviert mit ihren Gefühlen, so prüde, ganz Dame. Aber wissen Sie was: Mama hatte Humor! Einmal, als ich noch mit Martin verheiratet war, brachte ich sie zu einer Vorschau seines Boxfilms über La Motta, *Wie ein wilder Stier*. Und ich flehte sie an: ›Mama, der Streifen ist voller Flüche und Obszönitäten. Bitte geh drüber hinweg, der Film ist ein Meisterwerk.‹ Sie winkte nur ab. ›Ich kenne fuck‹, sagte sie, und marschierte hinein.«

ARTHUR RUBINSTEIN

Kennen Sie den: Der Papst und der Oberrabbiner von Jerusalem beschließen gegenseitige Besuche, um einander ihre Hochachtung zu erweisen. Zuerst wird der Rabbi im Vatikan herumgeführt, rühmt die Raffaels und Michelangelos, bewundert die Stanzen. »Kunststück«, meint der Papst, »man muß ja schließlich repräsentieren.« Da bemerkt der Rabbi auf einer Empore ein goldenes Telefon. »Und das, wozu dient das?« »Darauf telefonieren wir mit dem Allerhöchsten.« »Mit Gott? Das muß Sie ja eine Unmenge Gebühren kosten!« »Ach was«, sagt der Oberhirte, »man hat's ja.« Danach Gegenbesuch des Papstes in Jerusalem. Alles ein bißchen heruntergekommen und chaotisch, wie in Israel üblich. In der Ecke ein goldenes Telefon. »Und das? Wozu dient das?« »Da telefonieren wir mit dem lieben Gott.« »Könnt ihr euch das denn leisten?« »Ach, wissen Sie, Heiligkeit: Für uns ist das ein Ortsgespräch.«

Ende eines Witzes. Darauf gerade der Anflug eines höflichen Schmunzelns auf dem faltigen Gesicht meines Gegenübers. Es ist der uralte Pianist Arthur Rubinstein, wir sitzen mit seiner Geliebten (nicht etwa der Gattin) und sonstigen Anhängseln in einem der Nobelbistros des Pariser Bois de Boulogne … und er ist es, der hier die Anekdoten erzählen darf, keiner sonst! Einziges Geräusch bei Tisch: Rubinsteins Besteck, das konzentriert ein saftiges Steak bearbeitet. Ansonsten allgemeine Betretenheit, als sei bei einem seiner Meisterkonzerte ein Spinnerter aufs Podium gehüpft, um ebenfalls zu klimpern. Dann fährt der Maestro genüßlich mit seiner Suada fort – auch er hält bei Rabbiner-witzen – natürlich auf Deutsch. »Eine von den sechs bis acht Sprachen, die ich nicht beherrsche.« Obwohl er sich ja nach wie vor weigert, in Deutschland oder Österreich aufzutreten (ich glaube, mit einer einzigen Ausnahme), in Gedenken an die siebzehn seiner Verwandten, die während der Nazizeit ermordet wurden.

Rubinstein ist jetzt 93, wird es aber wohl noch ein paar weitere Jahre machen. Ein Phänomen an Vitalität. Seit Beginn einer progressiven Augenkrankheit hat er das Konzertieren aufgeben müssen, dafür ist er daran, den letzten von drei gewaltigen Memoirenbänden zu verfassen. Auch läßt er sich unermüdlich interviewen und in sämtlichen Weltteilen abfilmen, darunter demnächst auch von uns. Dies ist das Vorgespräch. Und natürlich hat er darauf bestanden, daß es in einem der luxuriöseren Lokale von Paris stattfindet (und selbstredend auf unsere Kosten). Und daß auch diverse Agenten und Verleger eingeladen werden. Sowie Miss Annabelle Whitestone, eine turmhohe britische Schönheit. Anscheinend Sekretärin – ihr diktiert er die Memoiren –, Impresario und Freundin in einem. (Wir werden sie einige Jahre nach seinem Hinscheiden in London als Ehefrau des geadelten österreichisch-britischen Verlegers Sir George Weidenfeld wiedertreffen.) Rubinsteins Züge sind mit dem Alter nicht durchgeistigter geworden, eher verschmitzter, lebensfreudiger, irdischer. Ein amüsiertes Schlaumeiergesicht. Vielleicht war er weniger ein Besessener der Musik als ihr Besitzer, Liebhaber, Don Juan? Was tut's.

Dieses fast letzte Überbleibsel des polnisch-jüdischen Ingeniums, das sich einst über die ganze Welt ergoß, ist 1887 in Lodz geboren, als jüngstes von sieben Kindern eines Textilhändlers. Wie bei Juden üblich, wenn es nicht um die älteren Söhne geht (die ins Geschäft müssen), wird sein Talent von der Familie eifrig gefördert. Mit drei Jahren bekommt er eine Geige, »die ich allerdings sofort in Trümmer schlug, weil sie kein Klavier war.« In Deutschland ausgebildet, debütiert das Wunderkind erfolgreich mit zehn bzw. elf oder zwölf Jahren – wir sind hier schon im Bereich des Mythos. »Es war ein Triumph für Mozart … und für mich.« Aber dann: »Da war dieses schreckliche Alleinsein in Berlin! Und ich kaum flügge, keine Familie da, kein Geld, kein Engagement, nichts. Alles geht schief. Und jetzt lassen mich auch noch meine beiden Freundinnen auf einmal sitzen. Was tun? Richtig, einen Strick habe ich mir gekauft und wollte mich in meinem Zimmer aufhängen. Nein, der Strick ist nicht gerissen, Stricke reißen ja nie, wenigstens deutsche. Aber dieser ist immerhin vom Nagel heruntergerutscht. Danach habe ich etwas geflennt, etwas gelacht, dann wurde ich hungrig und ging auf die Straße hinunter. Und die Straße war wie verwandelt. Alles so glänzend, so lebendig, so voller Chancen. Warum sollte ich mich umbringen? Mit diesem Moment hat mein eigentliches Leben begonnen.«

Zwei Tage später Filmaufnahmen chez Rubinstein. Eine dreistöckige Immobilie mit Garten. Drei Fenster in jedem Stockwerk zeigen auf eine Art Enklave, die von der vornehmsten Pariser Straße ausgeht, der Avenue Foch. Feinere Adresse kennt Paris nicht. »Ein reicher Engländer hatte das Haus für seine Mätresse gekauft, war dann frühzeitig gestorben. Natürlich konnten es die Erben nicht schnell genug loswerden.« Rubinstein zieht ein, mit seiner frisch Angetrauten, Agniela, oder Nela, einer Dirigententochter. Die er allerdings erst heiratet, als er schon in den Vierzigern steckt und die er ein Jahrzehntchen hatte auf sich warten lassen. Das erste Kind ist dann – wie er sich's immer gewünscht hatte – eine Tochter. Von nun an besteht sein Leben aus unzähligen Tourneen, die sich, wenn man seinem Gedächtnis trauen darf, fast ausnahmslos zu Triumphzügen gestalten. »Man empfing mich wie einen König ... das Hotel war hervorragend ... das Diner war köstlich ... ich saß neben meinem Freund, dem Präsidenten ... Großkreuz der Ehrenlegion, Mitglied der Akademie ... Chaplin sagte damals zu mir ... mit Einstein unterhielt ich mich natürlich über Musik ... Picasso bestand darauf, mich zu duzen ... Mussolini lud mich zu sich in den Palazzo Venezia ...«

Strahlend, händereibend sitzt der Alte auf einem Sofa seiner überlebensgroßen Meublage, schwelgt in Erinnerungen, sämtlich mit einer kleinen Streicheleinheit für den Erzähler selbst versehen. Kennt noch Hunderte, ja Tausende von Namen, und zu jedem eine Story: »Das wird Sie amüsieren!« Nie etwas Bösartiges, höchstens kleine Nadelstiche, wenn er auf rivalisierende Musiker zu sprechen kommt. Wir sitzen in dem etwas zu pompösen Salon, mit Holztäfelung bestückt, aber an der Decke sichtbare Risse, und einige der Bilder hängen ein bißchen schief. Hier geht es irgendwie dem Ende zu. Auch der Maestro – er leidet unter Schmerzen, die er sich aber nicht anmerken läßt – soll unmittelbar nach unseren Filmaufnahmen ins Spital zu einer Hüftoperation: »Aber ich habe keine Angst. Gott ist geduldig, er kann warten.« Tatsächlich wird er noch zwei Jahre ausharren, bis es soweit ist.

Die Freundin Annabelle, Verklärerin seines Lebensabends, hat er neben sich aufs Kanapee plaziert, während die Gattin (eigentlich leben sie getrennt) in die offene Küche verbannt wird, wo sie lauter, als dem Aufnahmeteam lieb ist, mit dem Geschirr klappert. Ach, es will doch nicht alles so aufgehen in der von Rubinstein so gern verbreiteten Harmonie. Denn darauf läuft ja nicht nur seine Musik hinaus (»eine Legende der musikalischen Fried-

234

fertigkeit, des Optimistischen und des Harmonischen«, laut einem Kritiker), sondern überhaupt sein Leben. Eine Aneinanderreihung spannender Geschehnisse, die allesamt wie große Lose dem strebsamen Glückskind in den Schoß fielen. Hinreißend und hingerissen knüpft er die Anekdoten aneinander, trunken von all den lieben Gottesgaben, die sich in seiner Erinnerung zu eins verschlingen: Gute Musik gleich fürstlichem Empfang gleich witziger Konversation gleich schmackhaftem Bankett gleich angemessenem Honorar.

»Wo waren wir? Ah ja, bei Mussolini. Und wissen Sie, was er mich fragte? ›Wie schaffen Sie es, Ihr Geld aus den Ländern zu exportieren, wo Sie auftreten, bei all diesen Devisensperren heutzutage?‹ Offenbar hatte er selber damit Probleme.«

»Und was haben Sie geantwortet?«

»In meinem poetischsten Italienisch: ›Wir alle wollen doch zuförderst die Herzen gewinnen und nicht das Geld.‹ Der Duce nickte beifällig, ich bekam eine Auszeichnung plus Foto mit Unterschrift. Nachher erzählten mir Freunde, er habe bei seinem nächsten Auftritt genau meinen Satz vom Balkon in die Menge geschleudert. Später, als Mussolini auf Befehl Hitlers seine Rassengesetze verkündete, schickte ich ihm dann den Orden zurück. Zusammen mit einem wütenden Protest, gezeichnet: Rubinstein, jüdischer Pianist. Die Post wollte dieses beleidigende Telegramm zuerst nicht weiterleiten, aber ich kannte ja den zuständigen Minister. Der mir überdies riet, meinen Text zuerst der Presse bekannt zu geben. Sonst könnten sich die Faschisten einfallen lassen zu behaupten, sie hätten mir selbst den Orden entzogen.«

»Wann weiß ein Musiker eigentlich, daß er arriviert ist?«

»Wenn Impresarios oder Manager, die einen nicht riechen können, dich trotzdem buchen müssen, weil dann die Kassen klingeln.«

»Es gab aber eine Zeit, wo sie bei Ihnen nicht ganz so laut geklingelt haben?«

Kurze verlegene Pause, abwehrende Geste von Annabelle, sogar Frau Nela in der Küche unterbricht ihr Geschirrklappern. Nur Rubinstein bleibt ungerührt, ja grinst sogar anerkennend. Offenbar wird er ganz gern herausgefordert (solang man ihm bloß nicht mit jüdischen Witzen kommt).

»Ja, als ich jung war, war ich faul. Ich liebte die Öffentlichkeit, aber es gab immer Wichtigeres als das Üben: Gute Zigarren, Frauen ... In den lateinischen Ländern mochte man mich, weil ich Temperament besaß. Im Osten, weil mein Namensvetter Anton, mit dem ich nicht weiter verwandt bin, die Leute an falsche Noten gewöhnt hatte. Aber in Amerika – und von dort kamen ja die dicken Honorare – wollte man für sein Geld auch sämtliche Noten hören, sonst fühlte man sich betrogen. Und damals ließ ich doch eine ganze Anzahl unter den Tisch fallen.«

»Was nennen Sie eine Anzahl?«

»Sagen wir zehn Prozent. Aber ich lasse mit mir handeln.«

»Sie haben sich dann ja monatelang in ein Bauernhaus in Savoyen zurückgezogen, um Ihre Noten gründlich zu studieren, zwölf bis sechzehn Stunden am Tag, heißt es. Und kamen zurück als disziplinierter Pianist, mit Notentreue und Stilgewissen.«

»Ganz richtig.«

»Allerdings haben Sie diese plötzliche Wandlung auch schon anderen Gründen und auch Daten zugeschrieben. Und Ihr Hauptgrund soll das Heraufkommen der Schallplatte gewesen sein?«

»Genau. Im Konzertsaal sieht das Publikum ja über vieles hinweg, solang nur der Gesichtsausdruck des Pianisten stimmt. Während die Platte jede Sünde auf alle Zeiten aufbewahrt. Noch Jahre später hat mir Thomas Mann ... aber lassen wir das.«

»Anderen Autoritäten zufolge war es wiederum die Geburt Ihrer ersten Tochter, die Sie auf den richtigen Weg brachte?«

»Auch wahr. Ich wollte nicht, daß nach meinem Tod die Leute zu ihr sagten: Was für ein Pianist hätte dein Vater werden können! Danach wurde ich erst ein richtiger Musiker. Für die Tochter. Für Eva. Und eines Abends sagt sie: ›Papa, spiel etwas für mich.‹ Ich hätte heulen können vor Glück. Mit einem Sprung bin ich am Klavier! ›Wieso?‹ sagt sie! ›Ich will doch nur, daß du für mich Grammophon spielst. Eine Platte auflegst, eine Kinderplatte!‹ In solchen Momenten ist es dann gut, wenn einen der Humor nicht verläßt.«

»Tja, und da gibt es schließlich noch die Version, die Entscheidung sei gefallen, als Sie Ihren ewigen Rivalen Vladimir Horowitz spielen hörten und sich sagten: Wenn du nicht besser bist als der, kannst du zusperren. Und war es nicht bei der gleichen Gelegenheit, daß Sie zusammen mit Jascha Heifetz im Parkett saßen und dauernd gejammert haben sollen: ›Heiß ist es hier.‹ Worauf Jascha bissig: ›Nicht für Violinisten!‹«

»Mein lieber Freund, wenn Sie noch weiter meine besten Geschichten erzählen, brauche ich meine Memoiren erst gar nicht fertigzuschreiben.«

»Also, wie steht es mit Horowitz?«

»Ja, dieser Vladimir. Welche Fülle, welche Kraft! Und welche …« (er sucht lange nach dem passenden Ausdruck, nicht zu lobend, aber auch nicht zu knauserig) »… Notenvollkommenheit. Außerdem war er jünger als ich. Und hatte die Tochter von Toscanini geheiratet, und ich … nicht die Tochter von Toscanini. Schließlich einigte ich mich auf die Formel – natürlich nicht mit ihm, sondern meinem eigenen Gewissen: Er ist der bessere Pianist, aber ich bin der bessere Musiker. Vladimir, welch ein Virtuose! Aber zur Musik beigetragen hat er nichts.«

»Sie selbst haben ja nicht nur unter Toscanini gespielt, sondern allen großen Dirigenten der Zeit: Bruno Walter, Koussevitzky …«

»Ja, vielleicht ist jeder Musiker eingebildet, aber Koussevitzky übertraf uns alle. Einmal nach dem Konzert stürzt sich eine Dame auf ihn: Maestro, Sie sind ein Gott! Darauf er bescheiden: Gewiß, aber welch eine Verantwortung!«

Hier wünscht unser Kameramann eine Unterbrechung, da alle Kassetten leer sind, und das Filmteam erschöpft. Nicht so der Maestro, der gerade erst groß in Fahrt kommt: »Mein Freund Cocteau … mein Freund Ben Gurion … mein Freund Teddy Kollek … Picasso zeichnete mich 21 Mal hintereinander, immer mit anderem Gesichtsausdruck … In Argentinien wollte Diktator Perón mich nicht meinen persönlichen Flügel vom Schiff holen lassen. Und was denken Sie? Ich ließ mir extra einen per Flugzeug kommen. Aber nachher bekam ich meine Revanche. Indem ich nämlich allen Freunden eine kleine Geschichte über seine Ehefrau Evita erzählte. Diese hatte ja einst wie bekannt den ältesten Beruf der Welt ausgeübt. Bei einem Empfang nahm sie dann den amerikanischen Botschafter beiseite, einen früheren Admiral: ›Bei Ihnen haben mich verschiedene Blätter eine Prostituierte genannt. Sogar zum Spaß lasse ich mir das nicht bieten!‹ Darauf der Botschafter: ›Madame, ich bin seit zwanzig Jahren im Ruhestand, aber man nennt mich immer noch Admiral.‹«

Nach dem Lunch und kurzer Siesta Fortsetzung der Dreharbeiten mit heiklerem Thema. Glücklicherweise ist Annabelle nicht mehr anwesend. Während sich andererseits Frau Nela intensiv mit dem Abstauben des Flügels befaßt. Der – jetzt lang schon unbenutzt – mit mehr signierten Porträtfotos von Hoheiten und Prominenten bestückt ist, als ein Rubinstein vielleicht nötig hätte.

»Maestro, man nennt Sie einen großen Frauenhelden, fast einen Casanova?« (Hier fällt mit Krach eines der gerahmten Fotos um.) »Können Sie sich dazu äußern?«

Rubinstein ungerührt: »Die Frauen, ach ja. Sie sind in mich eingeströmt durch sämtliche Poren. Man lernt die Völker ja nur kennen über ihre Frauen, nicht wahr. Und möglichst viele.«

»Und über die Musik?«

»Aber als Pole bin ich ja Romantiker. Alle romantische Musik wendet sich an Frauen. Oder an den Mond oder dergleichen, was auf dasselbe hinausläuft. Musik ist Stimmung, natürlich plus Präzision. Es gibt keine abstrakte Musik, keine mathematische, obwohl manche modernen Komponisten das zu glauben scheinen. Musik beschreibt immer einen Gemütszustand. Und welchen aufregenderen Zustand gibt es, wenn Sie Paraden und Kriege ausnehmen, als die Sehnsucht nach einer Frau?«

»Oder die Erfüllung?«

»Gut. Aber ein Casanova, wie kommen Sie darauf? In meinen Memoiren verschweige ich doch fast alles! Außerdem hatte der doch viel mehr freie Zeit! Und war auch viel ansprechender als ich mit meinen Kraushaaren und Henkelohren. Zum Glück habe ich dann schnell kapiert, daß es den Frauen gar nicht darauf ankam.«

»Sondern auf die Musik?«

»Was wollen Sie, natürlich wirken Musiker unwiderstehlich – ich rede nicht von Komponisten. Die sind alle todunglücklich, auch weil sie von uns abhängen. Ein Komponist, der nicht aufgeführt wird, existiert ja gar nicht. Aber wir Aufführer sind dann eben auch die Verführer! Die gehen den Frauen direkt in die Magengrube. Oder ins kleine Tierchen, wenn Sie verstehen, was ich meine. Nur Lyriker können damit konkurrieren, aber in weitem Abstand. Denn bei denen kommen ja die Worte dazwischen. Erst die direkte Gefühlsübermittlung, das macht die Frauen an.«

»Und nicht die Männerschönheit? Oder die Potenz?«

»Hören Sie, da lernte ich doch in Hollywood reihenweise diese Abgötter kennen, Cary Grant, Clark Gable, Gary Cooper und wie sie alle zum Verwechseln heißen. Und wer hat die ganzen Ava Gardners ins Bett gekriegt? Natürlich die Musikanten. So ein kleiner Italiener wie Frank Sinatra, oder der jüdische Jazzer Artie Shaw, der auch noch mit Lana Turner verheiratet war, mit Evelyn Keyes und was weiß ich, acht Mal jedenfalls. Während die schönen Männer, was machten die? Die saßen im Salon herum, umschwärmt von lauter Göttinnen, und lasen sich gegenseitig ihre Kritiken vor! Und da war ich, der unansehnliche polnische Musiker, und habe mich für diese Frauen interessiert. Wollte tatsächlich herausbekommen, was sich in ihnen abspielte. Was meinen Sie, wie das gewirkt hat! Pure Magie!«

»Auch Berühmtheit soll ja auf Frauen aphrodisisch wirken?«

»Und auf Männer nicht? Warum sitzen Sie denn hier und stellen mir diese ganzen Fragen im Namen des Publikums?«

»Das ist also Ihre Anweisung zum Verführen – gute Fragen stellen?«

»Und möglichst intime. Und zwar wann immer sich die Gelegenheit bietet. Und nicht später. Im Leben darf man nichts aufschieben. Man muß ohne Zögern zugreifen. Glückliche Augenblicke sind ein Himmelsgeschenk und werden nur einmal angeboten ... Natürlich blieb ich ja immer nur der Liebhaber, nie der Gatte. Der Gatte, der muß zur Stelle sein, wenn sie am Morgen ihre Zustände kriegen, weil sie einen neuen Pickel entdeckt haben. Der Liebhaber ruft erst spät am Vormittag an, bringt Blumen oder Konfekt, besorgt Konzertkarten, kennt verschwiegene Restaurants. Er ist der Mann fürs Feine.«

»Und was passiert, wenn man Schluß machen will?«

»Dann wird es kompliziert, leider. Dann heißt es lügen wie
gedruckt. Proben, Proben, meine Gnädigste, keine Zeit mehr
fürs Privatleben, scheußlich.«

»Haben Sie uns sonst noch Rezepte zu verkaufen?«

»Aber es gibt ja nur ein Rezept auf der Welt: Sich dem Leben
überlassen, anstatt gegen das Leben anzuschwimmen, das ist die
ganze Kunst. Nein, ich habe keine Ratschläge zu bieten. Jeder
kann nur er selber werden, niemand sonst. Aber er kann sich vieles leichter machen, wenn er begreift: Es gibt gar kein Weiß oder
Schwarz. Und am Ende sind Weiß und Schwarz dasselbe. Man
kann das Glück gar nicht genießen, wenn man kein Unglück
gekannt hat. Daher lehne ich alle Religionen ab, die das Leben
für einen Sündenpfuhl ansehen, als Vorbereitung für ein besseres
Dasein im Jenseits. Man muß lernen, das diesseitige Leben pas-
sioniert zu lieben, egal, was es bringt.«

»Was natürlich einfacher ist, wenn man Talent und Moneten
besitzt?«

»Ach was. Vielleicht kennen Sie die Geschichte von dem orientalischen König, dem seine Sterndeuter geraten hatten, das
Hemd eines glücklichen Menschen zu tragen, dann wäre auch er
allezeit glücklich. Und wie seine Diener nach langem Suchen
einen glücklichen Menschen finden, da besitzt er kein Hemd …!
Ja, ich bin ein Glückspilz. Die Vorsehung, die Natur, Gott oder
wie man es nennen will, ich nenne es die Kraft der Schöpfung,
schenkten mir mein wundervolles Leben, weil mein Glück keine
Voraussetzungen kennt, weil ich dem Leben täglich danke für
alles, was es mir bringt. Für alles, das Gute und das andere. Verstehen Sie mich? Ich bin jetzt fast blind, ich kann nicht mehr
lesen, darf keine Musik mehr machen. Und gleich anschließend
muß ich ins Spital, meiner Hüfte wegen. Aber nie habe ich das

Leben so genossen wie jetzt, wo mir jeder Tag neu geschenkt wird.«

Freundliche Verabschiedung, auch von Frau Nela, die ich in der Küche laut mit meiner Frau diskutieren hörte. Auf dem Heimweg frage ich, was Madame zu eröffnen hatte: »Sie machen sich ja keine Vorstellung, was für ein Egoist dieser Mann ist!«

CHARLOTTE SALOMON

Nein, begegnet bin ich ihr nie, als einziger in dieser Sammlung. Trotzdem ist sie für mich präsent, ich sehe sie sogar recht genau vor mir. Ein dunkelblondes junges Ding, zart, hübsch, widerspenstig. Und verträumt, wie man eben damals zu sein hatte, voll verschlossener Erotik, die ja der Urstoff jugendlicher Poesie ist. Und während sie jeder nur brav und gefällig wünscht, staut sie in sich diese explosive Mischung auf, die zu dem einzigartigen bildnerischen Ausbruch führen wird, um den es hier geht.

Auf Charlottes Spuren stoße ich erst zwanzig Jahre nach ihrem gewaltsamen Tod. Irgend jemand muß mir von ihr erzählt haben, vergessen wer, ein Mitemigrant wahrscheinlich. Vielleicht auch ein Neudeutscher – einer von diesen Nachkriegs-Gutmenschen, die am liebsten selber Juden gewesen wären, damals. Meinen sie wenigstens. Und die mich so gern befragen, warum ich denn nicht koscher esse oder mir Schläfenlocken wachsen lasse: Folkloristische Ausgrenzungen … 1963 drehen wir dann Charlottes Nachruf, oder wie man das nennen will, fürs Fernsehen. Seitdem sind immerhin zwei Bildbände über sie erschienen, auch liefen vielbesuchte internationale Ausstellungen. Zuletzt noch eine Tournee ausgewählter Bilder (wer könnte so viele Hunderte auf einmal verkraften) quer durch Deutschland. »Furioses Aufbegehren, wunderbar wüst, visionär und so verwegen wie später die Jungen Wilden«, bescheinigt ihr dabei der *Spiegel*: »Eines der Schlüsselwerke des 20. Jahrhunderts.« Auch einen Spielfilm hat man seinerzeit über ihr Leben gedreht, mit Birgit Doll in der

Titelrolle, sowie Elisabeth Trissenaar, Brigitte Horney, weiteren großen Namen. Sogar eine Berliner Schule wurde nach ihr benannt. Trotzdem ist die Malerin Charlotte Salomon eine der großen Unentdeckten der deutschen Kunstszene. Vergleichbar anderen halbvergessenen Naziverfolgten wie etwa Rudolf Borchardt oder Gertrud Kolmar. Dieses glühende Werk, ohne die Selbstbespiegelung vergleichbarer Expressionisten, dieser leidenschaftliche Lebensbericht einer 23jährigen in Hunderten von Bildern, bleibt im deutschen Bewußtsein weitgehend ausgespart. Obwohl sie selber sehr genau Bescheid wußte, was sie wert war: »Ich habe das, was van Gogh in seinem Alter erreichte, jene unerhörte Leichtigkeit des Striches, die leider sehr viel mit dem Pathologischen zu tun hat, schon jetzt erreicht.« Allerdings war van Goghs »Alter« auch bereits mit 37 Jahren zu Ende …

Lauer Abend in Villefranche an der Südküste Frankreichs. Haus und Garten der »Eremitage« sind abgeschlossen, denn das ganze Idyll wird gerade gründlich demoliert, um einem Etagenbau Platz zu machen. Wir klettern samt Kamera an einer verborgenen Stelle über die Parkmauer. Schleichen die zugewachsenen Kieswege entlang, finden endlich, was wir suchen: In und vor diesem einsamen Gartenhäuschen hat Charlotte Salomon zwischen Sommer 1940 und Sommer 1942, im Rhythmus von einem Bild pro Tag – etwa dem von Vincent nach dem abgeschnittenen Ohr –, ihre eigene Lebensgeschichte in rauschhaftfarbigen Gouachen aufgezeichnet. Auf manchen Gemälden tritt sie sechs, acht, zehnmal vervielfältigt in Erscheinung. Andere zeigen sie einsam, verloren-sehnsuchtsvoll in der Natur, beim Zeichnen und Malen. Und immer wieder vor dem offenen Fenster, Symbol jugendlicher Träumerei. Aber für sie auch ein Ort des Todes. Und dann zeigt sie sich natürlich auch gern mit dem Mann, der die eine Liebe ihres Lebens war. Häufig sind den

Darstellungen aufgemalte Texte beigegeben, die am Ende sogar überhand nehmen. Als bliebe ihr, der Vertriebenen und Getriebenen, nicht mehr die Zeit, nicht mehr der eine Tag, den sie braucht, um ein Gefühl in Bild zu verwandeln. Die Bilder haben überlebt. Die Malerin nicht. Sie war nur vier Jahre älter als ich. Zur gleichen Zeit wie sie lebte auch ich als Flüchtling in Südfrankreich, hätte sie mit einem kleinen Abstecher von Marseille aus besuchen können. (Obschon man ja zu dieser Zeit andere Sorgen hatte, nämlich nichts wie raus.) Kann es sein, daß Charlotte damals mit Absicht in ihrem magischen Reich, dem Garten und dem Gartenhäuschen zurückblieb, um ihr Werk zu vollenden? Oder vielleicht um, mythisch gesinnt, wie sie nun einmal war, ihrem Leben die gewünschte Abrundung zu geben, auch wenn diese sich als Tod vorstellt? Sie wurde im Oktober 1943 in Auschwitz vergast.

Geboren und aufgewachsen ist Charlotte Salomon in Berlin als Tochter eines angesehenen Chirurgen, den sie in ihrer Bilderserie, ihrem – darf man das Wort prägen – »tragic strip« Professor Albert Kann nennt, sich selber Charlotte Kann. Was sie erst später erfährt: In ihrer todessüchtigen Familie haben sowohl die Urgroßmutter wie eine Tante sich selbst das Leben genommen. Später wird es ihre eigene Mutter ihnen nachtun, zuletzt auch noch die Großmutter, beide durch Fenstersturz. Man kann sich vorstellen, daß auch Charlottes Entschluß, in Frankreich zu verbleiben, anstatt die vielleicht mögliche Flucht nach Amerika anzutreten, eine Art Selbstmord war, die Erfüllung des familiären Todeswunsches.

Das einschneidendste Erlebnis der jungen Berliner Malstudentin: Nach dem Freitod der Mutter beschließt der Vater, erneut zu heiraten. Seine Wahl fällt auf eine strahlend blonde Konzertsängerin mit Glockenstimme, Paula Lindberg, die in

Charlottes Lebensbericht mit beißender Ironie als Paulinka Bimbam aufscheint. Mit ihr gibt es Eifersucht und Bewunderung, Kräche und Versöhnungen: ein gespanntes Liebesverhältnis. Verschärft dadurch, daß nun der Mann ihres Lebens in Charlottes Mädchendasein tritt: der kriegsverschüttete Gesangspädagoge Wolfsohn. Ein charismatischer Intellektueller, den sie in ihrem Bildertheater Amadeus Daberlohn nennen wird. Und der zwar einerseits mit einer Braut ausgestattet ist, andererseits Frau Paula hingebungsvoll verehrt, und den jetzt überdies eine heranwachsende Charlotte heiß umschwärmt. Eines ihrer autobiographischen Bilder wird später den bebrillten Wuschelkopf mit ihr zusammen auf einer Berliner Parkbank zeigen, dazu seine Worte: »Um das Leben ganz zu lieben, muß man auch seine andere Seite, den Tod, das Leid, umfassen und begreifen. Ich wünsche allen Menschen, die ich gern habe, schwere Erlebnisse, auf daß sie gezwungen werden, den Weg in ihre eigene Tiefe zu gehen.« An diese Verschreibung hat sich Charlotte gehalten. Zu seinem Geburtstag schenkt sie ihm dann eine Gouache – Kokoschkas »Windsbraut« nicht unähnlich –, darauf sie beide eng umschlungen durch den Weltraum segeln. »Das sind wir«, sagt er beifällig, »der Tod und das Mädchen.«

Es folgt Hitlers Machtübernahme, als Charlotte gerade sechzehn ist. Das Leben reißt ein ungeheures Loch in ihr Traumgespinst. Sie verläßt die Schule, nimmt Privatunterricht im Zeichnen. Der Vater, dessen akademische Selbstzucht nie ein enges Verhältnis zur Tochter zuließ, wird aus seiner Klinik gejagt. Und eines Morgens heißt es: »Mitkommen!« In ihrem Bildbericht taucht dann auch der Vater im KZ auf, irgendwelche Erdhaufen schaufelnd. Hinter ihm der ortsübliche uniformierte Büttel, dazu hingemalt die Sätze: »Hier wird gearbeitet und nicht gefaulenzt. Gefaulenzt habt ihr genug in eurem Leben.«

Dank Frau Paulas gesellschaftlicher Verbindungen kann der Professor aus dem Lager Sachsenhausen befreit werden. 1939 beschließt dann die Familie (»das Kind zuerst!«), Charlotte in den französischen Küstenort Villefranche zu einer Bekannten zu schicken, in deren Obhut auch schon die Großeltern leben. Eine reiche amerikanische Witwe deutscher oder böhmischer Abstammung, Mrs. Ottilie Moore. Diese menschenfreundliche Dame kümmert sich auch noch um zehn weitere jüdische Kinder, die von ihr verpflegt, gekleidet, beaufsichtigt werden. Und denen sie selber neben der Schule Unterricht in Musik, Zeichnen und Gymnastik erteilt. Dabei ist sie selbst anscheinend gar keine Jüdin, obwohl wir sonst nicht viel über diese seltsame Frau herausfinden konnten. In unserem Film trägt sie ein kokettes Schottenmützchen, spricht Deutsch mit leicht slawischem Akzent, wirkt irgendwie unbeteiligt, fast abweisend. Immerhin muß sie damals Charlottes einzige Freundin gewesen sein. Hat der Mittellosen bestimmt das Papier und die Farben geschenkt, die sie für ihre Gouachen und Aquarelle brauchte. Ja, ihr sogar etliche Bilder selbst abgekauft, unter dem Vorwand, damit später in Amerika Geschäfte zu treiben. Trotzdem läßt sie das Mädchen 1941 in Villefranche zurück, als sie sich, kurz vor Pearl Harbor, nach New York einschifft. Und zwar, so scheint es, unter Mitnahme der anderen zehn Flüchtlingskinder. Später ist sie dann nach Villefranche zurückgekehrt, lebt jetzt verarmt und vereinsamt in einer billigen Familienpension. Zunehmend schroffe, mit sich zerfallene Person. Zeigt uns ungern den lehmigen Keller, ein feuchtes, finsteres Loch, in dem sie bei ihrer Abreise die von Charlotte erworbenen Bilder unterbrachte. Drinnen keinerlei Licht, die zwei schweren Holzkisten werden von Arbeitern für uns auf die enge Gasse hochgehievt. Eigentümlicher Moment, während Mrs. Moore in Selbstporträts, Naturstudien, in ihr gewidmeten Zeichnungen wühlt, wie lang nicht gesehen? Warum hat sie das alles damals nicht nur zurückgelassen, sondern offenbar bis heute versteckt gehalten, wo schon Schimmel ansetzt? Und warum hat Charlotte ihren Lebensfilm, zumindest das Vorhandene, nicht ihr zum Transport in die Freiheit mitgegeben, sondern in zwei verschnürten Paketen einem befreundeten Arzt überreicht. Und zwar mit den Worten: »Bewahren Sie das gut auf, es ist mein ganzes Leben«? Gab es zuletzt vielleicht Streit mit der gewiß nicht pflegeleichten Künstlerin? Oder – nichts ist unmöglich – Entzweiung nach einer Liebesaffäre? Diese Frau kennt anscheinend nicht einmal den vieldeutigen, ach so deutschen Titel, den die Malerin ihrem Bildroman damals gab: »Leben? Oder Theater?« 1947 will sie dann den Eltern – sie hatten versteckt in Holland überlebt – Charlottes Lebensbeichte übergeben haben, die (wie?) in ihren Besitz zurückkam.

In Amsterdam haben wir auch die Eltern besucht, schöne Menschen, edle Gesichter, Paula vor allem. Charlottes Gouachen sind ans Jüdische Museum der Stadt verliehen, wo wir sie einsehen und einige auch abfilmen dürfen. Kleiner als erwartet, etwa Folioformat. Vage erinnernd an Beckmann, Munch und natürlich auch van Gogh. Von erstaunlicher Sicherheit der Kontur, der Farbgebung, der Charakteristik. Manches collagenhaft zusammengestrickt, dann wieder serielle Sequenzen im gleichen Bild, denn wir sind ja hier auch in der »bande dessinée« (wie die Franzosen die Comic-Erzählung nennen). Die optische Perspektive kinomäßig abwechslungsreich, häufig aus der Vogelschau. Totalen folgen Nahaufnahmen, Abend dem Tag, Dumpfes dem Schrillen. Über das Ganze ausgebreitet, wie ausgegossen, eine todessüchtige Melancholie. Ihr »Lichtspiel« hat Charlotte einmal ihren Lebensbericht getauft. Dunkelspiel wäre vielleicht ein besserer Ausdruck. Manchmal nennt sie es sogar ein »Singespiel«, denn sie denkt sich ja auch Musikbegleitung dazu. Und trägt bisweilen sogar Noten ein, teils aus der Klassik, teils aus gängigen Operetten. Am erschütterndsten die Begleittexte, mitnotiert oder auch direkt auf das Bild gemalt. So zum Freitod der geliebten Mutter (man sieht nur ein offenes Fenster):»Lange stand sie so am Fenster, sehnsuchtsvoll und träumerisch. Jetzt steht sie nicht mehr dort, ach, an einem anderen Ort weilt sie nun.« Eines der folgenden Blätter zeigt die noch kindliche Charlotte am Grab. In der Hand einen Brief, in dem sie die Entschwundene anfleht, ihr doch möglichst bald zu berichten, wie es im Himmel oben aussehe.

Viele Male wird Charlotte den Geliebten heraufbeschwören, diesen struppigen Amadeus Daberlohn, der für uns Kinoverwöhnte so gar nichts Anhimmelnswertes haben will. Da musiziert er etwa im Hintergrund am Flügel mit der Stiefmutter, während die alleingelassene Charlotte, vorne auf dem Sofa, sich total überflüssig vorkommt. Den Abschied von dem Mann, auf ihrem Weg nach Villefranche, fingiert sie zuerst genüßlich als Umarmung. Während in der folgenden realen Darstellung der Vergötterte nur irgendwo hinter der Familie am Bahnsteig herumstehen darf. (Er emigrierte später nach England, wird es dort als Theatergründer sogar zu einigem Ansehen bringen.)

Zuletzt Interview mit Professor Albert Salomon und Frau Paula, die sogar noch immer als Stimmpädagogin aktiv ist. Der Vater:»Ein Kind, das damals ganz in der Musik aufging. Unendlich einsam, kontaktarm, scheu wie ein Reh, unfähig sich mitzuteilen. Aber wie aufgefressen von der Sehnsucht nach Mitteilung.« Was seine erste Reaktion gewesen sei, als er nach dem Krieg die Bilder zu Gesicht bekam:»Vielleicht wie die von Herrn Frank, als er das Tagebuch seiner Tochter Anne vor Augen bekommt: Ich kannte dieses Kind ja gar nicht.« Dazu die Stiefmutter: »Ich sah ihre Getriebenheit, wie tragisch nah sie immer dem Tode stand. Sie hatte vielleicht mehr Genie als Talent. Talente lassen sich ja meist schnell erkennen, Genies immer erst mit Verspätung.« Beide Elternteile wirken recht distanziert zu Charlotte. Ist es der Abstand von zwei Jahrzehnten? Oder diese eigentümliche Kälte, die ja zeitlebens von ihrer ganzen Familie ausging – Rückwirkung vielleicht auf die unerträgliche widerspenstige Intensität der jungen Künstlerin? Noch der weißbärtige Großvater sagt ihr in Villefranche, als sie sich weigert, einen Posten als Hausgehilfin anzutreten: »Nimm dir doch endlich das Leben, damit dieses Geklöne aufhört!« Dieser Text auf einem der Bilder zu besichtigen. Das nächste zeigt dann Charlotte in Schürze beim ungeliebten Gemüseschälen. Dazu die Sätze: »Wie ich sie alle hasse. Am liebsten schmisse ich sie die Treppe herunter.« Nur der Comic-Zeichner Art Spiegelman wird sich vierzig Jahre später zu ähnlicher Selbstverdammung durchringen. Erstaunlich auch, daß ihre Wohltäterin Ottilie Moore, der sie doch so viel verdankt, in den Bildern überhaupt nicht auftaucht. Ihrem Gefühlsleben zu fern? Oder zu nah? Wir werden es nie mehr erfahren.

Mai 1940: Das französische Kriegsdebakel reißt Charlotte aus ihrem Garten, aus ihrer mystisch-kontemplativen Stimmung. Sie und ihr Großvater werden mit 25 000 anderen ausländischen Refugiés im Pyrenäenlager Gurs unter katastrophalen Bedingungen interniert, später aber wieder freigelassen. Sie findet erst jetzt heraus, daß der Tod ihrer Mutter ein Selbstmord war. In einem Brief an die Familie schreibt sie, daß ihr jetzt keine andere Wahl bleibe, als selber in den Freitod zu gehen, oder etwas Wild-Exzentrisches zu unternehmen. »Jedes Opfer, um meine Welt neu zu schaffen!« Ottilie Moore bringt ihr das Essen in den Garten, aber »sie wußte nicht einmal, was sie aß«. Charlotte: »Ich saß da am Meer und sah tief hinein in die Herzen der Menschen. Alle Wege lernte ich gehen und wurde ich selbst.« Wortwörtlich folgt sie Daberlohns, des so bitter-komisch Geliebten, Verschreibung: »Schwere Erlebnisse, auf daß Sie gezwungen werden, den Weg in Ihre eigene Tiefe zu gehen.« Selbst wenn das für sie den Tod bedeutet? Dazu Charlotte: »Wenn *er* der Tod ist, dann ist ja alles in Ordnung.«

Sie malt sich mit ausgebreiteten Armen am Strand: »Gott, mein Gott, oh wie ist das schön.« Dann wieder: »Ich hab genug von diesem Leben, ich hab genug von dieser Zeit.« Im September 1941 schifft sich dann Mrs. Moore nach den USA ein. Zurück bleiben Charlotte und ein österreichischer Flüchtling, Alexander Nagler, »ein Freund, mit dem ich nicht viel anzufangen wußte«. Der Großvater wohnt jetzt in Nizza.

Herbst 1942: Nach der Landung der Alliierten in Marokko wird die ganze Südküste von den Italienern besetzt, die nunmehr gefahrlos abstauben kommen. Allgegenwärtig die italienische Gestapo, OVRA genannt. Der französische Präfekt führt Judenzählungen durch, Aufenthaltspapiere werden mit dem Stempel JUIF versehen. Man deportiert 8000 Emigranten nach dem Osten – nur die wenigsten werden zurückkommen. Der Großvater stirbt in seiner Wohnung, wird Februar 1943 begraben. Überall Straßenkontrollen, Charlotte verläßt kaum mehr die Eremitage.

Im Mai 1943 – ich selbst werde gerade zu diesem Zeitpunkt amerikanischer Soldat – läßt sich Charlotte Salomon mit Nagler trauen, ihrer letzten Bezugsperson. »Man hörte sie zum ersten Male lachen«, sagt uns Mrs. Moore, die allerdings nicht mehr dabei war. Im September dieses Jahres, nach dem Zusammenbruch des Mussolini-Regimes, besetzen deutsche Truppen auch die französische Riviera. Gestapo zieht in die Amtsgebäude ein.

Am 21. September stehen ihre Männer vor der Tür. Jemand muß das junge Paar denunziert haben, aber wer? Ein neidischer Augenzeuge der Hochzeit? Ein Nachbar, der schon ewige Zeiten daran kaute, sich Park und Gartenhaus untern Nagel zu reißen? Einer von den Millionen unpolitischen Bürgern, der nur pflichteifrig dem Gesetz Genüge tun wollte? Auch darüber wußte Charlotte Bescheid. Eines ihrer letzten, fürchterlichsten Blätter besteht ausschließlich aus den hundertmal wiederholten Worten »Haha«, die wie giftfarbige Fledermäuse über die Bildfläche huschen. Danach noch ein Selbstporträt mit dem Satz: »Lieber Gott, laß mich bloß nicht wahnsinnig werden …«

Schlußinterview mit Monsieur und Madame Brady in Villefranche, seinerzeit Gärtner und Haushälterin des Anwesens, einfache Leute: »Wir sind auswärts arbeiten gegangen, Lotte war über den Nachmittag in Nizza. Wir hören lautes Sprechen und da stehen schon die Deutschen mit einem Lastwagen am Eingang. Jetzt kommt Lotte mit ihrem Mann nach Hause. Man hat sie beide an den Haaren in den Wagen gezerrt. Uns jagte man fort. Wir haben nur noch laute Schreie gehört, dann fuhren sie davon. Charlotte war gerade 26 geworden. Und, wie sie glaubte, schwanger.«

Warum sie offenbar im letzten Jahr ihres Lebens nicht mehr gemalt hat, wird man nie wissen. Vielleicht dachte sie, daß das Notwendige erledigt sei. Es war ja alles gesagt, das »Stück« schön abgerundet. Sie hatte ihre innere Realität nach außen gestülpt, mehr war da nicht. Also wozu jetzt noch Angst haben, Angst um ein bißchen Leben? Der Garten würde sie schon beschützen. Da man ja dort, wo man liebt, auch gefeit sein muß. Wenigstens in der dichterischen Vorstellung …

Noch einmal wandern wir mit der Kamera zum Gartenhaus zurück. Inzwischen ist auch die Vorderfront schon abgerissen worden, der Kamin (sie lassen sich gut am Flohmarkt verscherbeln) zur Hälfte herausgestemmt. Einsam steht der Kochherd da, den sie so ungern benutzte. Und ein Holzstuhl mit geflochtenem Sitz, wie von van Gogh gemalt. Mehr nicht. Darüber das Fenster auf den Garten, das Fenster der Sehnsucht, mit dem wir unseren kurzen Film beginnen ließen und enden.

Aber dann kam doch noch etwas. Und zwar ein Brief von einem neu eingerichteten Kunstmuseum der Holocaust-Gedenkstätte Yad Vaschem in Jerusalem. Sie hatten die Charlotte Salomon entdeckt. Und meinen Film, ob sie die Rechte daran haben dürften? Ich machte zur einzigen Bedingung, daß ich eine Kopie bekam, und eben ist sie hier eingetroffen. So sehe ich diese fünfzehn Minuten verkratzten Schwarzweißfilm nach über vier Jahrzehnten zum ersten Mal wieder. Mit der eigentümlichen Ottilie Moore, von der ich keine Ahnung habe, was aus ihr geworden ist. Mit dem Vater, der 1975 starb, und seiner Paulinka Bimbam, die noch bis in die achtziger Jahre hinein gelebt hat. Und da bin ich überraschenderweise plötzlich selber im Bild, als knuspriger Jungreporter nämlich: Dieser etwas unbedarfte Typ mit gestutztem Schnurrbärtchen, den ich kaum mehr kenne, und der ebensogut hätte an demselben Ort enden können wie Charlotte Salomon.

GEORGES SIMENON

Allein im Jahr 2004 sind 300 000 Exemplare seiner Bücher in Frankreich abgesetzt worden, Jahre nach seinem Tod. In ganz Europa soll sich das jährlich auf eine Million belaufen, von anderen Erdteilen ganz zu schweigen. Und das entspricht alles in allem wieviel Werken von diesem Autor? Nachdem man sich lange in wilden Mutmaßungen erging, finde ich jetzt endlich die definitiven Ziffern in einer neuen Bibliographie: 372 Romane, 319 Erzählungen, an die 1000 »galante Geschichten«, 25 autobiographische Schriften und zehn noch ungedruckte Manuskripte! Was die Quantität und Vielfalt betrifft, ist Simenon wahrscheinlich der produktivste Autor aller Zeiten. Aber auch ein Autor ohne Meisterwerk, wie ihn sein Bewunderer William Faulkner nennt. Und Freund André Gide beschwört ihn gar, doch endlich den großen epischen Roman zu verfassen, zu dem er das Zeug habe: »Sie sind der größte von allen, der echteste Romanautor, den wir in unserer Literatur haben.« Anscheinend ohne zu bemerken, daß dieses gewaltige und manchmal aufeinander bezogene Netz von Schicksalen ja bereits ein ganzes dichtes Zeitpanorama ergibt. Vergleichbar etwa Balzacs *Menschlicher Komödie* oder dem Romanzyklus von Zola.

Nur daß Simenon, im Gegensatz zu deren endlos überarbeiteten und oft überhitzten Satzbauten, einen kargen, scheinbar kunstlosen Stil pflegt, nämlich den der populären Groschenromane und amerikanischen »pulps«. Also am liebsten von nachvollziehbaren Begebenheiten in gebräuchlicher Umgangssprache berichtet, unbeeinflußt von den Sprachexperimenten eines Proust oder Joyce. Oder auch dem betonten Stilwillen Hemingways, mit seinen absichtsvoll gestrichenen Adjektiven, die Simenon sogar unverschämt zu häufen liebt: »Sie strickte. Rote Wolle glitt durch ihre Finger. Die weiße Hündin krümmte das Rückgrat unter dem Gewicht des dicken Männchens, dem eine feuchte Zunge heraushing.« Dazu Simenon zum Interviewer: »Je zweideutiger, anzüglicher die Situation, desto schamhafter müssen die Worte sein. Je banaler das Geschehen, um so härter und gewichtiger dürfen sie klingen.«

Wobei es dem Durchschnittsleser, den Simenon ja immer im Hinterkopf hat, letztlich auf den Stil gar nicht ankommt. Sondern die Spannung, die Atmosphäre, die Einblicke in menschliche Gegebenheiten, die der Autor so überzeugend vermittelt. Ein Schreiber, dem man wie nur wenigen seine Erfahrungen zutraut. Vielleicht, weil er sie, nach eigener Aussage, in der Hauptsache von den zehntausend Frauen bezog, mit denen er im Verlauf seines Lebens intim gewesen sein will. Simenon zum Interviewer, danach befragt: »Jedenfalls wurde ich schon mit zwölf von einem 15jährigen Mädchen entjungfert. In meinem Innern ersetzte ich die Jungfrau Maria durch die Frauen ... alle Frauen ... die Frau an sich.« Und über seine Lehrlingsjahre als Reporter und Schnulzenautor bei der erzkatholischen Lütticher *Gazette de Liège*: »Von sechzehneinhalb bis neunzehn Jahren hatte ich täglich zwei Frauen zur Verfügung. Und trotzdem fühlte ich mich fast jeden Tag, in diesem oder jenem Moment, wie ein Jagdhund.«

In diese Zeit fällt auch die frühe Einübung in die Trivialliteratur, mit der er sein Handwerkszeug schleift. Zusammengeschrieben in Hotelzimmern, Bahnhofshallen, Zügen, Parks, WCs. Und zwar 60 Titel unter dem Namen Georges Sim (auch Georges

Simm, Geo Sim, G. Sim oder einfach Sim), 42 als Jean de Perry, 25 als Christian Brulls (nach einem Vorfahr, angeblich Straßenräuber – auch Bull's buchstabiert), 17 als Georges d'lsly, 15 als Georges-Martin-Georges (in vier verschiedenen Schreibweisen), 10 als Luc Darsan. Unter den weiteren phantasievollen Pseudonymen, sowohl männlichen wie weiblichen: Germain d'Antibes, Aramis, Bobette, Gom-Gutt, Miquette, Mitsi, Plick et Plock und 19 andere, darunter »Die Auskleiderin«!

Eine Jugendsünde aus dieser Zeit soll hier nicht verschwiegen werden: 1921 verfaßt er für die *Gazette* eine Serie von 16 Artikeln, betitelt »Die jüdische Gefahr«. Eine bloße Auftragsarbeit, wird er später behaupten, die aber nicht unwirksam geblieben sein kann. Ein Jahr später erste und langdauernde Ehe mit einer belgischen Kunststudentin, die er »Tigy« nennt und mit der er als angehender Erfolgsautor nach Paris zieht. Jetzt läuft seine Romanfabrik auf Hochtouren. Allein 1925 schreibt er dreizehn Romane, 25 Storys sowie an die 250 Groschenhefte mit anzüglichen »galanten Geschichten«. Unter solchen pikanten Titeln wie *Bourgeoise Orgien, Das Korsett der Madame Goderuchon, Der Gatte, die Kantharide und der Elektriker, Die Geschichte einer Hose* oder *Die elastischen Hosenträger*. Auf dem Titelbild unvermeidlich eine Blondine samt kurzgeschürztem weißen Hemdchen.

Im gleichen Jahr bringt das junge Paar von einem Urlaub in der Normandie eine 18jährige Köchin mit sich zurück, Henriette. Die er »Boule« (die Kugel) taufen wird und zu seiner lebenslangen Zweitfrau macht. Nebenher lernt er die Tänzerin Josephine Baker kennen, nach eigener Schreibe »der berühmteste Hintern der Welt, und der begehrteste«. Später wird er behaupten, sie fast geheiratet zu haben, hätte er nicht gefürchtet, auf Lebenszeit »Monsieur Baker« zu werden. Noch plausibler scheint uns, daß dieser eingefleischte Macho zu allem auf der Welt bereit war, bloß nicht, in sexuelle Abhängigkeit zu geraten.

Folgt eine Passion für Segeltörns und Weltreisen zu Schiff, mit Frau und mit Boule, zum Teil auf der eigenen Jacht »Ostrogoth«. Auf denen er, ganz wie vor ihm Jack London, besonders produktiv wird. In den Jahren 1928 und 1929 schreibt er einen Roman pro Woche. 1931 erscheinen dann die ersten Werke mit Kriminalkommissar Jules Maigret. Der Mann, den keine Schwäche des Menschen überraschen kann und am allerwenigsten dessen Schlechtigkeit. Dem sein Erfinder aber schon ein Jahr darauf eine erste Absage zu erteilen sucht. Simenon zum Interviewer: »Ich wollte nur noch psychologische, harte Romane schreiben, die Leser aber hungerten nach Maigret. So ließ ich mich auf einen Kompromiß ein, etwa halbe halbe. Wer kann gegen das Publikum?« Bestimmt über achtzig Maigrets werden es zuletzt sein, er selbst will die genaue Anzahl nicht kennen. Und wahrscheinlich an die hundert Male verfilmt − »Fragen Sie meine Sekretärin!« Berühmt die Anekdote, wie Hitchcock einmal den Autor telefonisch um Filmrechte angeht, der ihn aber abweisen läßt: »Monsieur ist gerade beim Schreiben eines neuen Romans.« Darauf der Regisseur: »Dann warte ich so lange am Apparat.«

Unser Besuch trifft Simenon − er ist jetzt 64 − schon etwas über dem Höhepunkt seiner Karriere. Vorbei die Zeit der Weltumseglungen und der Romankavalkaden. Auch die schwer bewachte Gesundheit läßt nach. Trotzdem hat er uns, seit frühen Reportertagen den Journalisten wohlgesinnt, gleich mehrere Tage für Dreharbeiten zugestanden. Demnach Flug nach Lausanne, dann mit dem Leihwagen hoch, bis man verdutzt vor dem »Schloß von Epalinges« steht, wie er es stolz am Telefon genannt hat. Das ein Schloß? Dieser langhingestreckte Atlantikbunker, dieser öde, weiß gestrichene Krankenbau, umgeben von nichts?

Nämlich von plattem, baumlosem Rasen, versetzt mit Kartof-
feläckern, soweit man sehen kann. Als hätte da ein Menschen-
feind lauter kahle Grenzstreifen ziehen wollen zwischen sich und
der Umwelt. Mit diesem Haus sagt jemand: Mir kann keiner. Ja,
aber was kann ihm keiner und warum? Dieser Bau gleicht einer
Trutzburg gegen eingeschleppte Mikroben. Also gegen Leben,
Abenteuer, Passionen, Verblendungen, Leiden, Verbrechen, Tod –
kurz den Stoff seiner Romane. Und der Mann, der sie schreibt,
der hier kompulsiv gegen den Tod anschreibt, hat sich darin eingemauert, so scheint es uns, um ewig zu leben!

Einziger Außenschmuck des Hauses: die Frontterrasse mit
einer widerlich realistischen Skulptur des Maigret samt Trench
und Pfeife. Das Gesicht irgendwie undefiniert. Als könne es sich
ebensogut um Simenon selbst handeln wie um Jean Gabin,
Michel Simon, Jean Richard, Charles Laughton, Rupert Davis,
Heinz Rühmann, Bruno Cremer oder einen der unzähligen
andern, die in dieser dankbaren Rolle glänzten. Und die alle mit
Bedacht das Durchschnittliche der Figur herausstrichen. Kein
edelschlanker Sherlock Holmes steht hier, auch kein ausgekoch-
ter Humphrey Bogart oder cooler angelsächsischer Supermann.
Maigret ist ein demokratischer Detektiv. Und ein Moralist dazu,
mit Herz und mit Temperament. Der am Ende des Romans
oder Films so nachdenklich von dannen geht wie nur irgendein
Shakespeare'scher Schlußbetrachter. Er hat mehr getan, als bloß
ein Verbrechen aufzuklären: Er hat die Gerechtigkeit wiederher-
gestellt!

Eine Hausdame empfängt uns am Eingang und läßt uns ein
bißchen in der Bibliothek warten. Geleitet uns anschließend
durch ein enormes, funktionelles Büro, das offenbar fürs Ge-
schäftliche bestimmt ist, zu einer Art kahlem Minikontor: das
Chefzimmer des Bosses. Der uns bloß lässig zuwinkt, um noch

schnell auf einem Diktiergerät einen Stoß Antwortbriefe herun-
terzurasseln: Ein Film- und Fernsehangebot täglich soll ja bei
Simenon einlaufen. Schätzbar auch seine Buchverträge, wobei er
den Verlegern gerade das Recht zuerkennt, seine Bücher heraus-
zubringen, mehr nicht. Alles Sonstige – Buchklubs, Übersetzungen, Dramatisierungen, Adaptationen, Verfilmungen, Rechtsan-
sprüche, darum kümmert er sich selber. Gezählte 50 Prozent soll
er für jeden Roman von den Verlagen einstreichen, meines Wissens ein Weltrekord. So an die vier Millionen Mark jährlich
dürfte zu diesem Zeitpunkt die Romanfabrik eintragen. Was hat
Simenon, das andere nicht haben?

Das Gesicht verrät wenig. Wenn je ein Mensch – außer vielleicht Bertolt Brecht – sich hinter dickrandiger Brille zu verbergen suchte, so dieser. Dahinter aber zu erraten die männlich-bru-
tale Visage eines Boxers oder, ja, eines Gangsters. Langes, wenn
auch leicht zurückweichendes Kinn, zusammengekniffene Lippen – nur die etwas breitere Unterlippe spricht vielleicht von
Sinnlichkeit. Dazu wachsame, kühl abschätzende, uns gleichsam
auf unseren Nutzwert taxierende Augen. Auch sportlicher, massi-
ver Körperbau. Warum wirkt dieser Typ so modern, so up to
date? Vielleicht, weil es ihm nicht im Traum einfallen würde, das
Poetische, das ja auch in ihm liegen muß, ebenso das Anteilneh-
mende oder Schmerzliche, mit einem Muskelzucken preiszu-
geben. Dieser Mann bleibt jederzeit sachlich, kontrolliert. Er
steuert, er verwaltet seine Persönlichkeit, hat sich längst total
genehmigt. Inklusive eingestandener Schwächen, die ja das
Lieblingsfutter jedes Autors darstellen. Und die Dinge dieser
Welt, insbesondere die Frauen, sind für ihn nur Rohstoff,
Arbeitsgerät, Material für seine alles verschlingende Schreiberei.
Dies jedenfalls der erste Eindruck. Daß es da noch anderes gibt –
die Angst vor dem Ausbleiben der Inspiration, die Ehekrisen, die

Sorge um die Kinder und um die schwierige Tochter Marie-Jo im besonderen, das alles erfahren wir erst später.

Jetzt wendet Simenon sich uns zu, mit einem überraschend jungenhaften Lächeln, das vielleicht einmal sein echtes Gesicht war, aber jetzt nur mehr aufgesetzt wirkt. Um die momentane Verlegenheit zu überbrücken, erwähne ich die eben gesehene Bibliothek. Beeindruckendes Dekor: Längs aller Wände des riesigen fensterlosen Raumes hochgetürmte Regale mit sämtlichen, unter seinem echten Namen erschienenen Werken des Meisters. Und zwar gezählte zehn Exemplare von jedem Titel. Alle im französischen Original und in jeder der 20 oder 30 oder 40 Sprachen, in die sie übersetzt wurden. Ansonsten findet sich, mit Ausnahme eines Stoßes von medizinischen Journalen, wenig Lesbares in dem Raum, um nicht zu sagen gar nichts. (Zwei der Übertragungen ins Deutsche, *Hier irrt Maigret* und *Maigret und die schrecklichen Kinder*, sind übrigens eine frühe Brotarbeit von Paul Celan, die den Verlag aber unbeeindruckt ließ. Worauf der Dichter damals entschuldigend, der »recht mediokre Originaltext« habe ihn nicht eben inspiriert.) Dazu Simenon: »Ich lese keine anderen Autoren mehr. Sind sie schlecht, besteht die Gefahr, daß man sich für was besseres hält. Sind sie gut, könnte ich keine Zeile mehr schreiben.«

»Also was lesen Sie?«

»Die Zeitungen! Alles, was man sich mit Mühe einfallen läßt, steht schon bei ihnen drin. Und wissenschaftliche Blätter. Damit auch jeder Fakt stimmt, den man seinen Leuten in die Schuhe schiebt.«

Kurzer Blick auf die Uhr. Fragt, ob wir das Haus besichtigen wollen, seinen »Wohnapparat«. Wir schreiten einige der 25 Zimmer ab (oder sind es 52? Er scheint es nicht so genau wissen zu wollen). Das Badezimmer, von wo die Schmutzwäsche direkt in den Keller zu den Waschmaschinen kollert. Die Küche – ein Labor, weitläufig wie eine ganze Pariser Wohnung. Darin drei gigantische Kühlschränke, in denen man stehende Leichen einfrieren könnte. Auch voluminöse Spielzimmer sind da, mit eigenen Podien für Karate und eine Schlagzeugbatterie, sowie ein Tanzparkett, eine riesige Spielzeugeisenbahn. Alles für die vier Kinder, die aber derzeit nicht vorhanden sind. Dann der vielgenannte Untersuchungsraum, in dem er sich vor Beginn jedes neuen Romans von seinem Arzt komplett durchchecken läßt. Auf den Gängen liegen sämtliche Leitungen zutage, vielfarbig gestrichen, so daß man jede Panne direkt zu ihrem Ursprung zurückverfolgen kann. Einmal monatlich wird der Maschinenraum, Verzeihung, die Heizanlage überprüft. Daneben ein elektrisches Aggregat, das im Fall eines Stromausfalls (aber wann fällt in der Schweiz schon der Strom aus?) automatisch anspringt, damit nur ja keine Arbeitsminute verlorengeht. Dann, in einem gewaltigen Anbau, das Schwimmbassin mit auf Knopfdruck schließbarem Glasdach (»das größte Europas, ich habe es für meine Söhne gebaut«). Wobei es sich um Marc handeln muß, 1939 geboren, und den um zehn Jahre jüngeren Johnny von seiner zweiten Frau Denyse. Später wird es noch einen Nachzügler geben, Pierre. Von der Tochter Marie-Jo, geboren 1953, spricht er nicht, wird sie auch im Lauf unseres Zusammenseins nie erwähnen. Ein Unglücksmädchen, das nicht nur seinen Vornamen mit trägt (Simenon wird von ihrer Mutter mit »Jo« angeredet), sondern offenbar auch das ganze gefährliche Chaos, das der Autor hinter der Maske des wohlorganisierten Profis verbirgt.

Schließlich ist da noch ein betonierter Atombunker zu besichtigen, bestückt mit Lebensmitteln für Generationen. Dort einige der sieben Fernseher und der 24 Telefone des Hauses. Schließlich im Hof der Fuhrpark, darin u. a. ein Landrover und zwei Rolls-

Royce: »Ja, ich habe immer mein Geld springen lassen. Fast dreißig Wohnsitze auf der ganzen Welt, in Frankreich, in New York, in Florida, in Arizona und was weiß ich. Die meisten mit Verlust losgeschlagen. Dann die Boote. Und die Pferde. Und die Reisen, nach Afrika, nach Kuba, in die Türkei, wo ich Trotzki interviewte, zum Eismeer, nach Tahiti, nach Panama und Südamerika. Überall, wo ich meine Romane spielen lasse, bin ich gewesen oder habe sogar da gewohnt. Und dann die Frauen ...« Er unterbricht sich, blickt eilig nach der Uhr: »Jetzt zu Mittag rufe ich immer meine Frau Denyse an. Sie ist im ... in einer Nervenheilanstalt. Sie können ja inzwischen was lesen.« Wirft uns einen Packen Zeitschriften zu und verschwindet in irgendeinen Nebenraum.

Aus den Memoiren von Simenons zweiter Frau, Denyse, erfährt man einiges mehr über diesen täglichen Mittagsanruf. Es ist der – von ihrem Gatten ausgesuchte – Psychiater, der ihr gestattet, um diese Zeit kurz mit ihm zu telefonieren: »Und ich habe es getan. Tagtäglich jeden Mittag, über Jahre. Bis ich einfach nicht mehr konnte.« Simenon selbst hat die überlastete Frau – sie ist unter anderem für sämtliche Geschäftsinteressen verantwortlich, vom eigenhändigen Auskratzen der Pfeifen nicht zu reden – nach zwanzigjähriger Ehe in die Heilanstalt verbannt. Er war, nach dem Urteil eines »Sachverständigen«, gegen sie »allergisch geworden«. Denyse schildert Simenon in ihrem Memoirenband *Ein Vogel für die Katze* als unwiderstehlichen Sensualisten, voll jugendlicher Launen und spontaner Eingebungen, aber sparsam mit Gefühlen. Hat er getrunken – und er trinkt so intensiv, wie er Pfeife raucht –, so bricht krankhafte Eifersucht in ihm auf. Es ist der totale Besitzanspruch. Gleich anfangs zwingt er seine junge Frau, sämtliche Kleidungsstücke loszuwerden, die sie vor seiner Zeit getragen hat. »Ich hasse deine Vergangenheit.

Vergiß nicht, du bist geboren an dem Tag, als du mich trafst.« Als Simenon erfährt, daß einer seiner Vorgänger Georges hieß, darf sie ihn nicht mehr mit seinem Vornamen anreden, man einigt sich auf »Jo«.

Einmal zeigt sie ihm die letzten Briefe ihres verstorbenen Vaters. Simenon liest sie betroffen: »Manchmal möchte auch ich so schreiben können, mit Worten, die direkt zum Herzen sprechen.« Und dann: »Denyse, ich werde dich um etwas bitten…« Und er deutet vielsagend auf das Kaminfeuer. Sie sträubt sich. Aber: »Es ist immerhin das erste Mal, daß ich einen Liebesbeweis von dir fordere.« Gehorsam verbrennt sie schließlich die Briefe. Auch das wird nicht reichen. Bald gilt ihm jedes männliche Wesen, mit dem sie zusammentrifft, als Beweis ihrer Verruchtheit: »Hure! Du bist nichts als eine Hure! Warum habe ich Kinder mit einer Hure gezeugt?« Dann wieder: »Verzeih mir, verzeih mir … ich bin ein Idiot.« Denyse: »Er weinte. Er weinte über sich selber.«

Simenon wird hier, bestimmt nicht zu Unrecht, als ein Mann geschildert, der von seiner Geschlechtlichkeit besessen ist. (*Der goldene Phallus* heißt denn auch die Fortsetzung ihrer Memoiren, allerdings nur zum geringen Teil von ihr selbst geschrieben.) Einmal bringt er seiner jungen Gattin ein durchsichtiges Negligé nach Hause. Wobei man unweigerlich an eine ähnliche Szene bei Woody Allen erinnert wird, wo ihm Diane Keaton aber umgehend klarmacht, daß er sich die Sache ja selber schenkt! Simenon seinerseits besteht darauf, daß sie den Fetzen sofort anzieht, obwohl − oder weil − der Zimmerkellner gerade das bestellte Souper serviert. Auf Nachspeise verzichtet er dann großmütig, nicht aber seine Frau. Was den Humorlosen alsbald in Mißstimmung versetzt. Endlich ist es so weit, und er darf sie ins Schlafzimmer transportieren. Um zwei Uhr morgens versichert ihr dann der »Statistikliebhaber« (nach ihren Worten), man habe in dieser Nacht siebzehnmal Liebe gemacht.

Daß Denyse offenbar keine Eifersucht kennt, kommt ihr zustatten, wenn Simenon seine Gewohnheiten mit Bardamen und Callgirls hat. Wobei er auch gern Denyse mit einbezieht. So wird einmal eine Halbweltdame, genannt »die kleine Baronin«, ins eheliche Schlafzimmer geleitet. Simenon besteht auf einer Nacht zu dritt und wendet sich in göttlicher Unparteilichkeit von der einen Frau zur andern. Plötzlich hört Denyse die kleine Baronin mit rauher Stimme sagen: »Nein! Gib ihn ihr!«, was dann auch geschieht. Und Simenon wird in Zukunft die Szene stets als Musterbeispiel für die bewundernswerte Uneigennützigkeit mancher Frauen anführen ... ohne die seiner eigenen auch nur zu bemerken.

Erschreckend das Ende dieser Beziehung, mit Schlägen, Tränen, Haarezerren und Selbstmorddrohungen. Schließlich Denyses Verbannung vom noch immer geliebten Mann in die Heilanstalt. Kurz darauf muß es gewesen sein, daß wir an Simenon herantraten, ohne viel Ahnung des Vorgefallenen. Wenn auch des Autors eiserne, um nicht zu sagen eisige Zurückhaltung uns hätte vielleicht ein Signal geben müssen ...

Nach einer Viertelstunde ist jetzt Simenon wieder von seinem Telefonanruf zurück. Nichts in seinem Gesicht weist auf den Gemütszustand hin, in dem er sich doch nach diesem Gespräch befinden muß. »Normalerweise wird in diesem Haus jetzt zu Mittag gegessen. Da aber meine Kinder außerhalb sind, werden wir auf den Lunch verzichten. Das gibt Ihnen eine zusätzliche halbe Stunde.« Wie immer hat er alles genau berechnet und etwaige Wünsche, die sich nicht mit seinen eigenen decken, vom Tisch gefegt. Jetzt holt er sich eine der Dunhillpfeifen aus dem Glasschrank, die dort regalweise aufgereiht stehen. Wie er den

Pfeifenkopf methodisch bis obenhin anstopft, merkt man, daß seine Hände nervös zittern: Diese männliche Beherrschtheit ist also derzeit nur mehr künstlich aufgepfropft. Die Pfeife kommt schließlich in den rechten Mundwinkel – laut Denyses präzisem Bericht ein Zeichen der Gereiztheit.

Anschließend Einführung in die Romanfabrik. Erlaubt uns einen Blick in seinen Terminkalender: Dort die kommenden sieben Schreibtage mit roten Balken gekreuzt, eine Woche später die Korrekturtage in blau. »Früher habe ich schon mal ein Buch in vier Tagen geschrieben. Einmal wollte ich mich sogar verpflichten, einen kompletten Roman vor aller Öffentlichkeit im Schaufenster einer Zeitung zu schreiben, ohne je schlafen zu gehen, es hat sich aber zerschlagen. Dann spielte sich das jahrelang auf elf Tage ein, elf Kapitel in elf Tagen. Jetzt halte ich beim Kurzroman, und das nur alle paar Monate. Wahrscheinlich ende ich zuletzt wieder bei der Novelle, wie in meinen Anfängen. Das Leben rundet sich.« Er lacht bitter. Man fragt ihn, ob es wieder ein neuer Maigret werden soll? Simenon höhnisch: »Maigret, je l'emmerde, der kann mich. Den schreibe ich nur mehr, wenn ich Geld brauche. Ein Typ ohne Schwächen, und ohne Erotik. Am Ende pufft er Madame aufs Hinterteil, und das war's dann. Ein Spießer, einer von uns. Wahrscheinlich der Grund, warum ihn alle Spießer der Welt so lieben.«

Ob er schon eine Ahnung von seinen Figuren habe? »Ja, aber nicht in welche Schlupflöcher der Verworrenheit sie mich hineinführen. Das ist ja der einzige Spaß beim Schreiben.« Holt liniertes gelbes Schreibpapier aus der Schublade, etwas länger als das übliche DIN-A-4-Format: das sogenannte »legal pad«, aus Amerika importiert: »Früher habe ich auf einer Remington getippt, jetzt krakle ich mit der Hand.« Ob es dafür einen Grund gebe?

Er zögert: » Da hatte ich einmal diese Schreibhemmung. Vielleicht wegen einer Fehlgeburt. Oder zuviel Alkohol. Nach solchen … Katastrophen muß man seinen Stil ändern. Wie nach einem Reit- oder Skiunfall. Seitdem schreibe ich mit Bleistift.« Zieht jetzt einen leeren gelben Briefumschlag hervor, Marke Kraft.

»Darauf skizziere ich Namen, Familienverhältnisse und wer mit wem. Das ist alles. Nichts darf im Vorhinein geplant sein, sonst steigt das Unterbewußte nicht mit ein. Und das bringt sie ja, meine Fabel.« Mit ruhiger Hand schreibt er an die Spitze des Umschlags: »La prison«, den Titel des geplanten Romans, den immerhin weiß er. Dann wird das Blatt mit Namen vollgekritzelt. Dazu ein schräges Kreuzchen für »verheiratet«, ein rudimentäres Herz für »verliebt«, auch Alter, Beruf und eventuelle Behinderungen: »Hinkt. Herzkrank. Brille.« Dann ein Griff nach dem Brüssler Telefonbuch und der Lupe: »Ah, Delecourt! Vielleicht ein Onkel mütterlicherseits. Die Familien sind das wichtigste, sie und ihr Geld und ihre Geheimnisse. Dann die erotischen Besessenheiten. Und die Ehen, die sich auseinanderfasern. Das bringt die Motivationen, die unlösbaren Probleme. Die Verbrechen.« Und das alles in einer Woche zu verarbeiten? »Mehr traue ich meiner Gesundheit nicht mehr zu. Man wird ja ein anderer dabei. Oder viele. Wie lange kann man ein anderer sein?«

Simenon spitzt jetzt seine Bleistifte, halbweich, immer dieselbe Marke. Kontrolliert den Pfeifenständer, putzt die Brille. Das ärztliche Examen hat er schon hinter sich. Bei Denyse liest man, daß der Autor früher einmal – in dem vergeblichen Versuch, sich das Whiskytrinken abzugewöhnen – auf Tee umgeschaltet habe. Dann mußte sie die heiße Tasse durch die spaltbreit geöffnete Tür mit gesenkten Augen hineinreichen, während er sie wortlos mit gesenkten Augen entgegennahm. Simenon zu uns: »Ich bin beim Schreiben wie ein Schlafwandler, ein Somnambuler. Ein einziger Laut aus der bewußten Welt, und meine Inspiration macht dicht, die Geister verdrücken sich, verschwinden. So läuft das.«

»Sie bleiben allein mit sich selber?«

»Und mit meinen Gestalten. Ich bin ja dann schon nicht mehr ich – ich bin in meinen Figuren.« Wir gehen.

Am nächsten Abend – er arbeitet nur untertags – eine Literaturlektion, gewiß nicht zum ersten Mal vorgebracht: »Nein, ich habe in meiner Schreibe keine Angeberei, keinen Stil. Nichts künstlich Aufgesetztes. Ich habe Jahre gebraucht, mir das abzugewöhnen. Meistens klingt alles so platt wie nur möglich. Auch der Leser empfindet ja sein Leben als platt. Vielleicht auch der Kriminelle.«

»Sie selbst aber nicht?«

»Mit Unterbrechungen.« Was denn diese Unterbrechungen wären?

»Wenn ich schreibe. Und wenn ich liebe. Die Kunst und die Begierde – meine Ausbruchsmöglichkeiten aus der Eintönigkeit … und der Einsamkeit.«

»Auch der Lebensangst?«

»Ich schreibe und liebe gegen sie an. Der kreative Akt beruht ja seit jeher auf der Angst des schöpferischen Menschen.«

»Auch dieses Haus spricht irgendwie von Angst?«

»Hier rühren Sie an einen wunden Punkt. Seit meinem fünfzehnten Jahr habe ich die Vorstellung, daß ich als Penner, als Clochard ende. Ja, ich verspüre sogar eine geheime Lust, Clochard zu werden. Alles fahren zu lassen, unter den Brücken zu hausen. Vielleicht ist es nur eine Schutzmaßnahme, daß ich mich mit diesem bourgeoisen Kram umgebe.«

»Meinen Sie, daß Ihre Bücher besser sein könnten, wenn Sie Clochard wären?«

»Mein Leben vielleicht, mein Werk nicht.«

»Sie haben letztlich Angst, sich selbst zu verlieren, nicht wahr? Warum probieren Sie's nicht einmal?«

»Weil, wenn ich mich einmal verliere, dann wäre es auf alle Zeiten, verstehen Sie.«

Ich frage ihn nach seiner berühmten Hypochondrie, die ja üblicherweise auch etwas mit Schuldgefühlen zu tun habe. Welcher Autor läßt sich schon vor jedem Buch auf Herz und Nieren untersuchen?

»Wundert Sie das?« Nimmt die Brille ab, geht auf und nieder, wobei sein Gesicht rührenderweise so etwas wie menschliche Schwäche und Verkommenheit zeigt: »Sie haben bestimmt von diesen 10 000 Frauen gehört, die ich in meinem Leben gehabt haben soll. Vielleicht ist das nur eine von meinen runden Ziffern. Und ohnehin waren es meistens Prostituierte. Noch jetzt bestelle ich mir zeitweise ein Callgirl für die Nacht. Warum? Ich kann nicht allein sein. Und Frauen sind von jeher mein Produktionsmittel, wie die Pfeife. Aber keine will verschwinden wie Rauch, das ist es. Und die Schuldkrisen wachsen.« Nimmt eine neue Pfeife, die er ebenso dicht stopft. Seine Hände jetzt wieder stabil und kontrolliert. »Ich glaube an die Sexualität. Ich glaube nicht an die Ehe. Eine veraltete Institution. Zu ersetzen durch einen kurzfristigen, jederzeit verlängerbaren Pachtvertrag. So, wie jetzt schon die Nonnen sich nicht mehr auf Lebenszeit verpflichten müssen. Der Mensch häutet sich. Der Schriftsteller häutet sich mit jedem Buch.«

Am folgenden Tag Schlußaufnahmen bei Simenon. Der uns ganz ungeniert die letzten Vorbereitungen zu seinem neuen Roman filmen läßt. Morgen in aller Herrgottsfrühe soll es losgehen, vorher aber muß klar Schiff gemacht werden. Wobei wir offensichtlich zu dem auszuschiffenden Restmüll gehörten. Aufbau der Kamera in seinem Arbeitszimmer, das, obwohl nicht weniger stimmungslos als das übrige Haus, immerhin von den Gespenstern seiner unzähligen Gestalten bevölkert sein muß. Dieser ganzen zwanghaften Schicksale, dieser Durchschnittsmenschen, konfrontiert mit Ausnahmesituationen (»Monsieur Dupont im trojanischen Krieg«, nach seinen eigenen Worten). Das alles mit Vorliebe in französischem oder belgischem Kleinstadtmief – nunmehr leicht veraltet –, der ihm seit seiner Jugend vertraut ist. Schon wird ein uns unkenntlicher Stadtplan auf dem Schreibtisch ausgebreitet. Frage: »Und hier lassen Sie jetzt Ihre Puppen tanzen?«

Er grient unfröhlich: »Bleiben wir bei sezieren, ein milderes Wort. Jedenfalls beurteile ich meine Gestalten ohne Moral, wie der Naturforscher seine Spinnen und Schlangen. Warum? Vielleicht, weil auch ich nicht abgeurteilt werden möchte. Oder wenigstens nur von mir selbst.«

»Und Ihre Gestalten kommen, wenn man sie ruft?«

»Bisher sind sie jedenfalls immer gekommen. Bis auf zwei oder dreimal. An die tausend Mal sind sie gekommen.«

»Und nachher sind Sie fertig mit dieser Welt, diesen Leuten?«

»Sie sind mir völlig fremd geworden, ich vergesse sie. Wenn man mich später fragt, in welchem Roman kommt diese oder jene Figur vor, ich kann es nicht mehr mit Bestimmtheit sagen. Darum sorge ich mich ja so, ob sie nicht einmal zur Gänze wegbleiben. Aus Rache vielleicht.«

»Und dann?«

»Dann wäre ich sehr unglücklich … Nein, ich weiß wirklich nie, ob meine Charaktere nicht mit einemmal verdunsten. Mehrere Male mußte ich einen Roman sogar aufgeben, weil ich mittendrin die Grippe bekam. Ein paar Tage Unterbrechung, und alles ist wie weggeweht.«

»Ihre Personen sind doch bestimmt auch Abbilder von Menschen, die Sie kennen, oder sogar lieben? Mit jedem Roman stoßen Sie dann auch jemanden von sich, den Sie lieben?«

»Ich stoße sie nicht ab, sie verflüchtigen sich. Mit jedem Buch, das man schreibt, macht man einen lebenden Menschen zum Gespenst, zum Phantom.«

»Am Ende hat man vielleicht die ganze Welt zu Gespenstern gemacht?«

»Stimmt genau.«

Ein letzter Blick über den Schreibtisch: Die Tabaksdose ... die Pfeifen ... die gespitzten Bleistifte ... die Stadtpläne ... der gelbe Umschlag ... das Schreibpapier. Dann die Jalousien herunter, die Vorhänge zu. Eine Handbewegung verabschiedet uns. Der Roman kann steigen – ein Bericht über den 32jährigen Alain Poitaud, banal wie sein Name, der in wenigen Stunden, ja vielleicht Minuten, zu einem anderen wird, so sieht es der Plot vor. »La prison«, das Gefängnis ... sitzt Simenon nicht selber drin?

Bei der Abfahrt schließlich noch ein Blick zurück auf sein Besitztum. Abendlicht, im Hintergrund das Berner Oberland. Und als Kontrast dazu vorne die penibel angelegten Fußwege seines Geländes, daran in regelmäßigen Abständen, soweit das Auge reicht, metallene Papierkörbe, sämtlich leer. Zumindest die Umwelt soll ordentlich dastehen, wenn man schon den Rest nicht kontrollieren kann. Denn: sind diese zahllosen Romane mit ihren versessenen, verhexten Menschen, meist Täter und Opfer zugleich, nicht zuallererst die Projektion, ja Beschwörung, der Exorzismus eines unentwirrbaren Innenlebens?

In den folgenden Jahren versuchen wir dann noch mehrmals,

Simenon zu einem längeren Film zu bewegen, doch kommt immer etwas dazwischen. Einmal ist es ein Rippenbruch, über den ihm seine neue Lebensgefährtin (auch wieder eine ehemalige Haushälterin, Teresa) hinweghilft. Dann, 1972, teilt er uns überraschend mit, daß er gerade sein letztes Buch geschrieben hat, *Maigret und Monsieur Charles*. Und er läßt sogar die Berufsbezeichnung »Romanautor« aus seiner Kennkarte streichen ... ein Simenon kennt keine halben Maßnahmen. Er zieht in ein modernes Hochhaus in Lausanne, dann wieder in eine minimale Villa. 1978 Selbstmord der Tochter Marie-Jo, die lebenslang unter mangelndem Selbstgefühl litt ... und unter unerfüllbarer Liebe zu ihrem Vater. Ihre Briefe, »die schönsten intimen Liebesbriefe, die je ein Vater erhielt«, wird er danach sogar drucken lassen. Darin solche Sätze wie: »Vergiß meine Liebe nicht, auch wenn sie verrückt war.« Oder: »Ich fühlte mich als ›Frau‹ nur für Dich, mein Ziel, zu ›werden‹, bestand nur in bezug auf Dich ...« »Hilf mir, Daddy, ich sterbe ...«

Zuletzt muß der schwer Kranke nach einem Gehirntumor von der treuen Teresa im Rollstuhl gefahren werden. Er stirbt 1989 mit 86 Jahren. Seine Asche ruht nach eigenem Wunsch in seinem Garten unter derselben dreihundert Jahre alten Zeder wie seine Tochter Marie-Jo. In einem Brief an den Filmregisseur Jean Renoir hat der exakte Menschenbeschreiber zuletzt noch versucht, dem Frieden, der ihm endlich zuteil wurde, einen Namen zu geben: »Ich bemühe mich in diesem Brief um ein Wort, das ein genaues Gegenteil des Wortes Einsamkeit darstellt. ›Liebe‹ wäre zu unvollständig ... Nicht mehr allein auf der Welt sein!«

Die Türme sind weg. Der Schatten ist geblieben. Der Schatten der Angst über Amerika. *Im Schatten keiner Türme* heißt das Buch, das der amerikanische Comic-Künstler Art Spiegelman über das Attentat auf das World Trade Center vom 11. September 2001 herausgebracht hat, drei Jahre nach dem Ereignis. Drei Jahre? So lange hat er nach eigener Aussage gebraucht, um innerlich damit fertigzuwerden. Es ist natürlich ein Comic-Buch, und zum Teil wirklich ein komisches. Das Titelblatt: die zwei zerstörten Türme als spiegelnde schwarze Phantome, gegen einen mattschwarzen Hintergrund. Ein Grabgesang, dunkle Trauer über Unwiederbringliches. Und das betrifft nicht bloß die eingestürzten Wolkenkratzer. Und nicht nur die Tausende von Umgekommenen. Sondern etwas anderes ist für Art Spiegelman dahin, wenigstens derzeit: Sein Bild, das Bild von Millionen Immigranten und Einwandererkindern, von einem Amerika als dem Land der Vernünftigen und Gerechten!

Arts Zeichnung entstand ursprünglich als Cover für die Zeitschrift *The New Yorker*, der er seit Jahren verbunden ist. Eigentlich war eine Kulturnummer vorgesehen, und sein Entwurf zeigte die neun Musen, dazu eine zehnte, die sie alle beherrscht: das Geld. Jetzt muß er in aller Eile umschalten. Sein Titelblatt entspricht dem tragischen Moment, wird sofort berühmt. Er verwendet es auch als Umschlag für sein neues Comic-Buch. Darin zeigt er, in dem einzigen Medium, das er beherrscht, eben dem humoristischen Bilderbogen, sich selber an diesem Tag, hilflos herumirrend in Schock und Panik. Und noch mehr Zigaretten verpaffend als sonst bei ihm üblich. Die eigene Wohnung, ein Loft in dem südlichen Stadtteil SoHo, liegt ja nur wenige Blocks von der Stelle entfernt, wo die Flugzeuge einschlugen. Entsetzt beobachtet Art, wie der rotglühende erste Turm in sich zusammenkracht. Und rasend vor Angst stürzt er mit seiner Frau Françoise durch die Straßen auf der Suche nach der 17jährigen Tochter Nadja, deren Schule noch näher dran liegt. Ihre eigene Hysterie, und die der rennenden Massen (»Sie blasen Giftgas ab! Rettet euch!«), wird Art dann in seine bunten Comic-Bilder zu übertragen suchen. Schließlich hat er längst bewiesen, daß diese kleinen viereckigen Kästchen nicht unbedingt nur zum Lachen da sind. Er ist ja auch der Autor der längst klassisch gewordenen Bildergeschichte *Maus*, darin er das Überleben seiner polnisch-jüdischen Eltern vor und in Auschwitz beschrieb. In den achtziger Jahren ein Welterfolg in vielen Sprachen, der erste Comic, der den renommierten Pulitzerpreis gewann.

Der *New Yorker* jedoch, Arts geistige Heimat, lehnt den Vorabdruck seines Buches ab. Das liberale Blatt ist inzwischen auf die aktuelle patriotische Linie abgefahren, schwärmt von einem megaphonschwingenden Präsidenten auf Ground Zero und dem kommenden Kreuzzug gegen Saddam. (Vergleichbar etwa dem ach so aufmüpfigen deutschen *Simplizissimus* zu Ausbruch beider Weltkriege.) Und Spiegelman spart ja nicht gerade mit Persiflagen der neuen Gotteskrieger. So zeigt eines seiner satirischen Bildchen den hilflosen Zeichner selber, natürlich als Maus, links bedroht von einem säbelschwingenden Bin Laden, rechts von einem George W. Bush mit wehender Fahne und Coltrevolver. Zuletzt ist es erstaunlicherweise eine deutsche Wochenschrift, *Die Zeit*, die seinen Comic zuerst abdruckt. Gefolgt, als einziger amerikanischer Publikation, von dem winzigen jüdischen

Wochenblättchen *The Forward*, ausgerechnet. (Dem er zu bedenken gibt, daß dies nicht speziell eine Geschichte über Juden sei. Die Antwort: »Macht nichts, solang Sie nur selber Jude sind.«) Art hat seitdem aus Protest den *New Yorker* verlassen, ein schwerer finanzieller Verlust. Sein Bilderbuch erscheint schließlich in einem amerikanischen Kunstverlag. Es wird ein Publikumserfolg, wenn auch nicht mit *Maus* zu vergleichen.

Art Spiegelman ist – wie fast alle Comic-Künstler, die ich kenne, von Kurtzman und Crumb bis hin zu den großen Franzosen Siné, Reiser oder Topor – ein scheuer Typ mit ängstlichen Augen und verlegenem Kinderlächeln. »Ich bin multiphren«, sagt er ungrammatikalisch von sich selber, und versteht darunter wohl schizo zur Potenz. Er raucht so viel, daß er mutmaßt: »Ich bin nicht sicher, so lange zu leben, daß der Tabak mich umbringt.« Einmal, es war zur Geburt seiner Tochter Nadja, hat er versucht, ein Jahr lang das Rauchen aufzugeben. »Das war dann meine Jahresleistung. Sonst entstand da nichts.« An den Wänden seines Loft in der Greene Street hängen Farbdrucke nach Seurat, Grosz, Hopper und seinem Idol, Robert Crumb. Anders als dieser ist Art jedoch ein kläglich langsamer Arbeiter: Mit *Maus* hat er sich ein rundes Dutzend Jahre herumgequält: »Ein Nichts bringt mich aus der Fassung. Eine verstopfte Leitung, ein verspäteter Termin, und ich bin tagelang in allen Zuständen.«

Art ist in Schweden geboren, wohin seine Eltern sich retten konnten, nachdem sie Auschwitz überlebt hatten. Mit drei Jahren kommt er nach Amerika, wo der Vater es wieder zu bescheidenem Wohlstand bringt. Aber: »Wie überlebt man die Überleber?« Schon als Kind fragt er sich, woher die tätowierten Ziffern kommen auf den Unterarmen seiner Eltern. Sind es Telefonnummern? Und warum besitzt er keine Vettern, Onkel und Tanten wie sonst die Leute? »Ich war schon auf dem College, bevor ich herausfand, daß nicht alle Menschen nachts unter Schreien aufwachen.« Mit zwanzig verbringt Art ein halbes Jahr in einer psychiatrischen Anstalt, später wird er drogensüchtig, hat psychotische Aussetzer. »Noch jetzt kenne ich Phasen, in denen eine paranoide schrille Person plötzlich aus mir herausbricht. Und ich hart an meinen Bildern arbeiten muß, um einem Breakdown zu entgehen.« *Breakdowns* heißt dann auch sein erstes Comic-Buch, ein Wort, das bezeichnenderweise sowohl eine skizzierte Szenenfolge wie auch Nervenzusammenbruch bedeutet.

Art Spiegelmans Rettung, neben der Arbeit: die Familie. Bestehend aus seiner französischen Frau Françoise, der Tochter Nadja, heute ein Teenager, und einem spätgeborenen Sohn. Auch ein einfaches Bauernhaus in Südfrankreich, wo er gern seine Ferien verbringt.

Maus, die Geschichte eines Überlebenden ist die Chronik von Vater Vladek Spiegelman aus dem polnischen Czestochowa, an der Grenze zu Oberschlesien. Erzählt in Hunderten von Schwarzweißbildchen, keines mehr als drei Finger breit. Vladek ist ein jugendlicher Textilhändler, der so schmuck daherkommt, daß ihm sämtliche jüdischen Jungfrauen der Stadt auf den Fersen sind. Man nennt ihn den »Scheich«, weil er dem Filmidol der Zeit, Rudolph Valentino, ähnlich sieht. Der unromantische Vladek aber hat anderes im Kopf. Er gibt seiner schicken Freundin Lucia den Laufpaß, um die längst nicht so attraktive Anja zu ehelichen, deren Papa ihm ein eigenes Textilfabriklein spendieren kann. Es folgt der deutsche Überfall auf Polen, Wehrdienst an der Front, Kriegsgefangenschaft, Entlassung. Und alsbald Verfolgung als Jude. Vladek stöbert immer wieder Unterkünfte, Verstecke, Mauselöcher auf, für sich und seine Anja, zuletzt noch eine Abfallgrube. Jedesmal wird er verraten, immer wieder gelingt ihnen die Flucht. Keinem Helden begegnet er auf seinen jahrelangen Irrfahrten. Höchstens Leuten, die bereit sind, für Geld das Allernötigste zu tun, und auch das nur auf Zeit. Zuletzt trifft er einen polnischen Grenzgänger, der sich anbietet, die beiden per Zug sicher nach Ungarn zu geleiten, das noch keine Deportationen kennt (was sich in Bälde ändern wird). Der Schmuggler streicht sein Blutgeld ein und verrät prompt das junge Paar an die Gestapo. 1944 landen sie in Auschwitz.

Und was hat das alles mit Mäusen zu tun? Art Spiegelman zeichnet seine Juden als Mäuse! Und er zeichnet die Deutschen als Katzen in Uniform, sowie die Polen als Schweine. In der Tierfabel lassen sich ja Menschen als Typen darstellen jenseits ihrer Individualität. Katzen, welche Mäuse jagen, das begreift jeder, spätestens seit Disney. Auch die Nazis haben ja die Juden als Schädlinge eingestuft, als Nager am Volkskörper, als Ungeziefer. Und das Zyklon-B, mit dem man die Millionen umbrachte, war, was denn sonst, ein Schädlingsvertilgungsgift.

Aber Art tut noch ein übriges, und hier liegt sein Geniestreich. Er zeichnet nicht nur den damaligen Vater, sondern auch den späteren aus der Nachkriegszeit, und sich selber dazu. Alle als Mäuse natürlich. Vladek der Überlebende ist – von seiner Vergangenheit seelisch verbogen – zu einem herzensengen Despoten und Geizkragen geworden, der seine Umwelt tyrannisiert. Unvermeidlich mißbilligt er Beruf, Haarschnitt, Kleidung und Lebensstil des Sohnes und besonders seiner nichtjüdischen Frau. Ja, er hat durch seine Gefühlskälte die eigene Lebensgefährtin, Anja, der er doch zahllose Male im Krieg das Leben rettete, in den Selbstmord getrieben oder zumindest dazu beigetragen … doch darüber später. Art wird nun die einzige Möglichkeit entdecken, seinem Vater nahezukommen, ja vielleicht ihn zu lieben: indem er ihn seine Geschichte erzählen läßt. Monatelang verfolgt er den Alten mit seinem Tonbandgerät, denn: »Komischerweise läßt sich in ein Mikrofon hineinsprechen, was man einander nie ins Gesicht sagen würde.« (Wie wahr.) Und Vladek erzählt. Erzählt in seinem jiddisch-amerikanischen Jargon, der nachher so schwer in andere Sprachen übersetzbar sein wird. (Zweimal lehnt Art eine deutsche Fassung ab, die den Vater zu einer Art antisemitischer Karikatur verfälscht hätte.) Vladek seinerseits berichtet nur Fakten, nur bare Tatsachen: »Dann gingen wir ... dann haben wir ...« Unfähig, wie so viele Überlebende der Lager, sich auf Gefühle einzulassen, die den über Jahre mühsam errungenen Schutzpanzer aufbrechen könnten. Und Art liegt da genau auf seiner Linie. Die Fakten sind, was er sucht, denn: »Ein einziges falsches Detail, und der ganze Holocaust hat für die Leute nicht stattgefunden!« Also Faktenhuberei allerseits. Denn auch der Sohn ist labil, verträgt keinerlei Erschütterungen. Er weiß ja, und vergißt es keinen Augenblick: Hätten seine Eltern Auschwitz nicht überlebt, er selber wäre erst gar nicht vorhanden!

Art bringt sich also in die Geschichte ein, die erst dadurch zur Gänze glaubwürdig wird. Er zeigt seinen Ärger mit dem pedantischen Alten, seine Lust, die ganze Sache hinzuschmeißen, seine Unfähigkeit, mit der Tiermetapher zu Rande zu kommen. Er zeichnet ausführlich die frühe Liebesaffäre des jungen »Scheichs«, und er zeichnet sich selber dabei, wie er dem Vater, Hand aufs Herz, zuschwört, solche »unzüchtigen Sachen« nicht ins Buch zu bringen. Und mehr als das. Art Spiegelmans Kunst, diese Trauerarbeit um den lebenden Leichnam seines Vaters, wird auch zur Selbsttherapie, erhält erst damit ihre ergreifende Dimension ... Hat Vladek eigentlich je den Strip gesehen? »Nur das erste Kapitel. Diese kleinen Guckkastenbildchen gehörten einfach nicht zu seiner Welt. Aber er war zufrieden, weil mich das dazu brachte, ihn regelmäßig zu besuchen.«

Vladek Spiegelman hat Auschwitz um fast vier Jahrzehnte überlebt, er starb 1982. Anders die Mutter. Ihren Selbstmord schildert der erschütterndste Comic, den Art je zustandebrachte: *Gefangener auf dem Höllenplaneten.* Holzschnittartige expressionistische Bilder, mit scharfen Sticheln gekratzt in der alten Schabekarton-Manier, die er dann nie wieder aufnahm. Mutter Anja, die den Holocaust überlebte, wurde zuletzt doch noch von ihm eingeholt. Betroffen von ihrer Unfähigkeit, weiter mit ihrem Mann zusammenzuleben, das Vergangene zu verkraften, auch dem Unvermögen der Umwelt, ihr bei der Bewältigung zu helfen, schnitt sie sich 1968 die Pulsadern durch.

Aber war da nicht sonst noch was? Art Spiegelman, auch noch der unerträglichsten Wahrheit verschworen, zeichnet auch dies. »Ich lebte damals bei meinen Eltern, wozu ich mich verpflichten mußte, um aus der psychiatrischen Anstalt entlassen zu werden. Auf einmal trat meine Mutter ins Zimmer, es war schon spät am Abend. ›Artie, du liebst mich doch noch, oder?‹ Ich drehte mich weg, abgestoßen von der Art, wie sie die Nabelschnur anzog: ›Sicher, Mutti.‹ Sie ging hinaus und schloß die Tür.« Er sieht sie erst bei ihrem Begräbnis wieder, krank vor Selbstvorwürfen. »Mein Vater bestand darauf, daß wir auf dem Fußboden übernachteten. Wahrscheinlich eine alte jüdische Sitte. Das Schuldgefühl war überwältigend.« In einem Alptraum entdeckt er sich hinter Zuchthausgittern: »Nun, Mammi, wenn du mir zuhörst ... gratuliere zum perfekten Verbrechen. Du hast mich hierhergebracht ... hast alle meine Drähte kurzgeschlossen ... du hast mich ermordet, Mammi, und jetzt läßt du mich hier auch noch die Strafe dafür absitzen!« Dazu ein Krächzen aus der Nebenzelle: »Halt's Maul, Mac! Ein paar von uns wollen noch schlafen!«

Und dann wiederum Jahre später. Wir sind im polnischen

Sosnowiec, auf einer Straße, die Spiegelmans vor dem Krieg bewohnt hatten. »Hier, das ist das Haus! Der Eingang, Mister! Die Schwelle! Hier, Mister, der Garten!« Zwei verkümmerte alte Männer mit wehenden Armen weisen dienstfertig auf das, was weder ein Haus ist noch sichtbare Spuren davon, sondern überwachsenes Trümmergelände. Die zwei sind der letzte Rest einer einst blühenden Gemeinde von 30 000 Juden. Art notiert, macht Skizzen: »Das also war mein Vaterhaus! Wie groß, wie hoch? Aus Holz oder Stein?« Die beiden wissen es nicht mehr. Sie reden auf mich ein, auf Deutsch, auf Jiddisch. Art versteht kaum ein Wort, verlangt, ich soll ihm alles ins Englische übersetzen. Ich bin nervös, die ganze Szene läuft falsch, konzentriert sich auf mich, anstatt auf ihn. Dann weiter zum Marktplatz. Wo im März 1942 sieben Schwarzmarkthändler an den noch existierenden Bäumen aufgehängt wurden. Darunter natürlich Bekannte von Vladek. Eine Menschenmenge sammelt sich. Eine alte Frau weiß noch von Spiegelmans. Will etwas aussagen, überlegt es sich aber, hastet davon, Art hinter ihr her. Vierzig Jahre wie ein Tag! Unsere beiden Gewährsleute zupfen an mir herum: »Wir stehen schon zu lange hier. Es ist ein großer Zusammenlauf. Bitte gehen.« Noch nach Kriegsende wurden ja jüdische Überlebende, die ihr Eigentum zurückforderten, von den polnischen Neubesitzern erschlagen. Während die Behörden wegschauten und die Kirche sich ausschwieg. Dazu der damalige Primas Hlond: »Die Verantwortung tragen allein die Juden.«

Abends dann das ehemalige jüdische Wohnheim, wo Vladek, in Dachau befreit, und Anja, zuletzt im KZ Ravensbrück, sich erst Monate nach dem Krieg wiederfanden. Das Heim ist jetzt ein Blindenklub. Der polnische Leiter zuvorkommend auf Deutsch: »Meine Augen ganz kaputt. Ich bin Invalide erster Klasse. Bin im Krieg auf Mine getreten.« Der Verein enthält, außer einem Radio und drei verschlissenen Lehnstühlen, weiter keine Hilfsmittel für Blinde.

Anderntags am Bahnhof Bielsko. Der Ort, wo Vater und Mutter Spiegelman aus dem Zug geholt wurden, mit dem sie versucht hatten, nach Ungarn zu entkommen. Unbegreifliche Verbissenheit, mit der hier die Katzen nach Mäusen jagten. Der Aufwand, der Apparat! Noch auf dem Rückzug von Stalingrad ganze schwerbewaffnete Kommandos, um was zu finden? Einen brotlosen Textilhändler samt Ehefrau. Wir filmen das Gefängnis, in dem sie ihre letzte Nacht vor Auschwitz verbrachten. Allerdings filmen wir es nur von außen, denn das Innere gehört jetzt einer Behörde, mit entsprechendem Tonfall: »Sie nix zu suchen hier, los, weck, verbotten!«

Am Bahnhof ersteht Art für sich, Françoise und ihr mitgebrachtes, erst Monate altes Töchterchen Nadja die Billets: »Dreimal Auschwitz und zurück!« Wir bekommen sogar verbilligte Ausflugstickets, da das Lager ja inzwischen eine beliebte Touristenattraktion geworden ist und Ziel für Schulausflüge. Im hölzernen Ruckelzug dann fröhlich schmausende Abiturienten. Art, einst einer der wilden Kerle der New Yorker Szene, widmet sich hingegeben Nadjas Windeln. Ich frage ihn, ob ihm diese Reise, dieser Nachvollzug des Elternlebens, nur zur Information dient (sein zweiter Comic-Band soll »Mauschwitz« heißen) oder auch der Bewältigung eigener Probleme. »Hoffentlich hilft es auch mir. Man muß den Gespenstern ins Auge schauen, damit sie weggehen. Wer kneift, ist geliefert.« Dann, indem er Nadja ans Fenster hält: »Außerdem bin ich hier, um denen ins Gesicht zu spucken. Schaut gut her: Die Spiegelmans sind wieder da!«

Endlich Station Oswiecim. Die Jugend tummelt freudekreischend umher, froh der Befreiung vom Unterricht. Im altmodischen Kiosk Reiseführer, Souvenirs, Fahrradwimpel, Anstecknadeln, eine ganze liebevolle Auschwitz-Industrie. Auch Bildpostkarten in Farbe und in Schwarzweiß, die Krematorien pittoresk im Sonnenuntergang. Auf eine schreibt Art: »To President Kurt Waldheim, Vienna, Austria. Dear Kurt, wish you were here!« (Diese Szene wurde natürlich später vom österreichischen Fernsehen, das die Sendung übernahm, herausgeschnitten.)

Am folgenden Tag Anmietung eines Dampfzugs, mit dem wir filmgerecht die kurze Strecke zwischen Bahnhof und Lager befahren wollen. Allerdings gehören die Wegerechte an der aufgelassenen Strecke 18 Kleinbauern, die alsbald einen gemeinnützigen Verein bilden. Trotz Einsatzes unseres vom Kulturministerium gestellten Aufpassers (er ist natürlich von uns in Dollars zu bezahlen) dauern die Verhandlungen einen halben Tag. Danach Kriechfahrt durch das mannshohe Gestrüpp, das zwischen den Schwellen hochschoß: überwachsene Pfade … Wir haben uns auf den Vorderpuffern aufgebaut, dahinter die bejahrte Lok samt drei Viehwaggons. Beim letzten ist weiß Gott die schmale rechteckige Luke unterm Dach noch mit Stacheldraht vernagelt, wie man das aus den zeitgenössischen Fotos der Judentransporte kennt. Also vielleicht ein authentisches Relikt. Das, was anderswo Menschenalter zurückzuliegen scheint, zeigt hier seine wahre Kontinuität.

Dann unter dem Lagertor hindurch, längs der Selektionsrampe, die sich über Kilometer hinzieht bis zu den fernen Krematorien von Birkenau. Das »Stammlager« besteht aus soliden Steinkasernen, ursprünglich – wie ja auch Theresienstadt – für eine Garnison bestimmt. Dort Gang zum Haupttor mit der schön geschwungenen Inschrift »Arbeit macht frei« (was bedeutet das eigentlich?), unter der sich die Touristen fotografieren. Hierauf im Innern die bekannten turmhohen Sammlungen von Brillen (doch letztlich unsortierbar?), von gebleichten Haaren

(40 Pfennig das Kilogramm, lohnte das überhaupt?) und von leeren Koffern: Buchstäblich Hunderte von ärmlichen Fiberkoffern mit aufgepinselten Namen, auch ein Wiener »Freud« ist darunter. Weiters die Stöße von Kilodosen des Insektenvertilgungsmittels Zyklon-B, von denen ein Dutzend für einige tausend Menschen ausreichte. 16 952 Kilo sind nachgewiesen.

Dann Besuch der frühesten Gaskammer, Auschwitz Eins, wegen ihres geringen Ausstoßes zuletzt nur mehr als Lagerraum verwendbar, daher unzerstört geblieben. Dann die Erschießungsmauer. Dann die Stangen, an denen die Gefangenen an den Armen aufgefädelt wurden. Die Böcke, auf denen man sie prügelte, während sie laut mitzählen mußten. Die Verliese, in denen sie zur Strafe verhungerten. (Ich muß zugeben, daß ich mich vor diesen Verliesen gedrückt habe. Vielleicht das nächste Mal. Sie laufen mir ja nicht davon.) Verstörend übrigens, mit welchem Eifer hier munter restauriert wird. Die Holzpritschen durch frische ersetzt, der Stacheldraht erneuert. Was dem Grauen etwas Kulissenhaftes gibt. Auch haben die Polen jeden Kasernenbau des Stammlagers nach einer anderen Nation benannt, bis hin zu einer »jüdischen«. Wodurch kaschiert werden soll, daß es sich bei den Opfern zu neun Zehnteln um Juden handelte. Glücklicherweise ist das benachbarte Birkenau noch nicht zu solcher Museumsreife gediehen, wahrscheinlich aus Geldmangel, und wirkt desto echter. Man zeigt uns (Sondererlaubnis) die Fundamente der ersten experimentellen Gaskammer: Ein Bauernhaus, dessen Türen und Fenster versiegelt wurden, danach zum ersten Mal nicht mehr Auto-Abgase eingeführt, sondern Zyklon-B. In Anwesenheit Himmlers, sagt man uns, der, darob begeistert, die Massenoperationen in Gang setzte.

Dann Besuch des Frauenlagers. Irgendwo hier lag Spiegelmans Mutter, bevor Vladek sie in das Stammlager lotsen konnte, das als »sicherer« galt. 55 endlose Baracken, in jeder zusammengequetscht 800 bis 1000 Menschenleiber. Verteilt auf drei Etagen, die in hölzerne Abteile untergliedert sind: Je sechs Quadratmeter Schlafplatz für zehn Frauen. Am Ende der Baracke ein langer Betonschlauch, darin in zwei Reihen etwa sechzig runde Löcher: die Latrinen. Wahrscheinlich ohne Wischpapier, da Gedrucktes im Lager verboten. An der Wand aufgepinselt solche neckischen Sprüche wie: »Sei froh und heiter, bald geht's weiter«. Art zeichnet wie verrückt, ganz der unbetroffene Rechercheur. Auf einmal bricht seine Frau Françoise in konvulsivisches Schluchzen aus, sinkt ihm haltlos in die Arme, minutenlang. Auch wir filmen das wie verrückt. Überlebensstrategie, was sonst.

Anschließend die gefürchteten Quarantänebaracken, 16 Stück, ursprünglich als Pferdeställe entworfen. Wer zu lange hier lag, kam ins Gas. Auf den Querbalken steht: »Im Block Mützen ab«, »Eine Laus dein Tod«, und so fort. Zwei der Baracken sind, wie man uns stolz erklärt, kürzlich für eine amerikanische Filmproduktion neu errichtet worden. Man reißt sie nicht ab, sondern will eher zwei der authentischen beseitigen, um Renovierungskosten zu sparen. Dann die – allerdings gesprengten – Gaskammern, deren Decke jetzt auf den betonierten Fundamenten ruht. Und die fünf Verbrennungsöfen, Marke Topf und Söhne, Ausstoß 2500 Leichen pro Tag. Knapp vor dem Einmarsch der Russen abgetragen von einem Kommando, dem auch Vladek Spiegelman angehörte. Die wichtigsten Bauteile sollten nach Dachau, um dort wieder zusammengesetzt zu werden. Andere Sorgen hatten die nicht, nur Monate vor dem endgültigen Aus. Von den Ruinen des Krematoriums Vier lasse ich ein Stück Backstein mitgehen, warum eigentlich? Auf welchen verborgenen psychologischen Gängen trägt unsereins damit Schuld ab?

Dagegen bedanken wir uns bestens für die Souvenirs, die man uns zum Kauf anbietet: Blechlöffel, Armbinden, Abzeichen der Judenpolizei. Danach die grauenhafteste Stelle, die es je auf Erden gegeben haben mag. Als im Sommer 1944 für die plötzlich angeordnete Vernichtung von Hunderttausenden ungarischen Juden die Krematorien nicht mehr ausreichten, hat man die Vergasten in Gruben übereinander geschichtet und verbrannt. Eigene Kommandos waren dazu abgestellt, das ausfließende Fett mit langen Kellen abzuschöpfen und, wie bei einem Gänsebraten, oben wieder aufzugießen. Die Vernichtungszeit für die gesamte ungarische Judenheit soll nicht länger als zwei Wochen betragen haben ...

Unser Begleiter greift jetzt mit bloßer Hand willkürlich in den feuchten Erdboden, holt unter Graswurzeln menschliche Knochensplitter heraus, da man offenbar nach dem Verbrennen die Asche als Dünger verstreute. Wir finden Art im Archiv wieder, wo er den Einlieferungsschein seiner Eltern entdeckt hat. Auch eine Platte mit einem von der Wachmannschaft in Auftrag gegebenen Lagerlied: »... ob Arbeitsdienst, ob Sport uns winkt, doch stets ein frohes Lied erklingt, hollaria, hollario ...« Unter den Klängen dieser Musik erkunde ich, ob es nicht möglich wäre, etwas über meine eigenen Angehörigen zu erfahren. Im Büro weist man darauf hin, daß es jetzt Freitag zehn vor drei wäre, und daß Freitag um drei das Wochenende beginne. »Aber keine Sorge, gleich wir haben alles beisamm.« Und tatsächlich, kulanteste Bedienung. Man braucht bloß Vordrucke mit Namen auszufüllen, schon hat man es schwarz auf weiß: Troller Stella, Haushalt ... Troller Ludwig, Arbeiter ... Troller Friedrich, Zahntechniker ... einige andere. Nur Onkel Ernst ist nicht aufzutreiben. Nun ja, er war schon immer ein Eigenbrötler. Oder kann es etwa sein, daß er tatsächlich überlebte? Und uns, da jetzt im Ausland ansässig, bloß nicht aufzufinden weiß? Leere Träume, die aber wie viele Alleingelassene (darunter unsere Tante Hedy) noch Jahre am Leben erhalten haben!

Im Büro erfahren wir auch, daß das Lager bis zuletzt, also bis kurz vor der Evakuierung, in Expansion begriffen war. Aber wer sollte da eigentlich, nach Vernichtung der Juden und der Zigeuner Europas, noch hinein? Wer sonst als die gesamte restliche Erdbevölkerung, einschließlich der von Hitler so verachteten Deutschen, seiner nicht würdig.

Am folgenden Rückreisetag fordert Art noch schnell eine weitere Szene: Wir sollen einen Schlachthof ausfindig machen, den er skizzieren kann. Das panische Gebrüll der verängstigten Rinder, die man zu einer Art Guillotine hintreibt, wird dann unser Fernsehpublikum unerträglicher finden, als sonst irgendwas in dem Film. Dazu Art: »Ich muß das haben. Auschwitz funktionierte ja ganz prosaisch, wie eine Schlachthalle. Es ging immer nur um den reibungslosen Ablauf ...«

Es war dann in den letzten Apriltagen 1945, daß Vladek Spiegelman in Dachau befreit wurde. Eigentümlicherweise kann ich sogar zu seinen Befreiern gehört haben. Am Vormittag des 1. Mai war ich ja, damals amerikanischer Soldat, unter den ersten, die das KZ zu Gesicht bekamen. Allerdings: die Überlebenden hatte man schon zum Großteil in Lazarette abtransportiert. Die mit gelber Haut überzogenen Skelette, die da mit offenen Mündern und aufgerissenen Augen um Bahnwaggons herumlagen, hielt ich zunächst für Wachspuppen, von einem wahnsinnigen Anatomen ausgestreut. Nie konnten Menschen bei lebendigem Leib zu so etwas werden. Es waren sie aber, es waren meine Leute. Auf den Waggons muß man die Insassen wochenlang aus ihren östlichen Lagern herangekarrt haben, ohne Wasser oder Nahrung. Einige hatten versucht, den Leichen das Blut auszusaugen. Später dann beginnen die GIs, ganze Busladungen von Münchnern zum KZ zu bringen. Die es mit vorgehaltenen Schnupftüchern durchziehen und ihr komplettes Überraschtsein kundtun. Eine Frau sagt empört zu mir: »Das hätten Sie uns auch nicht antun brauchen.« O ja, sie haben mich erkannt! Und von diesem Moment an in alle Ewigkeit wird man mich nie vergessen lassen, daß der Holocaust letztlich meine Sache ist, mein Baby, schon jedes Interview giert ja nach meiner Trauerarbeit. Während die Schuldigen, und ihre Nachkommen, sich mit Vorliebe der Zukunft widmen dürfen, vom Wiederaufbau bis zur Wiedervereinigung.

Art Spiegelman – wir sind nach wie vor in Kontakt – arbeitet derzeit an seinen »Comix-Memoiren«, genannt *Porträt des Künstlers als junger Kretin*. Für den *New Yorker* zeichnet er nur noch fallweise, seinen Vertrag hat er nicht erneuert. Was das Buch über die Türme betrifft, so waren in Amerika die Kritiken gemischt: Während ihn *Newsweek* »praktisch ein Genie« nannte, galt er für *Time* als »kompletter Idiot«. Wahrscheinlich, mutmaßt er, haben sie beide recht. Auch *Maus* wurde seinerzeit von vielen Verlegern als »geschmacklos« abgelehnt. Insbesondere von den deutschen: Keiner weiß ja besser, wie der Holocaust aufzuarbeiten ist, als seine Verdränger.

Frage: »Haben Ihre Comic-Pamphlete irgend etwas bewirkt? Können sie dazu beitragen, die Welt zu retten?«

»Ach, wissen Sie, ich versuche ja bloß, mich selber zu retten.«

»Würden Sie gerne sehen, daß Ihre *Türme* auch auf Arabisch herauskommen?«

»Ich erwarte noch immer die arabische Fassung von *Maus*. Habe aber nichts gehört. Vertrösten wir uns auf das kommende Jahrtausend.«

Diesem steht Art Spiegelman allerdings reichlich skeptisch

gegenüber: »Ich glaube noch immer an das bevorstehende Ende der Welt. Aber ich muß zugeben, daß sie langsamer endet, als ich gedacht habe. Inzwischen ist mir eines klar geworden: Da jedes Paradies seine Schlange besitzt, ist es vielleicht unsere einzige Chance, uns mit dieser Schlange zu verständigen. Ich arbeite daran …«

LITERATUR

Absire, Alain: Jean S. Paris 2004

Aldington, Richard: D. H. Lawrence. London 1961

Alexander, John: The films of David Lynch. London 1993

Allen, Woody: Don't drink the water. New York 1967

Anissimov, Myriam: Romain Gary, le caméléon. Paris 2004

Assouline, Pierre: Simenon. Paris 1992

Avron, Dominique: Roman Polanski. Paris 1987

Bergman, Ingrid & Alan Burgess: Ingrid Bergman. New York 1980

Bird, Daniel: Roman Polanski. Harpenden 2002

Bona, Dominique: Romain Gary. Paris 1987

Bondanella, Peter: Italian cinema. New York 1983

Bondanella, Peter: The films of Roberto Rossellini. New York 1993

Boutang, Pierre-André: Polanski par Polanski. Paris 1986

Bradbury, Malcolm (Hg.): The atlas of literature. London 1996

Brode, Douglas: Woody Allen. Secaucus 1987

Brownlow, Kevin: The parade's gone by. New York 1968

Buache, Freddy: Le cinéma italien. Lausanne 1992

Cherkovski, Neeli: Das Leben des Charles Bukowski. München 1993

Cordell, Richard Albert: Somerset Maugham. London 1961

Corti, Axel: Der Schalldämpfer. Wien 1994

Crosland, Margaret: Piaf. New York 1985

Crumb, Robert: Fritz the cat. New York 1972

Crumb, Robert: The R. Crumb Handbook. London 2005

Crumb, Robert: The Yum Yum Book. New York 1975

Curtis, Anthony: The pattern of Maugham. London 1974

Delassein, Sophie: Barbara. Paris 1998

Eskin, Stanley: Simenon. Paris 1987

Farrow, Mia: What falls away. New York 1997

Felix, Jürgen: Woody Allen. Marburg 1992

Fildier, André: Edith Piaf. Paris 1981

Fischer, Robert: David Lynch. München 1992
Fischer, Robert: Isabella Rossellini. München 1994
Fuchs, Wolfgang: Die vielen Gesichter des Woody Allen. Köln 1986
Fuentes, Carlos: Diane ou La chasseresse solitaire [über Jean Seberg]. Paris 1996
Gary, Romain: Au-delà de cette limite votre ticket n'est plus valable. Paris 1975
Gary, Romain: Chien blanc. Paris 1970
Gary, Romain: La promesse de l'aube. Paris 1960
Gary, Romain: La vie devant soi. Paris 1975
Gary, Romain: Lady L. Paris 1959
Gary, Romain: Les racines du ciel. Paris 1956
Gary, Romain: Vie et mort d'Émile Ajar. Paris 1981
Gerhold, Hans: Woodys Welten. Frankfurt 1991
Girgus, Sam B.: The films of Woody Allen. New York 1993
Hahn, Emily: Mabel. Boston 1977
Harenbergs Lexikon der Weltliteratur. Dortmund 1989
Hoppe, Ulrich: Casablanca. München 1983
Jendricke, Bernhard: Alfred Hitchcock. Reinbek 1993
Koebner, Thomas (Hg.): Filmklassiker. Stuttgart 1998
Kovic, Ron: Born on the fourth of July. New York 1976
Larue, André: Edith Piaf. Paris 1993
Lauterbach, Benjamin (Hg.): Bukowski-Jahrbuch. Riedstadt 2001–2004
Lawrence, D. H.: The plumed serpent. London 1926
Lawrence, D. H.: The ship of death and other poems. London 1941
Lawrence, D. H.: The woman who rode away. London 1928
Lawrence, Frieda: Nur der Wind. Berlin 1936
Lax, Eric: Woody Allen. Köln 1992
Leaming, Barbara: Polanski. New York 1981
LeBreton, Auguste: La môme Piaf. Paris 1965
Leiser, Erwin: Die Kunst *ist* das Leben. Köln 1995
Lemoine, Michel: Simenon. Paris 2003
Maugham, W. Somerset: Of human bondage. London 1915
Maugham, W. Somerset: The moon and sixpence. London 1919
Maugham, W. Somerset: The razor's edge. London 1944
Maugham, W. Somerset: The summing up. London 1938
Meade, Marion: The unruly life of Woody Allen. New York 1999

Meyer-Stabley, Bertrand: La véritable Ingrid Bergman. Paris 1970

Missler-Morell, Andreas: Ich seh' dir in die Augen, Kleines. München 1992

Morand, Paul: L'allure de Chanel. Paris 1976

Neumüller, Robert, Ingrid Schramm & Wolfgang Stickler (Hg.): Axel Corti. Weitra 2003

Noli, Jean: Edith. Paris 1973

Parker, John: Polanski. London 1993

Pogel, Nancy: Woody Allen. Boston 1987

Polanski, Roman: Roman Polanski. Bern, München, Wien 1984

Pratley, Gerald: The cinema of Otto Preminger. London 1971

Preminger, Otto: Preminger, an autobiography. New York 1977

Rauh, Reinhold: Woody Allen. München 1991

Richards, David: Played out. The Jean Seberg Story. New York 1981

Rieder, Ines: Wer mit wem. Wien 1994

Rossellini, Isabella: Some of me. New York 1997

Rubinstein, Arthur: Grande est la vie. Paris 1980

Rubinstein, Arthur: Les jours de ma jeunesse. Paris 1973

Rubinstein, Arthur: Ma jeune vieillesse. Paris 1980

Rudnick, Lois: Mabel Dodge Luhan. Albuquerque 1984

Rutten, Mathieu: Simenon. Nandrin 1986

Sagar, Keith (Hg.): D. H. Lawrence and New Mexico. Paris 1995

Salomon, Charlotte: Ein Tagebuch in Bildern. Reinbek 1963

Schickele, René: Liebe und Ärgernis des D. H. Lawrence. Amsterdam 1934

Schmidt, Horst: It's good to be back. Augsburg 1991

Seeßlen, Georg: David Lynch und seine Filme. Marburg 1997

Simenon, Denyse: Un oiseau pour le chat. Paris 1978

Simenon, Georges: Maigret et Monsieur Charles. Paris 1972

Simenon, Georges: Mémoires intimes. Paris 1981

Simenon, Georges: Pietr-le-Letton. Paris 1931

Simenon, Georges: Quand j'étais vieux. Paris 1970

Sounes, Howard: Charles Bukowski. New York 1998

Spiegelman, Art: In the shadow of no towers. New York 2004

Spiegelman, Art: Maus 1 & 2. New York 1986

Stern-Spezial – Muhammad Ali. Hamburg 2004

Truffaut, François: Mr. Hitchcock, wie haben Sie das gemacht? München 1973

Ulrich, Rudolf: Österreicher in Hollywood. Wien 2004

Uslar, Moritz von: 100 Fragen an. Köln 2004

Voolen, Edward van: Charlotte Salomon. Leben? Oder Theater? [Ausstellungskatalog Museum Städel] München 2004

Werner, Paul: Roman Polanski. Frankfurt 1981

Witzke, Bodo & Susanne Marschall (Hg.): Wir sind alle Menschenfresser. St. Augustin 1999

Young, Cathleen: Isabella Rossellini. New York 1989

BILDNACHWEIS